YO SOY ESTAS VERDADES

MEMORIAS SOBRE
LA IDENTIDAD, LA JUSTICIA
Y MI VIDA ENTRE MUNDOS

SUNNY HOSTIN

CON CHARISSE JONES

HarperCollins *Español*

Los libros de HarperCollins Español pueden ser adquiridos para propósitos educativos, empresariales o promocionales. Para más información, envíe un correo electrónico a SPsales@harpercollins.com.

Título original: I AM THESE TRUTHS

Publicado por HarperOne 2020

PRIMERA EDICIÓN

Editor: Edward Benítez

Traducción: Sheilly Vázquez y Natalia Bird Jové

Diseño adaptado de la edición en inglés: Terry McGrath

Este libro ha sido debidamente catalogado en la Biblioteca del Congreso de los Estados Unidos.

ISBN 978-0-06-295087-1

20 21 22 23 24   LSC   10 9 8 7 6 5 4 3 2 1

Mami y papi: Yo soy porque lo sacrificaron todo. Gracias.

Manny: Yo soy porque siempre has apoyado mis sueños. Gracias.

Gabriel y Paloma: Ustedes son mis más grandes bendiciones.

Yo soy porque ustedes son.

Los amo y adoro. Siempre.

CONTENIDO

PREFACIO

Justo cuando debía entregar mis correcciones finales para este libro a la editorial, la división de estándares y prácticas de ABC News me envió algunas páginas con cambios que ellos querían que hiciera a mis memorias. No es algo fuera de lo común que un empleador vete un manuscrito, especialmente el de un periodista, por motivos de precisión, e incluso de tono. El proceso se estaba demorando más de lo que esperaba; ABC me explicó que era debido a las noticias de última hora que requerían su atención inmediata. Por supuesto: luego de que la policía de Minneapolis asesinara a George Floyd, cientos de miles de personas alrededor del mundo marcharon y se manifestaron en contra de la violencia policial hacia las personas negras. Como madre de un adolescente negro a punto de ir a la universidad, podía esperar. Cubrir estas manifestaciones requería toda mi atención y disponibilidad y, naturalmente, mi editora me concedió unos días extra para cumplir con los requisitos de mi empleador. A pesar de estar agradecida de que ABC News haya captado algunos errores que me habrían avergonzado, también me solicitaban suprimir las partes de mi historia que podrían desfavorecerlos. No me parecía bien eliminar esos fragmentos: todos eran verídicos, y algunos describen las cicatrices de batalla que adquirí a lo largo de mis experiencias. Tanto mi agente televisiva como mi agente literaria me escribieron correos electrónicos expresando su confusión ante el hecho de que una organización de noticias estuviese intentando censurar la historia de una mujer puertorriqueña y afroamericana mientras cubrían manifestaciones que exigían equidad racial a nivel global. Uno de ellos incluso calculó los porcentajes de personas de color que forman parte de las juntas ejecutivas de Disney, ABC Entertainment y ABC News. Según él, los números rondaban entre el siete y el doce por ciento. Le pedí a mis abogados que intervinieran y, afortunadamente, ABC cedió. Yo no quería creer que el racismo tenía algo que ver con sus peticiones de revisión: tan sólo estábamos colocando puntos sobre las íes y tachando pormenores, ¿verdad? Pero luego, el viernes, 12 de junio de 2020, recibí un mensaje de texto de un reportero.

Cualquier periodista te dirá que nunca querría formar parte del reportaje en sí. Pero de momento me encontré en esa extraña y nada envidiable posición. El periodista me explicó que estaba escribiendo un reportaje que se publicaría en breve y que, como cortesía, me dejaba saber de antemano que sería mencionada. Inmediatamente pensé que se trataría de otro artículo más sobre *The View*. El programa siempre era objeto de propaganda en los medios. El verano pasado fui acusada de filtrar historias negativas sobre el programa. Esta acusación fue dolorosa y totalmente falsa, y aún estaba enojada a causa de ella. Pero después el periodista me explicó que su reportaje no era sobre *The View,* sino sobre una serie de comentarios racistas hechos por una cazatalentos ejecutiva sénior de ABC News. Se alegaba que la ejecutiva me había nombrado como alguien de «escasos recursos»; exclamado durante las negociaciones contractuales para Robin Roberts —la presentadora del programa mañanero *Good Morning America*— que no se le estaba pidiendo que «recogiera algodón»; dicho que a mi excolega en ABC News, Kendis Gibson —el anfitrión en MSNBC y una de las personas más amables que he conocido— no se le pagaría siquiera la cantidad que ellos pagaban por papel higiénico y, finalmente, que Mara Schiavocampo —una antigua colega de ABC— había firmado un acuerdo de no-divulgación que derivaba del discrimen racial y que le prohibía comentar sobre el alegado maltrato recibido por parte de ABC. Esta ejecutiva no sólo manejaba los esfuerzos para inclusión y diversidad, sino que era la responsable de cultivar mi carrera, negociar mis contratos y proveerme oportunidades en la cadena de televisión. Quedé derribada. Me sentí increíblemente triste, pero también aliviada. Muchas de las experiencias que tuve en ABC, incluyendo varias que describo en los fragmentos que la división de estándares y prácticas solicitó eliminar inicialmente, estaban conectadas si las alegaciones llegaban a ser ciertas. Mis sospechas de que era tratada peor que a mis colegas blancos, y los miedos que intenté minimizar, quizás también lo eran. Mi empleador, mi segundo hogar... ¿me estaba devaluando, descartando y pagando menos de lo indicado debido a mi raza? Yo acababa de leer correos electrónicos suyos donde me pedían borrar evidencia de ello en mi historia.

Y, para ser muy sincera, ni siquiera estaba furiosa. Estaba profunda y totalmente conmovida y entristecida.

Había sido honesta en vivo y en directo sobre mis orígenes y sobre haberme criado en proyectos de vivienda pública. Pensaba que era importante que quienes vieran el programa y estuviesen en posiciones similares supieran que ser presentadores de entrevistas a nivel nacional estaba a su alcance. Ahora mis raíces estaban siendo denigradas. Me consideraban indigna, barriobajera, barata, de pacotilla. Lloré. Sola y en silencio. Al día siguiente se publicó el artículo y se hizo viral. Suspendieron con paga a la ejecutiva. Recibí cientos de llamadas y correos electrónicos. Recibí llamadas de mis coanfitriones, colegas, excolegas, y de los altos mandos de ABC y Disney. Recibí miles de comentarios en las redes sociales. La mayoría de apoyo, pero también muchos que me llamaban «pobretona». Esperaba que mis hijos no se enteraran, pero sabía que esto se había vuelto demasiado grande. Finalmente, se lo dije a mis padres y a mi esposo. Mis padres estaban más enojados de lo que los había visto en mucho tiempo. Mi esposo me tomó de la mano. Cuando por fin se lo dije a mis hijos, mi hijo estaba incrédulo: «Nada más alejado de la verdad, mami. ¿Quién diría eso, sobre todo tratándose de ti?». Mi hija estaba pensativa. Entonces sólo preguntó: «¿Por qué?».

Realmente no tenía una respuesta para el «¿por qué?». Me aseguraron que iniciarían una investigación independiente y que, de ser ciertas las alegaciones, tomarían las acciones apropiadas y habría un «ajuste» para mí. No estoy muy segura de lo que eso significa. *The View* me brindó el espacio que necesitaba para contar mi verdad el lunes después de publicarse el artículo. Aunque haya sido doloroso para esta chica fuerte del Bronx mostrarse vulnerable, así lo hice. Hablé sobre lo que se había dicho sobre Robin Roberts, Kendis Gibson, Mara Schiavocampo y sobre mí. Y luego dije: «De ser cierto, esto indica que el racismo sistémico afecta todo y a todos en nuestra sociedad. Sin importar el estatus social: nadie es inmune. Es el tipo de racismo con el que la gente negra se enfrenta todos los días, y tiene que parar».

Temo por la vida de mis hijos adolescentes todos y cada uno de los días. Sus vidas importan. Las vidas negras importan. Pero no basta con meramente decirlo: nuestro país necesita demostrarlo, creerlo, y darle ese significado. Las personas negras son arrestadas y tratadas brutalmente por la policía a un ritmo asombrosamente desproporcionado en todo el país. Las personas negras son encarceladas a un ritmo más de cinco veces mayor que las personas blancas. Las muertes por esta devastadora pandemia son desproporcionadamente altas para las comunidades negras.

Al enviar estas palabras a la imprenta, estamos viviendo tiempos importantes en la historia de nuestro país. Un cambio de paradigma. Más que un momento, un movimiento. Nuestro mundo está en llamas. Y éste exige que escuchemos las voces de los acallados. Imagino un mundo donde nuestras mentes y corazones se aferran a una promesa de amor, de humanidad, de compasión y, sobre todo, de igualdad. Imagino un mundo que busca estar por encima de la mezquindad, de la división y del odio. Imagino un mundo no de vallas o barreras, sino uno donde estas protestas lleven a la igualdad y a la humanidad para cada persona sin importar el color de su piel.

Hemos sido testigos una y otra vez de cómo se ha militarizado la raza contra las personas negras en nuestro país. Conducir siendo negro, correr siendo negro, hacer barbacoas siendo negro, ir de compras siendo negro, observar aves siendo negro: vivir siendo negro puede llevar a la confrontación, a la intervención policial, a la muerte. Son situaciones donde se asume que los inocentes son culpables por el color de su piel. Anhelo ver un reconocimiento. Una introspección real junto con acción real. Porque lo que está pasando en la calle, en el aula, en los ámbitos de la vivienda, en el mundo financiero, en los hospitales, y en la sala de redacción tiene que parar. Ya. Necesitamos un reajuste.

No creo que haya logrado salir de los proyectos de viviendas públicas del Bronx para llegar a estos privilegiados *sets* porque soy excepcional. Creo que cualquiera que sea tratado equitativamente puede alcanzar el futuro que desea. No creo que mi éxito me protege del racismo y de la discriminación. Lo que creo es que podemos, ahora mismo, enmendar y generar cambios hasta que haya igualdad de condiciones para todos. Tenemos que trabajar todos juntos para ello. Yo Soy Estas Verdades.

Sunny Hostin
15 de junio de 2020

CAPÍTULO UNO

EL *BOOGIE DOWN* BRONX

Era una década de grandes cambios, pero el año 1968 marcó un momento particularmente crucial. Los estadounidenses intentaban procesar los homicidios del reverendo Martin Luther King Jr., asesinado en el balcón de un motel de Memphis, y del senador Robert F. Kennedy, ultimado pocos instantes después de ganar las primarias en California. La policía golpeaba brutalmente a los manifestantes que protestaban en contra de la guerra de Vietnam durante la convención del Partido Demócrata en Chicago, y los fundamentos pacifistas del movimiento a favor de los derechos civiles daban paso al desafío con los puños en alto y la rebeldía a toda costa del *black power*. Algunos se preguntaban si las fracturas de nuestra nación podrían recomponerse, una pregunta que muchos estadounidenses se hacen hoy día.

En aquel año nací yo, hija de padres adolescentes, activistas por derecho propio, que protestaban en contra de las viviendas y escuelas segregadas que existían no sólo en el sur, sino allí en su propio barrio en Nueva York. Era como si la necesidad de luchar por la justicia social corriera en la sangre de mis padres y formara parte de mi ADN.

Aunque la búsqueda de equidad de mis padres definitivamente contribuyó a formar a la mujer que soy, mis comienzos no fueron muy favorables. Mis padres fueron novios de secundaria y tenían muchos sueños, planes de ayudar a salvar el mundo, o por lo menos ganas de aportar su granito de arena en el proceso. Pero, aunque a la larga dejarían su huella, un embarazo inesperado los obligó a seguir un camino mucho más accidentado.

Mi madre puertorriqueña, Rosa Adelaida Beza, se crio en el Lower East Side en un apartamento destartalado con una bañera en la cocina. Allí se fregaban los platos y también se bañaba y se lavaba la cabeza uno. Mi madre vivía con su madre, Virginia; su hermana mayor, Carmen; y su hermanita pequeña, Inez. Siempre estuvo enamorada de la cultura negra, se sentía conectada a ella, que formaba parte de ella, y quería ayudar a combatir la injusticia racial sin sentido que veía en las noticias y en su propio vecindario. Leía acerca de Malcolm X, las Panteras Negras y las FALN (Fuerzas Armadas de Liberación Nacional Puertorriqueña), y soñaba, secretamente, con pertenecer a, o hasta crear, una organización de justicia social.

Al cumplir los diecisiete años, mami anhelaba ser la primera de la familia en ir a la universidad. Quizás participaría en las sentadas en una universidad del oeste, o sería testigo de las reformas del derecho al voto en el sur. No estaba segura dónde estudiaría, o dónde sería el próximo piquete en el que intervendría, pero ansiaba descubrirlo.

Mientras tanto, mi padre, Willie Moses Cummings, un afroamericano de dieciocho años, tenía sus propias y nobles metas. Alto y delgado, con un afro, papi era un genio de las matemáticas que había sido estrella del atletismo en intermedia, pero tuvo que dejar de correr a fin de trabajar después de la escuela para mantenerse económicamente y ayudar a la familia. Cuando no estaba en el trabajo o en clase, podía encontrárselo acurrucado en un rincón del apartamento de su familia en Harlem leyendo la «Carta desde la cárcel de Birmingham,» de Martin Luther King Jr., o *El profeta*, del escritor libanés-americano Kahlil Gibran. Estudioso e introspectivo, papi reconocía los méritos de los boicots y las manifestaciones y también quería formar parte del movimiento. Soñaba con correr en el equipo de pista y campo de la universidad y anhelaba hacerse médico y así usar su inteligencia y compasión para ayudar a los demás.

Papi cursaba el tercer año de la escuela intermedia cuando vio por primera vez a mami. Ella andaba en el mismo grupo que Eddie James, el revoltoso hermanito de papi. Él cuenta que fue amor a primera vista cuando vio a la linda puertorriqueña con espíritu activista. Pero mami no se enamoró tan rápidamente; pensó que él era un poco «cursi» y demasiado prudente. Según ella, el afecto se desarrolló gradualmente: empezó a brotar durante conversaciones apresuradas en la escuela y floreció después de acompañarlo —a escondidas— a varias fiestas clandestinas en Harlem. Papi continuó persiguiéndola hasta que ella cedió.

Para ellos, sin embargo, no habría baile de graduación, ni flores, ni fotos chistosas frente a una limusina. Mami no habría de cruzar el escenario de suelo rayado de la Escuela Superior Seward Park para recibir el diploma que iba a ser su boleto para alzar el vuelo: la primera vez que mis padres intimaron, mami quedó embarazada y, así, la niñez de mis padres llegó a un abrupto fin.

Mami pudo ocultarlo durante siete meses, disimulando la panza con una faja debajo de suéteres holgados y abrigos anchos, y absteniéndose del cuidado prenatal. Pero, aunque el camuflaje haya funcionado en el invierno, no fue posible, ni práctico, durante el calor abrasador del verano neoyorquino. Finalmente, mi abuela Nannie Virginia descubrió que su nieto venía en camino.

—Bueno —dijo Nannie, probablemente después de hacer la señal de la cruz y recoger su quijada del suelo—, parece que habrá boda.

Mis padres, todavía adolescentes, se casaron el 5 de octubre de 1968. Mami usó un vestido de novia mini, increíblemente moderno, con el pelo rubio-rojizo a lo Mia Farrow o Twiggy. Siempre opiné que el ramo de novia era demasiado grande y ella luego me explicó que era para disimular la barriga, de modo que la gente no se diera cuenta de que estaba encinta. Llegué al mundo quince días más tarde en el Hospital Beth Israel de Manhattan, el 20 de octubre de 1968. Papi puso punto final a sus sueños de convertirse en médico y se matriculó en una escuela técnica. Y mami salió del Lower East Side, pero no para ir a la universidad. Abandonó la escuela en undécimo grado, consiguió su diploma de Educación General (GED, por sus siglas en inglés), y se fue a vivir al apartamento de mi abuela paterna en el sur del Bronx.

Mi travesía comenzó en la parte más alta de la ciudad. Di mis primeros pasos en los pasillos de la casa de Nannie Mary, en un edificio de muchas plantas, el número 1889 de la Avenida Sedgwick, justo en el corazón mítico del *Boogie Down* Bronx.

* * *

La madre de mi padre era, en cierta manera, una inmigrante, incluso una refugiada, aunque estuviera huyendo de una región de su país natal en busca de seguridad en otra parte del mismo país. Ella y su familia formaron parte de la oleada de afroamericanos que escaparon al prejuicio y la crueldad de las leyes Jim Crow del sur en busca de oportunidades en otra parte. El éxodo (a Chicago, a Nueva York, a prácticamente cualquier lugar que quedara al norte de la línea Mason-Dixon) comenzó en la década de los veinte, para la época del resurgimiento del Ku Klux Klan, y continuó hasta la década de los sesenta, cuando el movimiento para conseguir los derechos que los negros ya debían haber tenido desde un principio marchaba a todo vapor. Cuando el desplazamiento terminó, alrededor de cinco millones de hombres, mujeres y niños habían desarraigado su vida para forjar nuevos hogares y destinos en centros urbanos a lo largo y a lo ancho de Estados Unidos.

El padre de Nannie Mary había sido un aparcero que tenía su propio pedacito de tierra en Georgia, pero a pesar de trabajar largas horas para proveer sustento a sus hijos y a su esposa, Lillie Mae, quien también ayudaba a labrar la tierra, era una lucha constante. La vida en Georgia no era fácil y, a la larga, después de dar a luz a dos hijos y ver a pariente tras pariente mudarse al norte, Nannie Mary finalmente decidió arriesgarse ella también, y realizar el viaje con mi padre y su hermano a cuestas. Se mudaron a menudo, nunca logrando cubrir todos los gastos, hasta que se quedaron por un tiempo en el corazón de Harlem. Harlem influyó en papi: le quitó muchas de las costumbres sureñas, aunque algo quedó. No recuerdo que papi haya tenido nunca un acento sureño tan fuerte como el de mis tíos y primos, pero preparaba los mejores desayunos dominicales: crema de maíz típica del sur, llamada *grits*, y le seguían encantando las botas de vaquero.

Como Harlem se hacía cada vez más caro, Nannie Mary se mudó una vez más y se estableció finalmente en el Bronx y su casa se convirtió en el hogar familiar, donde todos se congregaban y celebraban poder estar juntos.

Siempre había una olla caliente en la estufa y el olor de rabo de buey y de col berza inundaban los pasillos y te incitaban a entrar incluso antes de abrir la puerta principal. Y no había nada comparable a Acción de Gracias, con el pavo, el pan de maíz, los frijoles, el arroz, el *pie* de batata y el pudín de guineo (con las galletitas Nilla Wafers, desde luego). Los más jóvenes fingían que sabían jugar a las cartas en medio de la gritería de los adultos que escuchaban música, bebían, bailaban y apostaban jugando a *whist*.

Mis primos y yo jugábamos al escondite, haciendo rabiar a mi abuela cuando nos metíamos en su clóset o en su bañera, y nos quedábamos despiertos hasta mucho después de la hora en que se suponía que fuéramos a dormir, haciendo cuentos y chistes. Nosotros tres: Sean, Tyvee y yo, seguimos siendo íntimos hoy día.

Aunque nuestra familia extendida no estuviese de visita, que era lo que ocurría la mayor parte del tiempo, el apartamento de Nannie Mary era un espacio atestado. Yo dormía en uno de los dos dormitorios con mami y papi, y Nannie Mary compartía el otro dormitorio con su esposo, Doctor Dash (sí, Doctor era su nombre de pila), a quien todos llamábamos «Doc».

Yo lo adoraba. Él tenía un buen trabajo con el Departamento de Sanidad de Nueva York. Levantaba y cargaba contenedores desbordantes de basura todo el día y luego traía su cheque a casa cada quincena para entregárselo a mi abuela, apartando un par de dólares para mis primos y a mí. Doc era tan dulce como los caramelos Now and Later que siempre llevaba en el bolsillo para regalarme.

No recuerdo que jamás le haya alzado la voz a nadie, ni cuando tropezó con una de mis muñecas en medio del piso de la cocina; ni a mi tío que a veces venía a altas horas de la noche oliendo a alcohol e interrumpía el sueño que tanta falta le hacía a Doc; ni siquiera a los vecinos del final del pasillo, cuya basura, por alguna razón, nunca llegaba al incinerador, llenando el pasillo que todos los vecinos debíamos compartir.

Pero Doc era un personaje: parecía más un muchacho grande que un hombre mayor. Recuerdo una tarde que estábamos sólo él y yo. Él hacía cualquier cosa por hacerme reír, y ese día me agarró de las manos y comenzó a girarme en el aire. Casi no podía respirar por los ataques de risa: el sofá color vino con el protector de plástico, la colección de fotos familiares y la pintura de un Jesús rubio de ojos azules convertidas en imágenes borrosas ante mis ojos.

Yo quise que él me diera vueltas en el aire. Pero, desde luego, él no debió haberlo hecho. Primero oí un *¡pum!* y después sentí un dolor punzante. Dejé de reírme y empecé a llorar. Doc sabía que se había metido en problemas.

Resultó que me había dislocado el hombro. Sin embargo, ese diagnóstico no se conocería hasta horas más tarde. A pesar de su nombre, Doc no tenía idea de qué hacer y entró en pánico porque sabía que Nannie Mary, papi y, probablemente más que nadie mi madre, le echarían tremendo regaño.

Me sentó en el sofá como una muñeca de trapo encorvada.

—No le digas a nadie que estábamos jugando —dijo Doc, mirando furtivamente por sobre el hombro, esperando el momento fatal en que uno de los otros adultos de la familia llegara—. Si te quedas quietecita, después de un rato te vas a sentir mejor. ¿Está bien?

—Está bien —murmuré.

Yo, por lo general, nunca me estaba quieta y corría por esas cuatro habitaciones como si fuese el césped del parque Van Cortlandt. Pero iba a tratar de no moverme mucho porque cada vez que lo hacía, sentía que una ola de dolor me recorría el brazo.

Estuve sentada allí durante lo que parecieron horas; la luz del sol que entraba a la sala cambió de amarilla brillante a naranja vivo y, por último, a un ámbar mate. Doc encendió la televisión para mantenerme entretenida, abrió una lata de cerveza para distraerse, o por lo menos para calmarse, y comenzó a caminar nervioso de lado a lado.

Finalmente, llegó mami. No recuerdo exactamente qué sucedió

luego, pero recuerdo haber oído gritos después de que mami me abrazó y yo solté un gemido desgarrador. Me llevaron de inmediato al hospital y me colocaron el hombro de nuevo en su lugar. Pero pasaría mucho tiempo antes de que me permitieran quedarme sola de nuevo con Doc. Y les aseguro que lo eché de menos.

* * *

Con todo y lo loco que fue ese momento, no fue raro. La verdad es que en casa de Nannie Mary sucedían muchas locuras. Doc bebía, y no era el único de mis parientes que tenía una relación amorosa con la cerveza, el vino y el licor. Por parte de mami, el cuarto esposo de Nannie Virginia, Antonio, a quien llamábamos Tony, siempre olía a humo de cigarrillos y a cerveza. Y a pesar de que Nannie Mary se haya convertido a la larga a la religión pentecostal y juró no volver a tocar el alcohol, tuvo la oportunidad de darse algunos tragos más sentada en su butaca antes de ser salvada.

El fluir de la conversación y de las risas provocadas por el alcohol hacía que la vida en casa de Nannie Mary pareciera una fiesta interminable, pero también explosiva. Las conversaciones fuertes y los alardes de broma tan inocuas como, por ejemplo, por qué los Yankees perdieron el último juego, o una apuesta sobre cuántos días le tomaría a la ciudad llevar las máquinas quitanieves al sur del Bronx después de una tormenta, de repente se convertía en una discusión acalorada sobre una ofensa antigua que nunca había sido olvidada. Mis tíos abuelos o mis primos lejanos mayores salían disparados de sus sillas y se plantaban con los puños apretados y las caras tan pegadas que se podían haber besado. Pocas veces la cosa llegaba a los puños, pero muchas veces el resto de la familia pensaba que podría.

Daba la impresión de que en el apartamento de Nannie Mary siempre había algo a punto de arder, ya fueran las tensiones provocadas por tener que contar hasta el último centavo y todavía quedarse corto, o la vez que Doc incendió las cortinas de la sala, probablemente porque andaba ebrio, dando tropezones con un cigarrillo encendido.

Décadas más tarde, mi esposo comentaría que yo era el tipo de persona que uno quisiera tener cerca durante una emergencia porque cuando los demás se ponen frenéticos y el temor se apodera de sus pensamientos y acciones, yo tiendo a tomármelo con calma. Puedo mantenerme serena, apartada y distanciarme mentalmente de la situación, y así ver la solución con claridad. Es un comportamiento que me sirvió cuando tuve que atender a mi hijo, que, habiéndose lastimado el tendón de la parte posterior del muslo jugando al fútbol en la escuela secundaria, se retorcía del dolor en la cancha, o las veces que tuve que pensar qué hacer cuando un testigo no aparecía a testificar en un caso que yo estaba llevando en el tribunal. Esa serenidad la perfeccioné en el Bronx.

Aprendí a mantenerme serena en medio de la turbulencia que me rodeaba, a no participar en el alboroto. Aprendí a no asustarme viendo las llamas anaranjadas devorar las cortinas de Nannie Mary; a concentrarme en las palabras que leía en las páginas de *El león, la bruja y el ropero,* y no en las vulgaridades que se lanzaban los unos a los otros dentro y fuera de nuestro hogar.

En medio de toda esa confusión estaba mami, como un pez fuera del agua. Ella había querido irse de casa de Nannie Mary desde el momento en que llegó. Su propia familia, cómodamente instalada en el Lower East Side, parecía estar a millones de millas de distancia. Y ella nunca se llevó muy bien con la madre de mi padre, que era muy inflexible y nunca permitió que mami olvidara que estaba en *su* casa. Actuaba como si le estuviese haciendo un favor a mami al permitirle vivir allí. Creo que mami se preocupaba más que nada por mí, que crecía en medio de un hogar tan tumultuoso.

Hasta de niña, muy pequeñita, me daba cuenta de cuán infeliz era mami. Se le notaba en los surcos de la frente cuando Nannie Mary empezaba a quejarse. Podía verlo cuando se sentaba en una esquina a tomarse un trago fuerte mientras observaba cómo sucedían las locuras. Podía verlo cuando se retiraba a su habitación tan pronto Doc y tío Ed empezaban a beber, y podía oírlo cuando le hablaba a papi sobre la necesidad de que nuestra familia buscara su propio lugar. Ella quería más. Ella quería algo mejor. Ella quería salir de allí.

Y así, cuando yo tenía tres o cuatro años, mis padres encontraron un apartamento en el quinto piso de un edificio en la Avenida Morris, cerca de Grand Concourse, una de las avenidas principales que atraviesa el Bronx.

* * *

Era el comienzo de la década de 1970, y los valores *hippie* de paz y amor impregnaban la ropa que usábamos, la música que bailábamos y hasta la decoración de nuestro nuevo hogar. En lugar de puertas que abrir y cerrar, mami colgó largas ristras de cuentas que sonaban y relucían cuando las atravesábamos. Y por primera vez tuve mi propia habitación y mami y papi, la de ellos.

Ahora que nuestra familia vivía por su cuenta, mis padres tenían que estirar el peso lo más posible y hervían agua para calentar el ambiente los muchos días en que no había calefacción, y creaban verdaderos manjares con corazones de pollo, cortes de carne dura y Spam. Mami confeccionaba casi toda mi ropa; compraba rollos de telas de colores y cosía toda la noche en la máquina que tenía en su habitación, y las convertía en mamelucos, vestidos y faldas. Pero nunca me sentí desventajada. Nos íbamos de pícnic en el parque, o íbamos a los Cloisters —el complejo de edificios medievales, repletos de arte, que fueron importados de Europa y trasplantados al parque Fort Tryon— y yo me hacía la dormida en el asiento de atrás del carro Monte Carlo gris de mis padres para que papi me llevara al hombro y me cargara los cinco pisos de escaleras hasta nuestro apartamento. Éramos felices.

Pero mami y papi deseaban un hogar que no requiriera reparaciones improvisadas a los calentadores ni hervir agua en la estufa para no pasar frío. Así que pronto nos mudamos de nuevo, esta vez a St. Mary's Park Houses en la Avenida Westchester.

Había una lista de espera para vivir allí. St. Mary's tenía ascensor y patio de recreo para los niños. Y estaba cerca de St. Anselm, que tenía la reputación de ser una de las mejores escuelas católicas de nuestro rincón del Bronx. Se suponía que era una vivienda para personas de ingresos medios.

Hace poco pasé por allí y tengo que admitir que se veía bastante destartalado, un complejo de edificios envejecidos que rodean un espacio desolado más seco y marrón que bucólico y verde. Pero en aquel momento, St. Mary's parecía ligeramente lujoso; aunque no hubiésemos alcanzado el éxito, por lo menos estábamos en camino. Es cierto que el ascensor olía a orines. Y cuando no funcionaba, que era más días de los que puedo contar, teníamos que subir doce pisos a pie, en lugar de los cuatro que subíamos antes. Ahora tenía que dar yo cada paso porque me estaba poniendo más alta y pesada, y fingir un sueño profundo ya no convencía a papi de que me llevara al hombro.

A veces no había luz, y la oscuridad daba miedo. Pero una vez entrábamos a nuestro apartamento de cinco habitaciones y yo podía ver las copas de los árboles de St. Mary's Park desde la ventana de la sala, todos esos inconvenientes parecían inconsecuentes, poca cosa, y se olvidaban pronto.

Mami puso en práctica su talento para la organización comunitaria y formó la primera asociación de residentes de nuestro edificio, y los vecinos empezaron a turnarse para patrullar el área. En Navidad, todos decoraban su puerta con papel de regalo y lazos, y se hacían concursos en cada piso para elegir quién había decorado mejor. En Halloween los niños nos íbamos de *trick-or-treat*, y tocábamos los timbres de todas las puertas, desde el primer piso hasta el piso superior; nos daban más dulces de lo que se podía acomodar en una funda de almohada o en un cubito con forma de calabaza.

Una vez le pregunté a papi por qué siempre vivíamos en el último piso de los edificios donde nos mudábamos.

—Porque es el *penthouse* —dijo, con una mirada pícara—. Todo el mundo quiere vivir ahí. Es donde mejor se está.

A pesar de ser una niña que confiaba ciegamente en cada palabra que decía papi, creo que no me creí ese cuento. Siempre valoré, no obstante, el espíritu amoroso que movió a papi a decirlo, su deseo de siempre hacerme sentir especial, y la necesidad de hacer lo mejor posible con lo que teníamos, aunque nos esforzáramos por conseguir mucho más. Sabía que él siempre quiso que yo tuviera no sólo algo mejor que lo que él tenía, quería que yo tuviera lo mejor.

Todavía vivíamos cerca de Nannie Mary, a quien yo veía casi todos los días. Y había una tienda en la esquina a la que me encantaba ir con Doc, tío Ed, mis primos y todos mis amigos.

El dueño se sentaba detrás de un panel de vidrio y pasábamos el dinero por una bandeja giratoria que estaba debajo. Él le daba vuelta a la bandeja, que era como un *lazy Susan* a prueba de balas, y mágicamente aparecían Chico Sticks y Mary Janes. Yo les quitaba la envoltura, me los echaba en la boca y me deleitaba con toda esa dulzura.

En verano, me refrescaba en los géiseres que brotaban de las bocas de incendio que habían sido abiertas ilegalmente. Y en los fines de semana, mami y yo íbamos a comprar a Fordham Road. Las cosas que se vendían bajo toldos de colores no eran de la mejor calidad, pero en lo que a mí concernía podíamos haber estado paseando por Rodeo Drive en Beverly Hills. Los vendedores ambulantes vendían piraguas (yo siempre la pedía de tamarindo) y helado de coco, y las aceras bullían con la gente compitiendo por el espacio y la atención. Era como vivir siempre en un carnaval. ¿Cuán afortunada era yo?

Con todo, la realidad a veces interfería con mi mirada ingenua. El sur del Bronx era un entramado de los vecindarios más pobres de la ciudad de Nueva York, donde uno de cada cuatro niños padecía de asma y las peleas y tiroteos eran tan comunes como los fuegos que provocaban los caseros para tratar de sacarles dinero a los edificios que no tenían valor. La gente, desencantada por el deterioro, deprimida por la pobreza y atemorizada por el crimen, abandonaba el Bronx en manadas.

El camino de ida y vuelta a la escuela estaba sembrado de vidrios rotos. Y aunque nunca me sentí especialmente pobre, sabía que el dinero escaseaba. En casa de Nannie Mary siempre parecía haber conversaciones en voz baja sobre una colecta de dinero para pagar la cuenta de luz, para comprar un regalo de cumpleaños o para reparar un carro dañado.

También sabía que no importa dónde nos mudáramos en el sur del Bronx, mami se sentiría que podíamos encontrar algo mejor en su barrio natal en Manhattan. El asunto se convertía en una cantaleta cuando visitábamos a Nannie Virginia o a titi Carmen.

—Tienen que mudarse del Bronx —decía Nannie Virginia.

—Lo sé —contestaba mami con un suspiro y esa mirada pensativa que con tanta frecuencia vi en casa de Nannie Mary de nuevo en su rostro—. Tenemos que juntar el dinero y encontrar un sitio decente.

Mami y papi tenían una misión: conseguir sus diplomas, un apartamento mejor en un vecindario más seguro y crear un nido protegido para la bebé que no esperaban pero, ya que yo estaba aquí, harían cualquier cosa por mí.

* * *

Se había vuelto evidente que, aunque la vivienda en St. Mary's debía haber sido un paso adelante, estar allí en realidad nos acercó más a la violencia y desesperanza que siempre había acechado al otro lado de nuestra puerta de entrada. Creo que era inevitable que un día la violencia que se desataba regularmente fuera de nuestras paredes se aproximara y me golpeara justo en la cara.

Un día pasaba el rato con mi mejor amiga, Angelique. Jugábamos a la peregrina, acusándonos una a la otra de haber pisado la línea de tiza, cuando un grupo de niños del vecindario comenzaron a correr hacia nosotros; gritaban algo que no lográbamos distinguir. Cuando se acercaron, pudimos entender las palabras; era el grito de guerra de una pesadilla.

—¡Le dispararon al papá de Angelique! —gritaban—. ¡Le dispararon al papá de Angelique!

Corrimos hacia el peligro mientras los otros niños se alejaban de él. Cuando llegamos al lugar donde había caído el papá de Angelique, ya la policía había llegado, junto con una ambulancia. Angelique lloraba. Le agarré la mano antes de que una de sus parientas, que apareció de repente entre la muchedumbre que se estaba formando, nos agarrara a ambas y nos sacara de allí.

Si alguna vez supe qué provocó que le dispararan al señor Moreno, esas razones hace mucho tiempo que desaparecieron de mi memoria y Angelique, que sigue siendo mi amiga, se entristece siempre que alguien intenta hablar sobre el asunto. Sé que no fue la primera vez que Angelique ni yo escuchamos a nuestros compañeros de escuela gritar que alguien había sido herido. No era raro ver a una multitud alejarse de los disparos o correr a presenciar una pelea. Pero era la primera vez que la persona sobre quien gritaban era alguien a quien yo conocía bien.

El papá de Angelique murió, lo que cambió inexorablemente el curso emocional de su vida. Y con todo lo terrible que fue eso, pronto la violencia habría de manifestarse mucho más cerca de mí.

* * *

Mi tío Ed era el hermanito menor de mi padre: alto, piel morena, con una sonrisa que te hacía sentir como la persona más interesante del mundo. Durante los ratos que pasaba con el tío Ed, me sentía incluida, como si no importara lo que estuviese por suceder, yo iba a estar en el mismo medio, con el hombre con quienes todos querían pasar el rato.

Cuando tío Ed no estaba borracho o endrogado, no había nadie más amable que él.

Lamentablemente, muy pocas veces lo vi sobrio. Todo ese encanto y carisma servían para encubrir un alma atribulada. Tío Ed era listo, pero padecía de problemas de adicción y no podía con-

servar un empleo. Constantemente tenía que pedir dinero prestado, primero a Nannie Mary y luego a Doc, o a su novia de turno.

Papi siempre había sido su protector y lo sacaba de apuros con
muchachos cuyas hermanas se habían quedado llorando porque
tío Ed las había engañado, o con parientes que estaban cansados
de sus promesas de venir a ayudar con una tarea y luego no aparecer. Pero llegó el día en que tío Ed se metió en un asunto del que
papi no lo pudo salvar.

Yo creo que tenía como siete años y algunos de los detalles de
ese día están borrosos en mi mente. Lo que está claro es que yo
andaba ese día con tío Ed. Había una mujer también. Y lo que
sucedió después pareció desarrollarse en cámara lenta. Estábamos
en un apartamento, aunque no recuerdo de quién. Sé que había
sofás rojos cubiertos de plástico y ristras de cuentas como las que
colgaban en el primer apartamento de mis padres.

Supongo que tío Ed, el eterno mujeriego, estaba saliendo con la
esposa o la novia de otro hombre. Estábamos sentados cuando de
repente un tipo irrumpió por la puerta. Él y tío Ed comenzaron a
discutir y entonces, tan rápido que apenas se vio el filo, el hombre
sacó una navaja y apuñaló a mi tío varias veces.

No me dejé arrastrar por la locura. No perdí la cabeza en la
vorágine. Me serené y traté de descifrar cómo podía ayudar a mi tío.

Tío Ed corrió al baño y yo corrí tras él, y cerré la puerta y le
puse el pestillo. Agarré el rollo de papel sanitario para tratar de
detener la hemorragia, y en el chorro de sangre que empapaba
el piso de losas blancas y negras vi manchas amarillas: probablemente los intestinos de mi tío.

Mientras trataba de socorrerlo y él se agarraba el estómago y aullaba de dolor, aparecieron mi abuela y mami, llorando y lamentándose desesperadas. Se llamó una ambulancia y se llevó a tío Ed al hospital. Casi muere, pero a pesar de que durante varios días estuvo muy delicado, sobrevivió.

Años más tarde, yo recordaría ese día en una conversación con papi, quien se asombró de que yo la recordara.

—Eras tan chiquita —afirmó—. Nunca hablamos de eso así que pensé —esperábamos— que te hubieses olvidado.

Pero ¿cómo se puede olvidar algo así? Ese trauma acecha en lo más íntimo de tu ser, impacta tus acciones y tus reacciones de maneras que quizás no te percates al principio, y quizás nunca llegues a comprender del todo. Me hizo preguntarme cómo alguien podía ser tan tonto «¿Que tú sales con la esposa de otro hombre? ¿Qué esperabas?», pero como yo quería tanto a mi tío, también me llenó de empatía y de la capacidad para ver que toda historia tiene muchas versiones.

Entendí implícitamente que cualquiera puede cometer un error tonto, que podrías sentir la necesidad de ganar dinero fácil o enamorarte de la persona equivocada, y aun así eso no justifica que casi pierdas la vida. Fue el comienzo de mi comprensión visceral de las causas, y de los costos, de la violencia.

Y lo que también sé ahora es que lo que le pasó a tío Ed y al padre de Angelique no fue algo único del Bronx o del círculo de personas que yo amaba. Las presiones de la pobreza, del abuso policial, de las bajas expectativas, ciertamente pueden exacerbar las tensiones, pueden quizás hacer que una persona que está en el límite reaccione bruscamente un poco más rápido. Pero la adicción, las disputas y la infidelidad son tan comunes en Hollywood e Iowa como en el Bronx. Es sólo que, para los acaudalados, o los blancos, todo un grupo no se define por las acciones desafortunadas de unos pocos. Se les concede con más frecuencia el beneficio de la duda. Sus acciones se ponen en contexto, aunque ellos mismos no lo expresen, porque tienen el dinero o el estatus privilegiado para exigirlo.

La tragedia que arropó a tío Ed marcó el comienzo del fin de llamar al sur del Bronx como nuestro hogar. Mis padres fueron los pilares de la estabilidad que lucharon para que me admitieran en las mejores escuelas y ocupar mi imaginación con visitas a los museos y al planetario. Trabajaron al unísono para protegerme e impulsarme. Pero más allá de su frente unido existían fuerzas que creaban instancias de peligro y de violencia. Al estar en casa de Nannie Mary, las cortinas se prendían fuego. Podía pasar el día contenta junto a mi tío, y ver cómo lo apuñalaban frente a mis ojos sin que yo pudiera hacer nada.

Tanto caos, tanto desbarajuste, tantas cosas que ni mami ni papi podían controlar.

—No aguanto más —dijo mami después de que papi me fue a buscar y me trajo a casa, ya con tío Ed en el hospital. Para verano, ya por fin estábamos en Manhattan.

Pero mucho después de empaquetar y mudarnos, el sur del Bronx siguió siendo tan querido por mí como las calles del Lower East Side donde pasaría mis años de intermedia y secundaria. Allí vivían todavía Nannie Mary, Doc y Angelique. El amor que sentí en el hogar de mis parientes y la desesperación que pude vislumbrar allí y más allá, me impulsó siempre; influyó en las historias que quería contar y dictó por quiénes quería luchar como defensora de la justicia social, como abogada y como periodista. Pero ahora iba a dormir a millas de distancia.

El día que nos mudamos, mis padres arrendaron un camión U-Haul, pero apenas lo necesitamos. Dejaríamos atrás una buena parte de nuestros muebles. El viejo sofá color marrón donde papi y yo nos sentábamos a ver *Los Picapiedras* y las repeticiones de *El Show de Lucy*, la mesa astillada donde mami colocaba su taza de café con leche por la mañana, la alfombra color naranja que gasté bailando al son de Stevie Wonder y Rufus y Chaka Khan, todo se quedó allá.

Teníamos la esperanza de también dejar atrás los recuerdos de la sangre vertida en el piso blanco y negro de un baño, las voces de extraños que gritaban que el papá de una amiga podría haber muerto y todos esos bordes filosos de vidrios hecho añicos y vidas destrozadas que pasaba en el camino de ida y vuelta a casa.

Mami, papi y yo bajamos en el ascensor de St. Mary's Houses por última vez. Papi aceleró el motor del Monte Carlo y nos dirigimos lentamente al sur por la Avenida Westchester. No miramos atrás.

CAPÍTULO DOS

DÍAS DE ESCUELA

—¿Qué tal, traidora?

Así me saludó Freddy, un niño pequeño al que conocía desde que tenía uso de razón, un domingo por la tarde. Estaba encantada de regresar al sur del Bronx una de las primeras veces desde que mis padres y yo no mudamos a Manhattan, y estaba prácticamente dando saltitos en la acera con mis mejores amigas, Tanya y Angelique, feliz de ver tantas caras conocidas, incluida la de Fred. Pero su insulto me detuvo en seco.

«¿Traidora?», pensé para mis adentros. «Eso sonó bastante rudo. ¿Por qué diría eso?».

Balbuceé un tímido «hola» y seguí hablando con mis amigas. Pero me quedé sobresaltada. Lamentablemente, no sería la última vez que alguno de mis antiguos compañeros de juego me insultara cuando regresara a casa un fin de semana alterno para estar con Nannie Mary y el resto del lado de la familia de mi padre.

Me había acostumbrado al lenguaje ofensivo en el parque de juegos. Era casi un deporte en el sur del Bronx. Dos niños comenzaban a despreciarse mutuamente y, cuando llegaba yo, dejaban la discusión de lo que fuera y me decían que no me metiera en lo que no me importaba.

—¿Por qué te metes? —me gritaría uno—. ¡Te crees la gran cosa porque ahora estás viviendo en Manhattan!

O al mencionar la excursión que había hecho con mis compañeros de clase para ver los lugares importantes de la Guerra de Independencia de los Estados Unidos cerca de Wall Street, de pronto María, una amiga con la que solía saltar la cuica doble, empezaba a hacer muecas.

—¿Y qué? —decía con los ojos muy abiertos—. ¡No eres mejor que nosotros sólo porque vas a la escuela en Manhattan!

En aquel momento, lo único que era capaz de entender era cuánto me dolían esas palabras. Pero, con el tiempo, comprendí que haberme mudado a Manhattan, con las idas y venidas al Bronx, que ocupaban mis sábados y domingos, fue el inicio de lo que luego se convertiría en un tema decisivo de mi vida.

Marcó el comienzo de tener que empezar a atravesar múltiples mundos. Un acto de equilibrio que se volvería tan natural y necesario como hacer malabares entre la maternidad y mi carrera, entre mis nuevos y viejos amigos, y reconocer que no siempre encajarían o serían bien recibidos en los lugares que frecuentaba—, y viceversa.

Esas cuchilladas a traición en los parques de juego fueron las primeras señales de que tendría que aprender a sumergir partes de mi persona de acuerdo con las circunstancias; que tendría que callarme algunos sentimientos y experiencias para no crear una distancia aún mayor entre mi persona y las personas que pertenecían a mi círculo. Y empecé a sentir que, a pesar del amor inquebrantable de mi familia, a veces tendría que arreglármelas por mi cuenta.

Sabía, en el fondo de mi corazón, que no había abandonado a mis viejos amigos, que nunca lo haría. Después de todo, allí estaba, jugando a los mismos juegos en las mismas aceras agrietadas, escuchando todas las burlas, todos los chistes. Iba con tanta frecuencia que a menudo me parecía que nunca me había marchado.

Pero, aunque me sentía unida al sur del Bronx por el cordón umbilical, no me sentía avergonzada de mi nuevo hogar. Nuestro nuevo apartamento era mucho más bonito, mi nueva escuela era mucho mejor y mi nuevo vecindario estaba mucho más limpio y era mucho más seguro que el que mis padres y yo abandonamos. Mis padres habían tomado la decisión correcta. Y, desde muy joven, me inculcaron la convicción de que una nunca debe sentirse avergonzada de aspirar a más ni debe dejar pasar una oportunidad.

* * *

Aunque, para ser sincera, la brecha entre mi persona y muchos de mis viejos amigos se formó mucho antes de que me fuera del Bronx. En los apartamentos de muchos de mis amigos, la televisión solía estar siempre prendida o la música a todo volumen. La educación se limitaba al horario de ocho a tres, cuando los niños estaban en la escuela.

Sin embargo, en mi casa, la educación era la gran protagonista de nuestras conversaciones y las actividades que realizábamos. Pasaba las tardes jugando a los *jacks* y saltando la cuica con Angelique, Lisette, Celeste y Tanya, pero cuando estaba sola con mis padres, los libros eran mi entretenimiento principal.

No recuerdo no saber leer, pero creo que empezaron a enseñarme formalmente cuando tenía como cuatro años. Mami no quería llevarme a un cuido, así que dejó de trabajar para quedarse en casa conmigo. Por las noches iba al Bronx Community College, donde estudiaba para ser maestra, y pasábamos el día entre cartillas y lecciones, sentadas una al lado de la otra, mientras ella aprendía los principios de la pedagogía y yo practicaba los colores y el abecedario.

Mami iba a las tiendas especializadas donde los maestros compraban los materiales que necesitaban para sus clases y se abastecía de libros de texto repletos de lecciones. Luego me asignaba tareas. O íbamos juntas a la biblioteca a sacar una copia de *La telaraña de Carlota* o de *Los viajes de Gulliver*. A medida que mejoraban mis destrezas de lectura y empezaba a leer por mi cuenta, me hacía pruebas de lectura. ¿Podía resumir la historia? ¿Cuál era el mensaje del libro? ¿Cuál era mi personaje favorito y por qué? Cuando las discusiones de los vecinos se escuchaban a través de las paredes o cuando subían demasiado el volumen de la radio, mami les tocaba a la puerta y les pedía que bajaran el volumen porque su hija estaba tratando de estudiar.

Cuando empecé en el kindergarten, estaba tan preparada gracias al currículo que mami me había hecho en casa, que la maestra me daba libros para niños de segundo grado o me mandaba a un salón de clases de primer grado donde escribía composiciones elementales sobre lo que había hecho en el fin de semana o sobre mi recuerdo favorito.

A medida que me hacía mayor, mis padres siguieron suplementando mi educación. Cada día era un nuevo reto.

—¡Sunci! —decía papi mientras abría el *New York Times*, que tenía un lugar fijo en la mesa de la cocina de nuestro hogar—. Ven a leerme este artículo en voz alta.

Inevitablemente encontraba palabras que nunca había escuchado, mucho menos leído. Pero mi papá era paciente.

—Dilo en voz alta.

—Po-lé-mi-co —leía yo, alargando las sílabas.

—¿Qué significa? —me preguntaba él. Cuando me encogía de hombros, me decía con suavidad—: pues, búscalo.

Y yo buscaba en el *Webster's New World College Dictionary*, que estuvo durante tanto tiempo en la sala de mi casa, que se manchó y se le doblaron las esquinas. Papi me retaba a aprenderme todas las palabras que contenía, a deletrearlas, a saber su significado. Cada día, cuando regresaba a casa de la escuela, me aprendía una o dos de memoria y las marcaba en lápiz con una «x». Cuando nos sentábamos a cenar, les informaba con orgullo lo que había aprendido.

Aunque siempre tropezaba con alguna palabra desconocida en el *New York Times*, pronto adquirí la certeza de que, con el tiempo, sería capaz de descifrar todo lo que no comprendiera. Comencé a experimentar esa sensación de poder que llega con el conocimiento, aunque los artículos sobre una nueva autopista o lo que hacía Estados Unidos en Vietnam no despertaran el menor interés de mis compañeros de clase, ni les importaran.

Mi hogar también era distinto del de mis compañeros en otro sentido: tenía que hablar español.

Mientras crecía, en la década de los setenta, en muchos hogares latinos se insistía en la importancia de aprender y hablar sólo en inglés. Ese mandato obedecía al amor y al pragmatismo. Los padres puertorriqueños querían que sus hijos encajaran, que fueran aceptados. No querían darle al mundo de los blancos otra excusa para decir que sus seres queridos no valían lo suficiente, que no eran suficientemente inteligentes, que no eran suficientemente estadounidenses como para que se les diera un empleo o una oportunidad. Querían evitar que las personas de mente cerrada descalificaran a sus hijos por ser el «otro».

Mis padres, sin embargo, veían el asunto de otro modo. Hablar español era, en parte, una necesidad. Nannie Virginia, la madre de mi madre, no hablaba mucho inglés, así que todo el mundo hablaba la lengua de Puerto Rico por respeto a ella. Y, sinceramente, quien no hablara español, se perdía mucho de lo que pasaba, desde la cantaleta de mi abuela sobre lo que algunos vecinos debían hacer con sus vidas hasta los eternos chismes familiares.

Sin embargo, la capacidad de hablar más de un idioma comenzó a valorarse más allá de mi hogar a partir de un hecho muy importante que ocurrió el año en que nací. La Ley de Educación Bilingüe de 1968 marcó el inicio a otra visión del multilingüismo cuando los legisladores reconocieron la necesidad de educar a los niños que hablaban poco inglés mediante una educación escolar en su lengua materna. Mami, siempre activista así como educadora, era una defensora de ese modo de pensar. Pero, más allá del aspecto político, ella y Nannie Virginia creían que era importante que yo dominara el español para mantenerme conectada a la cultura de nuestra familia.

Por tanto, de las primeras palabras que dije fueron «abuela» y «Nannie». Aprendí a pasar del inglés al español sin dificultad y crecí creyendo que poder decir cualquier cosa en ambos idiomas no sólo era un talento, sino un regalo.

Mi educación no se limitó al español y a deletrear. Casi todos los fines de semana, mis padres y yo nos subíamos al *subway* o a nuestro Monte Carlo y nos sumergíamos en el arte y las experiencias que ofrecía la ciudad de Nueva York. Veíamos una exposición de Matisse en el Museo de Arte Metropolitano, estudiábamos los nombres de la flora exótica en el Jardín Botánico del Bronx o admirábamos los libros centenarios que se exhibían en la majestuosa Biblioteca Pública de Nueva York en la Quinta Avenida. Las obras de teatro de Broadway también estaban en el menú. Recuerdo haber visto *Equus* y *El violinista en el tejado* a una corta edad.

La entrada a muchas de las instituciones que visitábamos era gratuita o pedían un modesto donativo. Pero aun si costaba algo, mis padres se ajustaban el cinturón y ahorraban para llenar mi vida de posibilidades. A papi siempre le impresionaban las historias que contaban sus colegas sobre sus vacaciones en el extranjero y, aunque no podíamos permitirnos esos viajes, él quería prepararme para ese momento, el cual él estaba seguro que llegaría, cuando yo viajara por el mundo.

Íbamos a restaurantes japoneses para que yo aprendiera a comer con palitos. Y, dondequiera que fuéramos a comer, mis padres me dejaban ordenar primero para que comiera lo que me más gustara: a mí me gustaba sobre todo la langosta. Entonces mami y papi buscaban en el menú algún plato que pudieran pagar con el poco dinero que les quedaba. Más que comer algo que les apeteciera, les importaba que yo aprendiera a comportarme en todo tipo de lugar; que me sintiera igual a cualquiera que se paseara por una galería de arte u ordenara un filete en un restaurante encopetado. Querían que yo supiera que merecía estar donde sea que decidiera llegar.

* * *

Comparada con el vigor intelectual de mi familia, la escuela me resultaba a menudo repetitiva y aburrida.

Mientras otros niños miraban a la pizarra, yo miraba por la ventana. O escribía garabatos, y en lugar de puntos, corazones gigantes sobre las íes de mi nombre y mi apellido, o dibujaba una versión de dibujos animados del niño de pelo rizo que se sentaba a mi lado.

También me volví traviesa. Arrancaba un pedazo de papel de mi cuaderno, lo hacía una bolita con saliva y se lo lanzaba a un compañero en la cabeza. Me reía y decía chistes en voz baja para distraer a los demás niños. O levantaba la mano mil veces para ir al baño, donde me quedaba un buen rato perdiendo el tiempo y mirándome al espejo. Después de una parada obligada en la fuente de agua que estaba en el pasillo, regresaba sin prisa a la clase.

Todo eso fue, sin embargo, antes de conocer a Miss López.

Llegué a su salón de tercer grado en St. Anselm el primer día de clases en 1976. Me senté en la fila del medio y miré de reojo a la pequeña mujer de pelo rojizo, que lucía chiquitita detrás de su enorme escritorio. No podía imaginar que estaba a punto de jugar un papel decisivo en mi futuro.

Miss López estaba comprometida con sus estudiantes. En vez de recitar las lecciones, escribir palabras y cifras en la pizarra para luego pedirnos que escribiéramos en silencio lo que recordáramos, nos hacía muchas preguntas y nos retaba a contestar con rapidez y de forma articulada.

Mis otras maestras ya estaban cansadas de verme levantar la mano.

—¿Cuál es el verbo en esta oración? —preguntaba Miss Jackson, mi maestra de segundo grado.

«Ésa es fácil», pensaba yo mientras le hacía señas con los dedos para que me llamara.

—Asunción —decía soltando un suspiro de cansancio—, ya levantaste la mano. Dale la oportunidad a otro estudiante.

Miss López usaba una estrategia distinta. En vez de limitarme a contestar una o dos preguntas al día, me llamaba muchas veces. Una tarde, cuando sonó la campana de salida, me pidió que me quedara un momento.

No era raro que me pidieran que me quedara después de que terminaran las clases. En primer y segundo grado, a menudo me retenían para advertirme, con dedo admonitorio, que si no dejaba de murmurar, de moverme o de andar pensando en musarañas, la maestra tendría que llamar a mis padres. Pero no tenía idea de por qué Miss López quería hablar conmigo. La verdad es que la consideraba interesante y prestaba más atención en su clase que en las demás. ¿En qué lío me habría metido?

Miss López puso a un lado los papeles que estaba organizando y me preguntó algo que ningún maestro me había preguntado antes.

—Aún después de llamarte, sigues levantando la mano —dijo—. ¿Acaso sabes todas las respuestas o simplemente te gusta hablar?

—Ambas —dije de sopetón, deseando, más que de costumbre, haber contestado correctamente.

Miss López sonrió y me dijo que me vería a la mañana siguiente. Me sentí aliviada pero desconcertada. ¿Qué significaría eso?

Al cabo de unos días, Miss López caminó hasta mi pupitre y se detuvo a mi lado. Mientras mis compañeros de clase leían en silencio, me pidió que cerrara el libro y me concentrara en un delgado panfleto que me entregó. No era como las pruebas y exámenes que había tomado hasta entonces. Las páginas estaban llenas de respuestas múltiples entre las cuales tenía que escoger. Saqué el lápiz y me puse a rellenar los circulitos con mucho cuidado.

Durante varios días, seguí tomando esos extraños exámenes. Cada examen era un poco más difícil que el anterior. Mientras tanto, los demás estudiantes analizaban sus libros de texto o practicaban aritmética básica. Finalmente, no hubo más panfletos.

Resulta que había estado tomado los exámenes estandarizados que el estado requería al final del año académico para medir lo que habían aprendido los estudiantes de todos los grados, desde primaria hasta superior, y cuán preparados estaban para tomar los cursos del siguiente nivel.

A base de mi desempeño en los exámenes, estaba lista para graduarme de cuarto año. Claro que no iba a ser así, pero Miss López dijo que había que hacer algo. Después de consultarlo con la directora, citó a mis padres a una reunión en la escuela.

—Asunción no puede seguir en tercer grado —dijo sin perder tiempo—, y tampoco debe estar en cuarto grado. Vamos a recomendar que pase a quinto grado.

Y ya. En un abrir y cerrar de ojos estaba en quinto grado.

En muchos sentidos no fue una buena idea. Me sacaron de un salón de clases lleno de niñas con moñitos y niños en pantalones cortos que brincaban la cuica en el recreo, y me lanzaron a un mar de chicos en plena pubertad. A partir de ese momento, y durante buena parte de mi carrera académica, estaría rezagada respecto a mis compañeros de clase en el aspecto social y, a veces, emocional, aunque no en el académico. Tenía doce años cuando empecé la secundaria y dieciséis cuando entré en la universidad. Cuando miro a mi hijo de dieciséis años, que se parece tanto a mí, tiemblo de imaginármelo teniendo que socializar y encajar con jóvenes de diecinueve y veinte años.

Pero, aunque tal vez no se analizaron todas las implicaciones sociales, sé que Miss López hizo esa recomendación porque no quería verme limitada. A pesar de las dificultades que tuve que afrontar después, Miss López cambió definitivamente mi vida para mejor y me encaminó para que me desarrollara y sobresaliera con el fervor y el sentido de mí misma que me ha traído hasta aquí.

* * *

El otro punto crucial de mi viaje educativo fue cuando me trasladaron a una mansión con muros de piedra en una tranquila calle del Upper East Side. Cuando me saltaron de grado, mis padres querían enviarme a otra escuela. Y después que apuñalaron a mi tío Ed, el proceso de búsqueda adquirió un carácter de urgencia. Con la idea de que Manhattan ofrecía una mejor calidad de vida, mis padres salían a buscar un apartamento cada vez que mi padre tenía un día libre. Pronto, sin embargo, notaron un patrón perturbador.

Después de buscar en el *New York Times* y en el *Daily News*, y de hacer una cita por teléfono, cuando mis padres iban en persona a ver los apartamentos disponibles en el listado, de repente ya no estaban disponibles. Comenzaron a sospechar que se trataba de un asunto racial.

Mami, que tenía la piel blanca y el cabello cobrizo, empezó a buscar sola. Cuando titi Carmen consiguió un apartamento en Stuyvesant Town, un complejo de viviendas cerca de donde vivía Nannie Virginia, le sugirió a mami que sometiera una solicitud.

El apellido de titi Carmen era Ramos, pero como tenía la piel blanca, el pelo liso marrón claro, los ojos verdes y un marido veterano de Vietnam, blanco, puertorriqueño, encontraron apartamento en seguida. Mami tenía un color de piel similar, pero con un esposo afroamericano y una hija mestiza, sus probabilidades eran muy escasas. Por tanto, antes de enviar la solicitud, titi Carmen y ella diseñaron un plan.

Cuando mami fue a completar los formularios en la agencia de alquiler, puso que estaba casada, pero sólo dijo que el nombre de su marido era William, en vez de Willie Moses. Y, aunque suele usar su nombre de soltera, en la solicitud no puso Rosa Beza, que sonaba indudablemente latino, sino Rose Cummings.

En cierto modo, mami utilizó una versión del subterfugio que en inglés se conoce como *pasar por*, un modo de ser que han practicado varias generaciones de negros y latinos, que tienen la piel lo suficientemente clara como para «pasar por» blancos.

El «pasar por» podía ser circunstancial y usarse en casos de emergencia, como cuando estabas apurada y tenías que usar un baño «sólo para blancos», o para evitar que te brutalizaran o te hicieran algo peor por caminar de noche en un *sundown town* en los estados del sur. Podía usarse de manera oportunista. Dicen que Adam Clayton Powell Jr., el legendario ministro y abogado de Harlem, «pasó por» blanco mientras estudiaba en Colgate University en Hamilton, Nueva York, para evitar el aislamiento social que se les imponía a sus compañeros de clase que tenían la piel más oscura. Y hubo hasta quienes decidieron utilizar su apariencia europea para diluirse total y permanentemente en un mundo sólo de blancos.

Las personas negras, como papi, cuya apariencia no les permitía «pasar por» blancos, por más que quisieran, recurrían a otros medios para tratar de evitar el racismo, al menos por un tiempo. Hay estudios que demuestran que los patronos tienden a descartar las solicitudes de empleo con nombres que puedan sonar afroamericanos sin siquiera hacerles una llamada de cortesía a los solicitantes, mucho menos concederles una entrevista. Papi comprendió esa realidad sin tener que hacer ninguna investigación académica.

Por tanto, aunque su nombre era Willie Moses, y todos sus amigos cercanos lo llamaban Moe, tan pronto como consiguió trabajo, papi empezó a usar el nombre Bill Cummings. No es que intentara negar quién era, ni que se avergonzara del nombre que le dieron su madre y su padre. Sólo hacía lo necesario para poder poner un pie en la puerta antes de que se la cerrara en la cara sin motivo y sin razón. Mami también hizo lo necesario para proveerle a su familia un estilo de vida más cómodo, lejos del sur del Bronx. Un par de semanas después de someter la solicitud, recibió la buena noticia: el apartamento era nuestro.

El día que nos mudamos fue la primera vez que papi y yo vimos nuestro nuevo hogar. También fue la primera vez que el hombre que estaba allí para darnos las llaves vio a mi familia multicolor. Parecía que había visto un fantasma negro y marrón.

—Ejem —dijo aclarándose la voz con nerviosismo—. Estoy esperando a Rose Cummings.

—Sí —contestó mami con una gran sonrisa—. Soy Rose Cummings.

—¿William Cummings? —preguntó con voz temblorosa, como si temiera la respuesta que estaba a punto de escuchar.

—Soy yo —contestó papi con su profunda voz de barítono.

El agente buscó torpemente las llaves, abrió la puerta y se marchó con cara de espanto. Cuando nos quedamos los tres solos, mis padres empezaron a reírse. Yo también me reí, aunque no sabía bien por qué. Es que la felicidad de mis padres era contagiosa.

Una vez más estábamos en el último piso, el doce, ahora en el apartamento 12A. Pero eso era lo único en lo que nuestro nuevo hogar se parecía al de St. Mary's Houses.

* * *

Stuyvesant Town era un oasis de ochenta acres en el East Village de Manhattan. Las vistas eran espectaculares: desde un ventanal se veían las hermosas torres que conforman la silueta de Manhattan y la extensión de árboles hacían que vivir en Stuy Town fuera como vivir en pleno Central Park. Había canchas de tenis, un jardín de juegos enorme y fuentes con grandes chorros de agua. Contrario a St. Mary's, los vecinos no tenían que ofrecerse de voluntarios para patrullar el vecindario. Había guardias que vigilaban desde las casetas de seguridad y te hacían sentir segura cuando jugabas después de que oscureciera.

Me tomó un tiempo acostumbrarme a todo eso. La primera vez que vi que los niños dejaban las bicicletas afuera, pensé, «¿Cómo es posible? ¿No se las robarán?». Pero a la mañana siguiente pude constatar que todas y cada una de las bicicletas seguían ahí, así que, acto seguido, puse mi Schwinn de diez velocidades junto a las demás.

Al igual que en el sur del Bronx, mi familia no dejaba de protegerme. Nuestro apartamento estaba en la calle Catorce y la Primera Avenida. Titi Carmen; su esposo, tío Joey; y su hijo, Jeffrey, vivían a una cuadra y media. Titi Inez vivía a dos cuadras de distancia en la calle Doce. Y nuestro hogar estaba a menos de una milla del de Nannie Virginia en la calle Tres Este y la Primera Avenida. Mi primo, Magaly y el hermano de mi abuela, Emilio, también vivían en el edificio. Mi otra prima Tamara vivía a unas cuadras con su esposo, Kenny, y su hijo, Koching.

Mami, papi y yo teníamos un apartamento de dos habitaciones con pisos de madera relucientes. Mi habitación tenía un armario inmenso y una cama de princesa, que mami cubrió con colchas blancas y color melocotón. Teníamos un lavaplatos, una nevera nueva y, por primera vez, un comedor de verdad.

Las líneas de preocupación en el rostro de mami desaparecieron casi por completo. Ahora que vivía a la vuelta de la esquina de su hermana y tan cerca de su madre, floreció. Y Jeffrey, hijo único como yo, más que un primo, era un hermano. Tenía un año más que yo, pero como a mí me habían saltado de grado, terminamos en la misma clase en la Inmaculada Concepción, la escuela católica que estaba al cruzar la calle de nuestro apartamento.

La Inmaculada Concepción sólo llegaba hasta octavo grado, así que, en un par de años, tuve que volver a pensar a qué escuela secundaria iría. Vivíamos frente a Stuyvesant High, posiblemente la mejor secundaria pública de toda la ciudad de Nueva York, por no decir del país. Veía a los jóvenes con sus mochilas entrar y salir por la ancha puerta principal y reunirse en grupos después de clases y soñaba con estar entre ellos. Después de tomar el examen de ingreso obligatorio, sentí que había salido bien y pensé que iría allí.

Pero cuando papi fue a una visita guiada en la escuela, no quedó muy complacido con lo que vio. Eran los inicios del *punk rock* y la música New Wave, y Depeche Mode y los Sex Pistols encabezaban todas las listas de éxitos musicales. Los jóvenes llevaban el pelo con mechones púrpura y azul neón, y parecían tener perforaciones en todas y cada una de las áreas de piel blanda en que se pudiera abrir un orificio. Sólo eran jóvenes que trataban de expresarse a la vez que intentaban descifrar quiénes eran, pero papi no simpatizó con su desasosiego y creatividad juveniles. Le pareció que esos muchachos eran, simplemente, raros.

—Renegados sociales —los llamó.

También fuimos a Bronx Science y a Brooklyn Tech, dos escuelas secundarias del área, reconocidas también por su rigor académico. Pero yo seguía pensando que Stuyvesant era perfecta, una de las mejores y cerca de casa. Pensé que, con el tiempo, papi entraría en razón, pero si le hubieran dado una prueba de selección múltiple con los nombres de las tres escuelas, habría marcado «Ninguna de las anteriores». La búsqueda continuaba.

Ya en esa época, papi trabajaba con Colgate-Palmolive. Un día, mientras hablaba sobre nuestras visitas a varias escuelas, un colega le sugirió que mirara una academia de niñas muy famosa en la calle Sesenta y ocho Este.

Una tarde, mi papá pasó frente a la escuela en el carro y, sin siquiera entrar, vio la hermosa fachada y se decidió. Ese era el tipo de lugar que quería para mí. Él y mami hicieron los arreglos para que tomara el examen de admisión requerido. En el otoño de 1981, comencé a estudiar en Dominican Academy.

* * *

Dominican Academy era una academia católica para señoritas, situada en una mansión entre las avenidas Park y Madison, el código postal más exclusivo de la ciudad de Nueva York. Administrada por las Hermanas Dominicas de Ohio, se fundó en 1879 y tenía fama de ser una de las mejores escuelas católicas para niñas de Estados Unidos.

Cuando entré por primera vez al edificio, planchada y almidonada, en mi uniforme azul marino y blanco, pensé que nunca había estado en un lugar tan majestuoso ni visto un espacio tan regio en toda mi vida. El vestíbulo principal estaba revestido en mármol y la imponente escalera que se erguía en medio del vestíbulo tenía una alfombra color rojo intenso, que amortiguaba nuestros pasos cuando subíamos y bajábamos.

Entrar a Dominican Academy era transportarse a otra época, estar rodeada de un mundo de modales y tradiciones inmemoriales. La biblioteca donde hacía mis tareas olía al humo perfumado que emanaba de la chimenea. Se hacían fiestas de padres e hijas en Tavern on the Green, donde bailábamos bajo los candelabros relucientes. Y cuando nuestra clase de cincuenta alumnas se graduó, nos vestimos de encaje blanco y llevamos un ramo de flores, como debutantes en una fiesta de gala.

Dominican también era un espacio de erudición rigurosa. Estudié Latín cuatro años, junto con Literatura Inglesa y Ciencias. En las clases de Historia del Arte, mis compañeras y yo visitábamos la Colección Frick, que como institución sigue siendo uno de mis lugares favoritos en todo el mundo. Me encantó Dominican desde el primer momento. Estudiar allí me hizo sentir afortunada y especial.

Sin embargo, a pesar de toda esa grandeza y decoro, no perdí mi veta traviesa. Para llegar a la escuela tenía que hacer un trasbordo en el *subway* y, con frecuencia, llegaba tarde. Como el demérito y la detención después de clase eran iguales, así llegara una hora o un minuto después de la campana del timbre del salón hogar, muchas veces me obsequiaba un desayuno en Magnolia's, una bulliciosa cafetería situada en la misma calle de la escuela, en la esquina con la Avenida Madison. Una mañana me crucé con unas amigas que también iban tarde a la escuela, les conté del desvío que tomaba cuando llegaba después de la campana del timbre y las animé a acompañarme. Nos la estábamos pasando de maravilla bebiendo jugo de naranja acabado de exprimir y comiendo *pancakes* en vez de estar inmersas en el primer periodo de Álgebra cuando, de pronto, apareció la imponente sor Timothy, la directora de la escuela.

No tengo idea de cómo nos encontró. Tal vez fuimos tantas las que faltamos a clase ese día que sor Timothy supuso que pasaba algo y decidió peinar el Upper East Side en busca de sus estudiantes desobedientes. De todos modos, no importaba cómo nos había encontrado. Sor Timothy a veces parecía ser tan omnisciente como el Dios al que reverenciábamos. Sabía, con sólo ver que alguien bajaba la cabeza o arrastraba los pies al caminar, que no había hecho la tarea o había fracasado en un examen. No había forma de engañarla, y yo lo sabía muy bien, pues lo había intentado muchas veces. Cual sombra que se ceñía sobre nosotras, vestida con su hábito blanco y negro, que le cubría toda la cabeza menos la cara, sor Timothy preguntó quién era la líder del grupo. No fue exactamente un momento *Yo soy Espartaco* en que todas nos declaramos culpables, pero mis amigas no me delataron inmediatamente. Les ahorré el disgusto y confesé.

Sor Timothy les pidió a mis compañeras que pagaran la cuenta y regresaran a la escuela, pero me pidió a mí que me quedara.

—Aprecio que hayas asumido la responsabilidad —dijo con los labios apretados—, pero tendrás que quedarte en detención después de clase.

En Dominican Academy, hasta las detenciones tenían un sentido de propósito. Al final del día de clases, mi castigo consistía en pulir la platería hasta que quedara reluciente. Como el castigo duró varias semanas, adquirí mucha práctica en aplicar la cantidad de cera necesaria para quitarle la pátina negruzca al juego de té y dejarlo de un color gris metálico. Pero el peor día fue el primero. Cuando terminé y fui a la oficina de sor Timothy a despedirme, me topé con mami y papi. Me sentí avergonzada. Una no debe avergonzar a su familia, sobre todo cuando trabajan horas extra y se someten a privaciones para que su hija estudie en una escuela privada en Park Avenue.

* * *

En Dominican apenas había estudiantes que no fueran blancas. Sólo había dos niñas negras, y yo era una de ellas. Aunque siempre fui bien acogida, hubo veces en que no podía evitar sentirme un poco incómoda.

Durante las vacaciones de primavera, aparte de algún viaje esporádico a Puerto Rico, solía pasar la semana en mi casa. A veces iba a Filadelfia a ver a mi primo Jeffrey, quien ya era toda una estrella del atletismo, competir en los famosos Penn Relays. Pero al cabo de unas horas, ya estaba en el carro de regreso a casa. Ninguna de esas actividades era digna de mencionar cuando regresábamos a la escuela y las demás niñas contaban de los viajes a Colorado para esquiar con su familia, los vuelos a Europa o los días que pasaron en sus residencias vacacionales en Long Island. Por primera vez en la vida fui consciente de mis raíces de clase trabajadora.

El sur del Bronx aún ocupaba un lugar importante en mi corazón. Pero, durante mucho tiempo en Dominican, me negué a reconocerlo. Cuando me preguntaban de dónde era, contestaba inmediatamente que de Stuyvesant Town. No quería que mis compañeras supieran de mi mundo en el sur del Bronx. Aún no. Quizás nunca.

Del mismo modo, cuando iba a casa en el Bronx, no hablaba de las lecciones de etiqueta, de la biblioteca donde estudiaba, con su chimenea y sus paredes revestidas de terciopelo verde, ni de la magnífica escalera con la alfombra roja por la que subía y bajaba a diario. Pensaba que, si lo hacía, me tildarían para siempre de traidora. Y, tal vez por primera vez, tendrían razón. Era como estar sentada al centro de un diagrama de Venn, en una burbuja yo sola.

Estaba aprendiendo algo que las monjas no podían enseñarme: a cambiar de códigos. Así como papi comprendió que lo tratarían con más respeto si, al hacer una llamada telefónica, decía que su nombre era Bill Cummings, y mami entendió que no podía ir con papi ni conmigo si quería conseguir un apartamento decente, aprendí instintivamente que tenía que cambiar de código según el espacio en que me encontrara.

Para los afroamericanos y los latinos que tratan de circular y triunfar en ese gran mundo de los blancos, cambiar de códigos es un tipo de fluidez que surge de la necesidad, y es tan sutil que la mayoría de los blancos no tienen idea de que lo hacemos, no obstante, requiere mucha destreza y puede resultar agotador.

Cada día, al entrar en Dominican, dejaba mi acento del Bronx en la puerta. No arrastraba las erres ni salpicaba mi discurso con jerga o coloquialismos en español que usaba en casa. Aún me encantaba bailar al ritmo de la música de Donna Summer, Shalamar y Kool and the Gang en la sala de mi casa, pero en la escuela escuchaba «Stairway to Heaven» de Led Zeppelin o los acordes estridentes de la guitarra de AC/DC en «You Shook Me All Night Long».

Mirando hacia atrás, me parece surreal que, habiendo nacido en un complejo de apartamentos de bajo costo, terminara en una escuela como Dominican, pero ahora sé por qué papi quiso proveerme esa experiencia. No sólo tuve una educación de primera en asignaturas como Historia y Biología. También aprendí los detalles de poner una mesa: «Comiencen por el tenedor para la ensalada y la cuchara de sopa y sigan hacia adentro», nos enseñaba sor Christine.

Sin duda, son polos opuestos del espectro educativo, pero pronto comprendí que saber todas esas cosas era importante. Eran las sutilezas necesarias para romper el código, refuerzos de seguridad que te permitían sentirte cómoda en los espacios de poder, que te ayudaban a mantener la cabeza en alto cuando te enfrentabas a personas que te juzgaban por dónde te criaste o por el color de tu piel.

Tuve a mi disposición un equipo completo que expandió mis horizontes. En mi recuerdo, sor Timothy y yo teníamos una relación de amor-odio, pero como adulta que hoy camina sobre los cimientos que ella ayudó a sentar, sólo puedo sentir amor. Me regañaba cuando sacaba una nota inferior a A- en Química y me reprendía cuando ni siquiera movía los labios en la misa matutina después de haberme amanecido leyendo *El señor de los anillos*. Pero ahora sé, aunque lo intuía entonces, que era severa conmigo porque sabía de lo que era capaz y no quería que me conformara con menos. Al igual que Miss López, ella vio mi potencial. Eso es lo que hacen los grandes maestros.

He llegado hasta aquí en gran parte porque Miss López y sor Timothy creyeron en mí, porque me educaron y me obligaron a aspirar a más.

Claro que también tuve la fortuna de tener unos padres que creyeron en mí y se aseguraron de que comprendiera el valor de la educación ofreciéndome seguridad y conocimiento en nuestro hogar. Pero la verdad es que, para muchos padres como los míos, el trabajo es duro, los días son largos y las responsabilidades que deben atender al mismo tiempo que tratan de motivar a sus hijos son enormes. Los maestros son los adultos que pasan la mayor parte del día con los jóvenes y juegan un papel muy importante en la forma en que sus alumnos ven el mundo. El impacto que pueden tener en una mente joven es incalculable.

Desgraciadamente, no siempre cuentan con las herramientas o el respeto que merecen y, cuando se ignora a las personas que están a cargo de educar, también se ignora a los niños, y eso aviva la desigualdad rampante que hay en nuestro país. Me duele saber que hay otros maestros como Miss López y sor Timothy, y muchos más que tienen el potencial de ser como ellas, increíbles educadoras, motivadoras y mentoras, cuyo entusiasmo y esfuerzo se extinguen por la mala paga y la ingratitud. Hemos visto su frustración estallar en manifestaciones que han cerrado escuelas y abarrotado las calles desde Kentucky a Colorado y California.

Sé, por experiencia, que la educación sigue siendo la maquinaria principal de la equidad en la vida estadounidense, que puede elevar a una niña de un vecindario pobre, como yo, a la cumbre del derecho y los noticieros televisivos. Sin embargo, hay demasiados niños negros, asiáticos, de piel oscura y blancos a quienes les resulta cada vez más difícil acceder a una buena educación. Para aquellos que no tienen los medios económicos que les permiten asistir a las mejores escuelas o realizar los viajes que los exponen a otras culturas, las maestras como Miss López y sor Timothy, cuya perseverancia y fortaleza logran avivar la imaginación de los niños y encaminarlos, pueden marcar la diferencia.

CAPÍTULO TRES

LA NEGRITA DEL PELO BUENO

Dentro de los salones de Dominican Academy, me sentía segura y protegida, pero, para llegar a Dominican, debía recorrer diariamente unas cuantas millas en las que el miedo se apoderaba de mí.

Por la mañana, tenía que tomar el tren L desde la Primera Avenida hasta Union Square. Después, tenía que tomar la línea 6, que me dejaba a dos cuadras de la escuela. Era un viaje bastante sencillo, menos complicado que el que tenían que hacer decenas de miles de viajeros todos los días para atravesar el conjunto de túneles que conectan los cinco distritos que forman Nueva York, a toda prisa y corriendo, para llegar a tiempo al trabajo o a clase.

Sin embargo, muchas veces, mientras me preparaba para ir a la escuela, los nervios se apoderaban de mi estómago. Tan pronto bajaba las escaleras para tomar el *subway*, pasaba por el torno donde depositaba mi moneda para acceder a la plataforma y poder sentarme a esperar por el próximo tren, mi corazón comenzaba a latir tan rápido como el tren que venía a toda velocidad.

Es cierto eso que dicen de que Nueva York es una ciudad dura. Nueva York está cargada de una energía salvaje que emana de todo cuanto tiene para ofrecer, así como de una hostilidad afinada por inviernos interminables y ocho millones de personas que viven unas encima de otras como si fueran bloques de un juego de Jenga. Hay alegría, pero también hay miedo, y hay mucha gente que busca aprovecharse de aquellos que ven como los más débiles. La década de los ochenta fue especialmente peligrosa, una época en la que todavía había muchos crímenes y el *subway* de la ciudad parecía una pintura psicodélica, con grafitis por todas partes.

En mis viajes diarios, fui blanco del acoso de otros por varias razones. Primero, era una jovencita, envuelta en una marea de extraños apiñada dentro del *subway*, con pocas opciones para escapar al avanzar bajo tierra. Además, sobresalía entre los demás por mi ridículo uniforme, con aquel chaleco azul marino, la blusa de botones blanca, la falda plisada y los zapatos cerrados y con cordones estilo Oxford.

Jamás permitiría que mis hijos, que se han criado en los suburbios, hicieran solos un viaje como ese. Mi hijo es un atleta de seis pies de alto, pero aun así, no lo dejaría, pues los niños que se han criado en circunstancias mucho más duras se darían cuenta, incluso a una milla de distancia, de que es un niño mimado. Igual con mi hija. Lamentablemente, en mi caso, no había otra opción.

Una vez, cuando tenía doce años y era estudiante de primer

año de secundaria, un hombre desaliñado se pegó a mí en un tren que iba abarrotado de gente. Por más que traté de apartarme, siempre estaba ahí, directamente detrás de mí. Mientras el tren se movía, podía sentir cómo se restregaba contra mí. Finalmente, pude escapar cuando, en la próxima parada, las puertas se abrieron. Cuando llegué a casa, al final del día, fue que me di cuenta de que había una mancha en la parte de atrás de la falda de mi uniforme. La llevé a la tintorería y nunca más volví a pensar en aquello. Años más tarde, comprendí que aquel hombre había eyaculado encima de mi falda. Hoy en día, aunque todavía sigo tomando el *subway*, no me subo si va atestado de gente, y no puedo sacarme de la mente a aquel hombre desagradable restregándose contra mí.

En otra ocasión, un hombre agarró mi trasero. Entre el aturdimiento y el susto, logré girarme para mirarlo y entonces me di cuenta de que me miraba con lascivia al tiempo que dejaba escapar una sonrisita de satisfacción. La distancia entre las paradas era solamente de unas cuantas cuadras, pero a mí me pareció una eternidad. Cuando finalmente llegamos a la siguiente parada, aproveché los pocos segundos en los que las puertas están abiertas, antes de que se volvieran a cerrar, y salté del vagón y salí corriendo hacia el próximo. Una vez estuve dentro del otro vagón, apenas podía respirar, pues me había quedado sin aire, no sólo del miedo que sentí, sino también por la locura de haber salido corriendo para poder cambiar de un vagón a otro.

Ahora bien, de todos los incidentes que tuve que enfrentar en aquellos viajes diarios en el *subway*, ninguno fue tan traumático como el de aquella mañana en la que un grupo de jóvenes latinas y negras se abalanzó sobre mí y, con unas tijeras, me cortaron el pelo.

* * *

Hacía mucho tiempo que me atormentaban. No estaban en el *subway* todos los días, pero sentía pánico de sólo pensar que podrían aparecerse en cualquier momento, un tipo de pánico casi tan agobiante como la ansiedad que sentí cuando finalmente aparecieron aquel día, en grupito. Podía escuchar cada chasquido que hacían al masticar chicle, al tiempo que hablaban en voz alta, soltando insultos aquí y allá como si fueran petardos.

Sentía cómo mi cara se iba poniendo caliente con cada burla. «Mira esos zapatos», dijo una, al tiempo que las otras se morían de la risa. «¡Necesito unos como esos! ¿Y de dónde salió esa falda?».

A veces no se reían, sino que se limitaban a lanzarme unos despiadados dardos en forma de comentarios. «¡Sí, es mejor que mires hacia otro lado! Te crees muy lista, desgraciada de piel amarillenta».

El día que me atacaron parecía que lo tenían todo planificado, pues no me parece normal que anduvieran con un par de tijeras, incluso en Nueva York, donde es muy probable que haya gente que, para protegerse, cargue con una navaja en el bolsillo de atrás de su pantalón o un atomizador de gas pimienta en su cartera.

Sentí una especie de alivio cuando vi que el grupito, probablemente por primera vez, no empezó a gritarme cosas. Sin embargo, ahora que lo pienso, debí haberme dado cuenta de que su silencio era un mal presagio.

Normalmente, cuando el tren llegaba a la calle Sesenta y ocho, me bajaba corriendo para evitar las palabras y la rabia de las chicas. Nunca me seguían; parecían estar resignadas a limitar su acoso a nuestro trayecto a lo largo de las vías del *subway*. Sin embargo, aquella mañana me pisaban los talones.

Iba camino a las escaleras cuando, de repente, me vi rodeada de un montón de abrigos acolchados y bultos repletos de cosas. Antes de que me diera cuenta de lo que estaba pasando, una de ellas se abalanzó sobre mí y me cortó una de mis dos colitas de caballo. Me desplomé y caí al suelo llorando, justo al lado del reguero de mi pelo. Desde allí pude escuchar el eco de la risa de mis torturadoras mientras huían hacia la salida.

Estaba histérica. Unos cuantos transeúntes se preocuparon por mí y me preguntaron si estaba bien, pero los ignoré y, aunque con algunos tropiezos, logré subir los escalones que me llevarían a mi escuela. Fui directo a la oficina desde donde sor Timothy llamó a la policía y a mis padres. Los oficiales de la policía que llegaron poco después me preguntaron si podía describir a las jóvenes que me habían atacado y hasta me acompañaron a la estación para que les explicara lo que había sucedido. Pero yo no tenía mucho que decir. No era que me hubiera fijado bien en las chicas, que conociera de memoria cómo eran, el emblema en sus mochilas o el color de la ropa que llevaban. Estaba empeñada en evitar su mirada, en no mirarlas fijamente a la cara.

Y aunque sospechaba que podrían ser de la Julia Richman, una escuela secundaria pública una cuadra más abajo de Dominican, era lo suficientemente inteligente como para saber que, si las identificaba, me podría ir peor la próxima vez.

Así que me guardé lo que pensaba, incluso cuando los investigadores, sor Timothy y hasta mis padres me preguntaron cuáles podrían haber sido los motivos de las niñas para atacarme. ¿Trataron de robarte? ¿Alguna vez te habías peleado con una de ellas? ¿Te tropezaste con ellas, sin querer, cuando ibas a montarte en el tren?

No. Yo sabía que la razón por la que me atacaron estaba tirada en el suelo de la estación de la calle Sesenta y ocho. Miraban mi pelo, que era del largo de mi cintura, y mi tez clara: me odiaron por eso.

* * *

Si bien aquel trayecto resultaba intimidante, una vez llegaba a Dominican, el ambiente era distinto: allí tenía varios grupos de amigas. Ahora bien, entre todas esas amigas con las que me relacionaba, había un grupito que estaba compuesto principalmente por muchachas de color. Había una especie de atracción entre nosotras provocada por nuestra otredad: era como si alguna fuerza gravitacional nos impulsara a unirnos.

Arminda Avilés era una latina que medía casi seis pies y le gustaba llevar su pelo oscuro en trenzas que le llegaban hasta la cintura. Margaret Besheer era una libanesa con la cara redonda y un halo de pelo rizado. Sandra Juanico era una filipina que también tenía el cabello oscuro, pero Sandra llevaba un corte recto con un flequillo que le caía justo encima de sus ojos penetrantes. Ella vivía cerca de mí, así que muchas veces nos íbamos juntas a explorar los mercados filipinos en donde felizmente me gastaba mi mesada en *sampalok* (tamarindo agridulce) y en otros alimentos filipinos que me encantaban.

También estaba Natalie, una portuguesa preciosa que, ahora me doy cuenta, estaba en una relación amorosa bastante escandalosa, es más, hasta ilegal. Ella tenía dieciséis; su novio, treinta y tres. Ella tenía su propio grupo de amigos, una especie de satélites que rotaban alrededor de su glamorosa presencia. Todos parecían tan sofisticados con sus muecas llenas de brillo y sus cínicas observaciones sobre el mundo. Los encontraba fascinantes.

Giana «Gigi» Walker era mi mejor amiga. Se parecía a la actriz Nia Long con sus ojos almendrados y aquella piel hermosa. Éramos inseparables.

Ahora bien, no importa si estaba con Gigi o con mis otros amigos, siempre me diferenciaba de ellos por el hecho de que era mucho más joven. Algunos estudiantes que venían de familias de clase trabajadora, como yo, obtenían el permiso laboral a los dieciséis, junto con su licencia de conducir. Pero yo cumpliría los dieciséis en mi último año de la secundaria. También, en Manhattan, había algunos clubes nocturnos clandestinos que permitían la entrada a jóvenes de esa edad, pero aun si yo hubiera mentido para tratar de hacerme pasar por alguien mayor, el portero se me habría reído en la cara. Apenas era una adolescente y se me notaba.

Así que, mientras mis amigos estaban tomando los exámenes para obtener la licencia de conducir, tenían algunos trabajitos después de la escuela o iban a las discotecas los viernes por la noche, a mí me tocaba irme a casa, en donde me sumergía en los misterios de Nancy Drew o en *El león, la bruja y el ropero* de C. S. Lewis, anotaba mis pensamientos en mi diario o me comía el cerebro tratando de buscar un sinónimo de nueve letras para la palabra dinosaurio para poder completar el crucigrama del *New York Times*.

Aunque no podía participar de muchas actividades nocturnas, me lancé a participar en prácticamente todos los deportes y las actividades extracurriculares que ofrecía Dominican Academy. Fui la fotógrafa del anuario, estuve en el club de danza y fui miembro del equipo de sóftbol. Ello no impedía que siguiera cumpliendo con la disciplina académica que mis padres, así como Miss López en St. Anselm, me habían inculcado. Mis calificaciones eran, en gran medida, excelentes.

Aun así, me molestaba que siempre hubiera algo que me hiciera sentir distinta y fuera de grupo, ya fueran mis raíces en el Bronx, que venía de una familia de clase trabajadora o mi origen mestizo. Que fuera más joven y que me viera más joven que mis compañeros de clase era como echarle más leña al fuego.

A pesar de que estuvieron de acuerdo en que me saltara un grado, lo cual hizo que socialmente me sintiera incómoda, mis padres siempre creyeron que era importante que yo me viera de mi edad, así que no me permitían usar maquillaje. Ni un poquito de brillo en los labios ni rímel. Ahora que soy madre, puedo entender sus preocupaciones de aquel entonces: era una niña de trece años en la escuela secundaria. Sin embargo, siempre me sentí extremadamente acomplejada por mi apariencia.

Una vez, les pregunté a mis padres si podía peinarme con secador de pelo para así alisar mi cabello ondulado. Mis padres no se lo pensaron dos veces.

«¿Con secadora?», me preguntaron los dos, casi al unísono. «Tú no necesitas alisarte el pelo. Olvídalo».

Pero estaba harta de tener que acomodar mi rizada melena en colitas de caballo o en trenzas, y parecer que había abandonado el kindergarten hacía sólo unos cuantos años. Así que me fui a una farmacia del área y compré un alisador con lejía. Lo metí en mi bulto de escuela y, mientras iba corriendo a casa en medio del fresco aire otoñal, me sentí rebelde y desafiante. Mis padres no estaban en casa, así que tenía el apartamento sólo para mí. Me fui al baño y me encerré.

Leí las instrucciones cuidadosamente, luego apliqué el químico y mi cuero cabelludo quedó envuelto en una espuma blanca. Pero al parecer lo dejé mucho tiempo, porque, de repente, sentí que mi cabeza estaba ardiendo y, cuando abrí el grifo para dejar que el chorro de agua corriera por toda mi cabeza, comenzaron a caer en el lavamanos los mechones de pelo. Esa fue la primera y la última vez que me alisé el pelo.

Los remanentes de aquella locura se pueden ver en mi foto de mi año de graduación. En esa foto estoy hecha un desastre. Tuve que cortarme el cabello bien corto para lograr salvar el que todavía estaba saludable. Por si fuera poco, como mis padres no permitían que usara maquillaje, no sabía cómo aplicarlo. Gigi trató de ayudarme con un poco de brillo de labios y delineador de ojos, pero, comparada con las demás chicas, yo parecía una niña que se había disfrazado. Miro aquella foto y puedo ver toda la confusión que me producía, y me produce, ser yo.

* * *

Mi primo Jeffrey y su amigo Louie me acompañaron a la escuela por unas dos semanas después de que sufrí el ataque del *subway*, vigilando que no fueran a aparecer de nuevo aquellas muchachas, pero ellos estudiaban en La Salle Academy, que quedaba más hacia el centro de la ciudad, así que no podrían acompañarme todos los días. Pronto, volví a viajar sola nuevamente.

Traté de encontrar rutas más seguras para llegar a mi escuela. A veces, tomaba la guagua para evitar quedar atrapada bajo tierra, pero tardaba un mundo en recorrer las docenas de cuadras para dirigirme hacia el norte de Manhattan. A veces, cuando hacía buen tiempo, caminaba más de cincuenta cuadras para llegar hasta Dominican, pues prefería pasar calor y llegar sudada que arriesgarme a un viaje más en el *subway*.

Por eso, a menudo llegaba tarde, después del timbre de las 8:30 de la mañana que marcaba el comienzo de las clases. Por supuesto, tenía que pasar por la oficina de sor Timothy, pero estaba dispuesta a llevarme los deméritos, las reprimendas por llegar tarde y hasta la esporádica ronda de detenciones.

Lo que sor Timothy e, incluso, mis padres no entendían era que yo estaba tratando de reconciliar dos mundos: el mundo frenético y turbulento de la ciudad con el entorno aislado y recluido de Dominican. Necesitaba integrarme al mundo que encontraba de camino a la escuela, pero, una vez llegaba, tenía que cambiar nuevamente para intentar formar parte de aquel otro mundo. Esas no eran más que las verdades de vivir en una zona gris.

* * *

En la jerarquía de los ismos, la raza impera, aunque esta tiene muchos descendientes. Uno de ellos es el colorismo, la jerarquía relacionada al color de la piel, una jerarquía que existe entre los pueblos oprimidos. En mi caso, por ser hija de una puertorriqueña judía de tez clara y de un trigueño afroamericano, he experimentado esa jerarquía de los colores de la piel en toda su complejidad.

La familia de papi cae dentro del lado más oscuro del espectro. Por eso, a excepción de mi tía abuela Doris, a la que apodaban «Colorá» por los tonos rosados de su piel, yo era la única de tez clara en la familia. Desde que era pequeña fue evidente que el color de mi piel me marcaría: era diferente.

Mis primos y tías decían que yo tenía «pelo bueno». Recuerdo cómo se asombraban de que yo no tuviera que salir a cubrirme el pelo cuando empezaba a llover; mi pelo simplemente se rizaba más cuando se mojaba bajo la lluvia. Ellos clamaban por poder jugar con él: peinarlo, hacerle trenzas, colitas de caballo o recogidos. Les gustaba recrear los estilos que llevaban las actrices blancas de sus series de televisión favoritas: los bucles de Cindy en *La tribu*

Brady o las ondas de Jaclyn Smith en *Los ángeles de Charlie*. Honestamente, nunca entendí aquella fascinación.

Me diferenciaba de los demás en las reuniones familiares anuales de los Cummings en el sur del país. A diferencia de mis primos, el sol de Georgia quemaba mi piel, lo que provocaba que se pusiera roja. Y si por alguna razón mis tías y tíos tenían que describirme a alguien que no fuera de la familia, casi siempre decían lo mismo: «Tú sabes, la nena de Moe, la de la piel clarita».

Si bien algunos estarían fascinados con tanta atención, en mi caso, me sentía incómoda, porque sabía de dónde venía aquello. Yo sólo quería pasar el rato y llevarme bien con mis primos, pero, si ellos albergaban algún tipo de resentimiento, entonces no querrían compartir conmigo. Éramos un grupo bien unido. Nos gustaba jugar a saltar a la cuica y saborear la ensalada de papas, el pollo asado y el pan de maíz (probábamos más de lo que ayudábamos a nuestras tías mayores en la elaboración).

Yo era una Cummings más, mimada y querida por todos, pero con mami no era igual. Ella iba con nosotros a Georgia, pero desde que salía, ponía cara. Mientras que, para papi y para mí, aquel viaje significaba diversión, para ella, eran tres o cuatro días de miseria. Allí se sentía tan aislada y fuera de grupo como cuando estaba en el apartamento de Nannie Mary en el sur del Bronx. Esa era una de las complejas ironías de la raza y del color: el hecho de que muchos de los parientes de papi odiaran la mezcla de razas que dio origen a mi codiciada tez amarillenta y pelo ondulado.

No fue hasta junio de 1967, sólo un año antes de que yo naciera, que la Corte Suprema de los Estados Unidos declaró, en *Loving contra Virginia*, que era inconstitucional prohibir el matrimonio interracial. Ello permitió que las relaciones que ya existían desde hacía siglos tuvieran los mismos privilegios y protecciones que provee el matrimonio al resto de los habitantes del país. Nadie de la familia extendida de papi se ha casado con alguien que no sea afroamericano. Si bien en la ciudad de Nueva York es bastante común encontrar parejas de afroamericanos y latinos, cuando viajábamos al sur, eran pocas, si alguna, las parejas interraciales que veíamos.

El matrimonio de mis padres, especialmente mami, solía ser tema de conversación en la familia Cummings. «Jum, jum, jum», cacareaba una de mis tías abuelas. Y añadía: «Yo no puedo creer que Moe se haya casado con esa muchacha blanca». Las otras mujeres, por su parte, asentían perplejas mientras tomaban té frío alrededor de la mesa de la cocina. De vez en cuando, alguno diría: «Bueno, ella no es realmente blanca; ella es puertorriqueña».

Si bien unos cuantos la trataban bien, la mayoría actuaba como si ella no estuviera allí, mientras que ella permanecía en silencio viendo a los niños jugar. Otras veces, intentaba infructuosamente contribuir a la conversación del momento, pero la ignoraban o a duras penas lograba expresar alguna respuesta rápida.

Era doloroso ver aquello. No es fácil ser la que es diferente. Yo sabía, de manera implícita, que mi madre y yo compartíamos esa cualidad, aunque en mi caso me viene de tres direcciones distintas. Sabía lo que era ser una muchacha de tez clara dentro de una familia del color del chocolate, pero también sabía lo que se sentía ser la de la piel más oscura entre mi familia puertorriqueña y ocasionalmente me sentía rara y fuera de grupo entre mis compañeros de clase mayores que yo.

Ahora bien, en el caso de mami, era aún más triste su situación, porque ella se sentía, dentro de su consciencia y en términos culturales, muy afrocéntrica. Como poco, ella era su máxima aliada, estaba inmersa en la experiencia afroamericana y apreciaba su poderosa historia en contra de la opresión, algo que admiraba profundamente y con lo que se sentía especialmente identificada. Así que era realmente una pena que fuera ella, y no otra, la que estuviera condenada al ostracismo de la mayor parte de la familia de papi.

* * *

Si bien el color de mi piel y mi pelo largo me diferenciaban cuando estaba con la familia de papi, en Puerto Rico, cuando mis padres lograban ahorrar suficiente dinero para poder ir a visitar a la familia extendida de mami, me distinguía por otra razón. Allí, yo era la que tenía la piel más oscura dentro de una familia en la que prevalecían la piel y los ojos claros.

No íbamos mucho a la isla, pues era un viaje caro y teníamos que dejar sola a Nannie Virginia. Ella se había quedado huérfana cuando era una niña y había sido abusada por los que estuvieron encargados de su cuidado, así que Puerto Rico no era un lugar al que ella quisiera regresar. Sin embargo, mi tío Joey, que estaba casado con titi Carmen, todavía tenía familiares en la isla, y teníamos muchos primos lejanos, así que íbamos a visitar cuando podíamos.

Mi familia extendida me llamaba «negrita». Y me enfurecía. Aunque es un término que suele utilizarse de manera cariñosa en la cultura latina, yo nunca lo sentí así. En su lugar, lo veía como una etiqueta que resaltaba el porqué mi apariencia me alejaba de mis primas y primos de cabello claro y de ojos claros en la isla. Todavía me incomoda la palabrita y no lo creo cuando dicen que es expresión de amor.

Como muchos otros países dentro del llamado Nuevo Mundo, Puerto Rico es producto de una mezcla de culturas, de la fusión de los taínos con los colonizadores españoles y la diáspora africana. Esa fusión dio lugar a personas de diferentes colores cuya cultura muestra una fuerte influencia africana, así como europea. Sin embargo, en Puerto Rico, al igual que en el resto de las Américas, lamentablemente subsiste el eurocentrismo que hace que los puertorriqueños a menudo se identifiquen más con el legado español, a pesar de que la mayoría de la música, la comida y la religión de la isla tiene sus orígenes en África.

A menudo los latinos no reconocen esa preferencia por todo lo que esté asociado con la raza blanca, aun cuando es bastante obvio. Difícilmente encontrarás un afrolatino o un latino de piel oscura en las cadenas de televisión hispanas como Telemundo o en las telenovelas que son tan populares en Latinoamérica. Por otro lado, los salones de belleza dominicanos son famosos por las pócimas que les aplican a sus clientes para alisar hasta el último resquicio de su «pelo malo» a fuerza de secador y así convertirlo en abundantes mechones de cabello sedoso.

La forma como me trataban dependía del lugar en el que estuviera. Por ejemplo, en una reunión de puertorriqueños, si había alguien cerca que fuera de tez más clara, tipo Penélope Cruz, podrían ignorarme, como si no estuviera allí. Ahora bien, si estaba con mi amiga Marianela, que era dominicana, de tez más oscura y cabello rizado, entonces me convertía en un imán. La belleza la definía la fealdad del colorismo.

En Puerto Rico, era morena; en otras palabras, una mujer de tez oscura y mestiza. Me gustaba ir de visita a la isla, porque era divertido y había sol y arena. Además, no tenía ninguna duda de que mi familia se preocupaba por mí. Sin embargo, allí sentía un distanciamiento que nunca había experimentado cuando estaba con Nannie Virginia, mis titis Carmen e Inez o con mis otros parientes puertorriqueños que vivían en Nueva York. Para mi familia de la isla, yo era negrita. Obviamente, África corre por mis venas. Ahora bien, en la cultura latina, ser negro no necesariamente es sinónimo de belleza.

* * *

La raza es un constructo social, una barrera edificada a partir de una serie de estereotipos y suposiciones que, aunque no tienen mucho valor, han llegado a convertirse en obstáculos que se utilizan para crear una jerarquía de privilegio y prejuicio en las sociedades del mundo, aunque probablemente sea en Estados Unidos donde estas ideas estén más arraigadas. Muchas veces se atribuye en base a algo tan aleatorio e ilusorio como la apariencia. Sin embargo, la realidad es que un sudafricano de piel oscura puede ser genéticamente más compatible con un noruego que con un ghanés que tenga su mismo color de piel.

Son relativamente pocos los estadounidenses cuyos árboles familiares no muestren alguna relación con personas de distintos colores de piel, ya sea por uniones voluntarias entre personas de distinto color de piel o debido a la violación sistemática a la que los hombres blancos sometieron a las mujeres negras y trigueñas durante siglos. Aun así, a mediados del siglo XVII se puso en vigor la llamada «regla de una gota», que no es más que otro argumento de pacotilla con la intención de mantener vigente el mito de la supremacía blanca.

Esta regla establecía que una persona se consideraba negra a la mínima evidencia de descendencia africana, por muy ínfima que fuera, como si fuera una mancha. Ahora bien, esta regla que surgió del odio lo que hizo fue unir a los negros. Aun cuando hubo algunos afroamericanos de tez más clara que decidieron formar parte de un mundo en el que todos eran blancos, hubo muchos otros que pudieron haber elegido este camino, pero decidieron mantenerse atados a su negritud.

Aun así, no todo es unión y «Kumbayá» dentro de la comunidad negra en general. Es una verdad ineludible que los negros, como los latinos, tienen muchísimos complejos asociados al color de su piel.

Aguantar la brutalidad de la esclavitud, resistir el sentirse pisoteado por el apartheid estadounidense, arremeter contra el abrumador legado de la intolerancia que aún hoy en día afecta a prácticamente todas las instituciones de este país es, innegablemente, un acto de resiliencia. No obstante, es difícil tener que lidiar prácticamente a diario con los ultrajes, las injusticias y el maltrato descarado, y no agotarse. Todo eso puede afectar a tu mente, tu autoestima y tu alma. Y en una sociedad bajo el dominio continuo y, a veces, violento de aquellos que son de ascendencia europea, habría que estar muy despierto para no creerse eso de que la blancura te hace más inteligente, más guapo y mejor.

Los negros de tez más clara, la manifestación más obvia de la existencia de relaciones íntimas, a menudo no consensuadas, entre hombres blancos y mujeres negras, eran tratados ligeramente mejor en el sur del país, donde imperaba el racismo en la época anterior a la Guerra Civil. De hecho, yo estoy convencida de que yo también, en más de una ocasión, gané alguna competencia o conseguí algún trabajito codiciado gracias a que soy de tez más clara y gracias, también, a mi pelo. Esa es la pura verdad. Y, si estaba con otros negros, era evidente que había cierto favoritismo hacia mí gracias a mi apariencia. Prácticamente siempre fue así.

Cuando vivía en Stuy Town, llamaba la atención de toda clase de chicos, desde Eddie Velardi, un chico italoamericano del vecindario, hasta Louie, el dominicano que me acompañó a mi baile de graduación. Ahora bien, cuando estaba entre afroamericanos, era como si fuera Vanessa Williams, Halle Berry y Rihanna a la misma vez.

Aquellas pocas veces en las que mis padres me dejaban salir, inevitablemente era la reina de la fiesta: a la primera a la que invitaban a bailar y la que se pasaba toda la noche en la pista de baile. Cuando caminaba por la calle con Tanya, una de mis dos mejores amigas de kindergarten y quien tenía el cabello más rizado y la piel marrón oscura, podíamos encontrarnos a algunos chicos por el camino que bromeaban y hablaban con las dos, pero era a mí a quien no le quitaban los ojos de encima. Inevitablemente, el rumor siempre llegaba: «Le gustas a Johnny», «Derrick piensa que eres muy guapa» o «Andre piensa que eres la chica más estupenda del vecindario».

Sin embargo, realmente no era nada de eso. Observaba a mis amigas y sabía que yo no era la más guapa. ¡Ni en sueños! Ahora, eso sí, yo era la del color de piel más claro. No obstante, a mis amigas de tez más oscura parecía no importarles, quizá porque ellas tenían novios y salían con chicos, pero yo estaba segura de que tenían que haber ocasiones en las que les doliera aquella barbaridad.

* * *

Este dolor se sentía en ambas direcciones, y dependiendo del contexto, yo también sentí el dolor que causa el rechazo basado en la oscuridad de mi piel. Cuando tenía trece años, me enamoré de Eddie Velardi, el chico italoamericano al que le gustaba peinar su abundante cabello color castaño al estilo de los años cincuenta, engominado y hacia atrás. Era tan guapo, pero lo mejor de todo era que yo también le gustaba a él.

Tendríamos un baile en el centro recreativo del vecindario y Eddie me pidió que fuera con él. Estaba tan entusiasmada que lo único que hacía era pensar en cómo iba a convencer a mami y a papi para que me dejaran ir, mientras rebuscaba en mi armario qué podría ponerme para aquella fiesta.

Sin embargo, unos días más tarde, Eddie me daría la mala noticia: no podría ser su pareja de baile.

Vino a decírmelo cuando estaba con Richie Conroy, un chico irlandés-americano del vecindario. Richie y yo estábamos sentados afuera cuando Eddie, nervioso y mirando hacia abajo, se acercó y dijo:

—¡Oye! Siento mucho tener que decir esto, pero no podemos ir juntos al baile.

—¿Pero por qué? —dije yo, mientras sacudía mi cabeza de lado a lado.

Él se detuvo un instante antes de contestarme:

—Mi mamá dice que los gatos negros no se meten con los pájaros.

Richie y yo no entendíamos nada. ¿Qué rayos quería decir aquello? Estábamos confundidos.

—Ella me preguntó que cómo eras —dijo Eddie—, y le dije que eras negra —continuó—. Así que me dijo que no podía ir contigo.

No podía creer lo que estaba escuchando. Estaba sorprendida. Finalmente, Richie rompió el incómodo silencio:

—Tu mamá es una estúpida. Asunción, ¿quieres ir conmigo?

No lo pensé dos segundos. «¡Claro!», le contesté. Richie también me invitó a dar una vuelta en el manubrio de su bicicleta. A medida que nos íbamos alejando y Eddie quedaba atrás, con la boca abierta de par en par, sentía que el corazón se me iba a salir del pecho. Me sentía como si estuviera volando. Siempre estaré agradecida con Richie por aquel momento.

Mis padres, quizás motivados por lo que les había contado sobre la ignorante madre de Eddie, me dejaron ir al baile. Yo estaba tan orgullosa de haber ido con Richie, quien de todas formas era más guapo que Eddie. Me dijo que era una de las chicas más guapas que había conocido. Nos divertimos mucho.

El hecho de que Richie me pidiera que lo acompañara al baile, nada más al escuchar el rechazo de Eddie, hizo que el dolor que inicialmente sentí desapareciera rápidamente.

Pero no hay duda: me dolió. Y nunca lo olvidaré.

* * *

Esa obsesión con el color de la piel era evidente aun cuando ya había crecido y fui a la Universidad SUNY Binghamton. En mi primer año conocí a una de mis mejores amigas, Kathy, hija de inmigrantes haitianos, con pómulos bien marcados, ojos profundos y unas extensiones de pelo lacio a lo Naomi Campbell. Kathy era impresionantemente hermosa.

Sin embargo, cuando estábamos juntas, era la misma dinámica. Mientras los hombres blancos reconocían y elogiaban esa belleza clásica de Kathy, cuando estábamos entre hombres negros, ellos siempre se me acercaban para decirme lo bien que me veía ese día o para pedirme mi número de teléfono. Aquello me desconcertaba, mientras que Kathy ya se había resignado.

«Así son las cosas», decía ella en las pocas ocasiones en las que yo traía el incómodo tema a la conversación.

En 1987, me convertí en la primera mujer que no era blanca en ser nombrada como «Miss Binghamton». Asistía a la universidad gracias a una beca y a que trabajaba en la universidad acomodando libros en la biblioteca o entregando órdenes de comida en la cafetería del campus para poder llegar a fin de mes. Apenas sobrevivía con estos ingresos, así que, cuando vi un anuncio del concurso de belleza del campus y los $2.500 que recibiría la ganadora, decidí inscribirme por diversión. Además del dinero, también prometían un viaje a las Bahamas, a donde nunca había ido. Después de que gané, me sorprendió saber, en un artículo del periódico local, que todas las ganadoras del concurso de Miss Binghamton que me precedieron habían sido blancas.

«¿Puedes creer que yo sea la primera negra en ganar el Miss Binghamton en la historia de esta universidad?», les pregunté a un grupo de compañeros de clase, al tiempo que lanzaba el periódico encima de un banquito mientras circulábamos alrededor del espacio al aire libre al que llamábamos «el patio».

—¿Cuán estúpido puede ser algo así? Estamos en 1987.

Yo esperaba que el grupo, en su mayoría afroamericanos, estuviera de acuerdo conmigo y se hiciera eco de mi incredulidad e indignación. Pero esa no fue la respuesta que obtuve.

—Claro que ganaste —dijo mi amiga Mary, cuyo color de piel oscuro era prácticamente igual al de Kathy.

—Si —respondió Betty, otra amiga—. Ellos sabían que ya era hora y, si se lo iban a dar a alguien que no fuera blanca, iba a ser a ti. Tu apariencia es aceptable. Tu color de piel es lo más claro que hay dentro del espectro de colores oscuros.

Al principio, me enojé, pero, después de unos segundos, terminé mordiéndome la lengua porque me di cuenta de que ellas tenían razón. Nuestra universidad estaba ubicada en una zona de Nueva York que, cuando de actitudes raciales y diversidad se trataba, se parecía más a un pueblito del cinturón industrial de Estados Unidos que a mi ciudad natal, la ciudad de Nueva York. En la década de los ochenta había mucha tensión racial: los sábados por la noche, los borrachos del área proferían insultos a los negros, mientras los guardias de seguridad se dedicaban a fastidiar a los pocos estudiantes negros que había en el campus. Si yo me hubiera parecido a la preciosa actriz ganadora de un Óscar, Lupita Nyong'o, probablemente no hubiera llegado a la final del concurso de belleza y mucho menos hubiera sido coronada como Miss Binghamton.

En otras ocasiones, mi tono de piel o mi apariencia me otorgaban cierta ventaja cuando estaba entre blancos: por ejemplo, en los tribunales en los que tenía que presentar casos o hasta en mis primeros trabajos como comunicadora. Aun así, con lo injusto y lo preocupante que todo esto puede ser, estoy convencida de que es más doloroso aún, para la mayoría de los negros, cuando el prejuicio basado en el color de la piel existe dentro de nuestra comunidad. Hasta las organizaciones a las que pertenezco y por las que tengo un especial cariño, como mi sororidad, la Sororidad Alpha Kappa Alpha Inc., o la Jack and Jill of America, cuyo propósito es apoyar a la niñez negra, históricamente se han destacado por acoger principalmente a aquellos cuyo color de piel fuese más claro. Asimismo, en el pasado, algunos grupos de negros y hasta algunas iglesias pusieron en práctica la vergonzosa prueba de la bolsa de papel marrón para excluir a cualquiera cuyo color de piel fuera más oscuro que la tonalidad arbitraria de una bolsa que se utiliza para llevar bocadillos y jugos.

En una sociedad en la que el racismo sigue tan latente, este tipo de jerarquías tan arraigadas en la mente de las personas contribuye a echar más sal a la herida. Es comprensible que algunos miren hacia los que están en lo más alto de ese escalafón y hiervan de resentimiento. Lo que siempre se me ha hecho difícil de comprender es por qué hay tan poquito espacio para que la gente acepte plenamente a alguien como yo, alguien con más de una identidad cultural. Para aquellas personas, que como yo vivimos en la zona gris, o como dicen a veces mis amistades, en la zona crema, hay tan poca aceptación. Tan poco espacio.

CAPÍTULO CUATRO

SOY LO QUE SOY

Un viernes, mucho después de terminar mis estudios, convertirme en abogada y forjar una carrera en el periodismo, salí a almorzar con algunos amigos y colegas. Estaba sentada junto a Don Lemon, el presentador de CNN con quien tenía una relación estrecha desde que trabajé en esa cadena como analista legal. Frente a nosotros estaba Ana Navarro, otra gran amiga de CNN que recientemente se había convertido en colaboradora en *The View* donde ahora yo era coanfitriona. Completando el grupo estaba Candi Carter, una de las productoras ejecutivas de *The View*.

Compartíamos historias y chistes, tomando vino y cocteles y luego vasos diminutos de *limoncello* en Café Fiorello, un restaurante italiano muy bonito cerca del Lincoln Center donde nos invitaron a sentarnos en una retirada mesa de esquina que guardaban para Joy Behar, otra de las coanfitrionas de *The View*. Luego de dos o tres tragos, las lenguas estaban más sueltas y las confesiones, como el licor italiano, comenzaron a fluir.

—Sabes, tengo que admitir que cuando primero te escuché identificarte como latina, simplemente no entendí el por qué —dijo Ana, poniendo el vaso sobre la mesa y mirándome en esa forma tan fija que la ha convertido en una favorita de los millones de espectadores que aprecian sus opiniones brutalmente honestas sobre Donald Trump y el estado del partido al que él y Ana pertenecen, el Partido Republicano.

—¿De verdad? —pregunté, sorprendida—. ¿Por qué no?

—No sé —dijo, encogiéndose de hombros—. Siempre eras tan vocal sobre los asuntos que encara la comunidad negra que nunca te identifiqué de otra manera.

Ana y yo nos conocíamos por casi una década, pero aparentemente había pasado años pensando que yo era una impostora. Su juicio no comenzó a cambiar hasta que un día me escuchó hablando en español con mi abuela.

—¡Carajo —dijo que se había murmurado a sí misma—, realmente es latina!

Escucharme hablando en español había comprobado mi legitimidad como latina. Pero la mamá de J. Lo lo confirmó, sin lugar a dudas.

Guadalupe López, la madre de la cantante y actriz Jennifer López, es una superfan de *The View* y aparece en la audiencia al menos una o dos veces al mes. A menudo le enviamos un saludo desde el *set* y durante una grabación, un poco antes de la Navidad, la vi sentada en su asiento usual en la primera fila.

—Tienes que ir a casa y empezar a preparar los pasteles, ¿verdad? —le pregunté en español, refiriéndome al plato puertorriqueño parecido a los tamales que es una mezcla de guineo verde y plátano y es la estrella principal de todas las cenas de Navidad puertorriqueñas. Sabía que yo también me quedaría despierta hasta tarde, rellenando las hojas de plátano con esa sabrosa mezcla para luego hervirlas en agua caliente el día de Nochebuena y servirlas con arroz con gandules y pernil, el corte de cerdo asado a fuego lento que también es uno de los platos tradicionales de la Navidad en Puerto Rico.

—Así es —contestó, asintiendo con una sonrisa astuta. Aparentemente, luego de presenciar ese intercambio, Ana lo supo.

—Cuando te conocí mejor, me sentí culpable —me dijo Ana aquel día en el restaurante—. Había sido tan desdeñosa. Y luego cuando me enteré de que tu nombre verdadero era Asunción, me sorprendió tanto y me di cuenta de que me había equivocado contigo completamente. Te tengo que pedir disculpas.

Ahora le tocaba a Candi.

—Creo que también te debo una disculpa —dijo.

«Ay, Señor», pensé, a medida que se esfumaba el mareo causado por el licor cítrico. Inmediatamente supe por qué se disculpaba.

Candi, quien había sido una productora sénior en el programa de Oprah Winfrey, era una despampanante mujer negra de tez oscura. Ella y yo pertenecíamos a la misma sororidad negra, Alpha Kappa Alpha, cosa que descubrí un día poco después de haberme unido a *The View*, y comenzamos a charlar sobre nuestros días en la universidad. Pero a pesar de ese lazo, Candi me había dejado saber hacía un año que no me consideraba afroamericana.

Había comenzado a notar que cuando el programa quería abordar asuntos de particular importancia para la comunidad negra, como la brutalidad policíaca o la controversia que surgió el año en que ninguna persona afroamericana —y de hecho, ninguna persona de color— había sido nominada para uno de los principales Premios Óscar, nunca me consultaban respecto a los perfiles de la discusión, mucho menos sobre los posibles invitados.

No tenía sentido y verdaderamente me molestaba. Ilyasah Shabazz, una de las seis hijas de Malcolm X, era una querida amiga mía, al igual que Stephanie Rawlings-Blake, la exalcaldesa de Baltimore y secretaria del Comité Nacional de Partido Demócrata. También conocía a muchos de los miembros del caucus negro del Congreso y me podía comunicar con ellos. No entendía por qué, si realizábamos un programa celebrando a Martin Luther King Jr. o un segmento acerca del derecho al voto, los productores no se me acercaban a pedirme mis contactos. Los podía conectar con voces poderosas y puntos de vista pertinentes. Así que llevé mi queja a donde Candi.

—Bueno —contestó secamente—, no eres negra de verdad.

Si antes estaba irritada, ahora estaba furiosa.

—¿De verdad? —dije, tratando de mantener la voz estable—. ¿No lo soy? ¿Piensas que la gente blanca no piensa que soy negra? ¿Tú piensas que si el KKK llegara aquí a señalar personas, me pasarían por alto?

Estaba agitada y tenía una cita pendiente, así que no tuve tiempo para entrar en un debate más profundo. Me fui deprisa y en los meses subsiguientes, Candi y yo seguimos adelante, aunque nuestra conversación inconclusa abrió una brecha incómoda entre nosotras.

Ahora en Fiorello, Candi reconoció el error que había cometido y el dolor que había visto en mi rostro aquel día.

—Sé que mis palabras te afectaron y tuve la intención de pedirte disculpas, pero me doy cuenta de que nunca lo hice —dijo Candi—. Así que te quiero decir ahora que lo siento.

Sentada allí, el mareo que había sentido ya se había esfumado completamente. La conversación que Ana, Candi y yo estábamos teniendo resumía mi vida entera de muchas maneras. Dos mujeres, una latina y la otra negra, me habían desestimado anteriormente. Como muchas personas, no podían entender cómo podía pertenecer a ambos mundos. ¿Cómo podía ser tan auténticamente negra y tan auténticamente latina a la misma vez?

Quizás Ana sólo había visto mi negritud cuando, estando en CNN, había luchado enérgicamente para que Trayvon Martin, el adolescente negro asesinado por un guardia de seguridad blanco que había tomado la justicia en sus propias manos, fuera proyectado en toda su humanidad y para que el canal mantuviera un enfoque sobre la persistente serie de tiroteos contra otros hombres y niños negros que siguieron la muerte de Trayvon. Pero fui igualmente franca en ABC sobre las declaraciones intolerantes de Donald Trump cuando dijo que los mexicanos eran violadores, su cruzada antiinmigrante para construir una muralla en la frontera del sur y su indiferencia cruel hacia los ciudadanos estadounidenses en Puerto Rico cuyas vidas fueron trastocadas por el huracán María.

Mientras tanto, la opinión que Candi tenía sobre mí pudo haber sido empañada por el colorismo que, desafortunadamente, aún afecta a la comunidad negra. Quizás creía que, como mi piel era más clara y mi pelo más lacio, mi vida tenía que ser más fácil que la vida de mis padres con pieles más oscuras. No podía descartar su experiencia y tampoco podía estar totalmente en desacuerdo. Sí creo que mi apariencia probablemente ha hecho que el recorrido que camino sea un poco menos duro que el que caminan los afroamericanos de tez oscura.

Sin embargo, cuando escucho tales opiniones que vienen de negros y latinos por igual, hasta de amistades, me siento rara. Creo que las personas de ascendencia mixta son la encarnación del sueño americano y reflejan el tapiz que ha enriquecido a esta nación. Mis linajes mixtos deben hacer que desaparezcan los límites y las fronteras. Pero a menudo, mi existencia misma hace que los demás se sientan incómodos.

Sinceramente aprecié las disculpas de Ana y Candi y se lo dije. Pero sentí el cansancio familiar que proviene de que constantemente me coloquen en una categoría y que me cuestionen cuando me atrevo a existir fuera de ella. Es un lugar muy solitario.

Don se volteó y me miró. Él y yo habíamos trabajado juntos en CNN durante siete años y me conocía por más tiempo que las demás personas alrededor de la mesa. Al ser un hombre que había convivido con sus propias identidades dobles como un hombre afroamericano que casualmente es homosexual, Don siempre había

aceptado quién yo era y parecía entender desde lo más profundo de
sus entrañas la resistencia a la que yo me enfrentaba a menudo.

Irrumpió en el silencio incómodo: «Bienvenidas al mundo
de Sunny».

* * *

La distancia entre mis dos abuelas, una mujer puertorriqueña que
vivía en Manhattan y una mujer negra criada en Georgia que vivía
en el sur del Bronx, se podía recorrer en un viaje en *subway* de
cuarenta minutos. Aunque el tren número 6 me transportaba entre dos lugares distintos, no tenía que cambiar nada de mí misma
en el camino. Nannie Mary y Nannie Virginia y mis parientes me
amaban por todo lo que era. Pero ese no era el caso en la sociedad
en general.

Los desconocidos y hasta nuevos conocidos querían que pusiera mis identidades sobre una mesa y luego escogiera una, como
si estuviese seleccionando una carta de la baraja o participando
en el truco mágico de las tres cartas. A menudo cuestionaban mi
trasfondo porque, en su opinión, no me parecía a lo que se suponía
que se parecieran las mujeres puertorriqueñas ni afroamericanas.
Era muy oscura para ser una y muy clara para ser la otra.

¿Qué haces cuando amas a todos los que te hicieron quien eres,
pero el mundo exterior no hace lo mismo? ¿Qué haces cuando tu
«yo» auténtico es analizado y debatido por terceros que quieren
negar las dualidades que siempre han conformado esta nación?

Esas preguntas han sido una parte interminable de mi travesía.

En un país que aún toma demasiados juicios precipitados en base a la raza, las personas quieren saber qué eres para decidir *quién* eres y cómo deben tratarte. Pero a medida que Estados Unidos se hace cada vez más diverso y se mueve hacia un futuro en el que ningún grupo étnico compone la mayoría y las parejas interraciales despliegan su amor en lugares tan diferentes como en los anuncios de televisión y los centros comerciales, limitar a las personas a una sola identidad ya no es tan fácil. Aunque la gente aún lo intenta.

Me identifico como negra y puertorriqueña, o puertorriqueña y negra, no importa en qué orden salgan esas identidades de mi boca en cualquier momento, también afrolatina. Ser una mezcla de esas dos cosas es para mí lo mejor de los dos mundos. La cultura negra en Estados Unidos está colmada de logros y creatividad ante los más grandes obstáculos, siempre empujando a este país a que dé lo mejor de sí, aunque en ocasiones les muestre a las personas negras su peor cara.

Mientras tanto, la cultura puertorriqueña es tan única dentro del mosaico estadounidense, al mismo tiempo parte de esta nación, aunque tan diferente. No es sólo que las personas de la isla hablan otro idioma. La música, desde la salsa hasta el reggaetón, también es singular, al igual que su cocina. Y la negritud en la isla está más alineada con África Occidental que las costumbres de los hermanos y hermanas negros del continente norteamericano.

Me criaron para aceptar a ambos lados de mi familia. Escoger una sola identidad sería como darle la espalda a la otra, y no podría hacer eso al igual que no podría cortar los lazos con una de mis queridas abuelas, ni decirles adiós a las reuniones familiares en Georgia con berzas y costillas o jurar nunca volver a comer pasteles en Nochebuena.

* * *

Hoy en día, muchos me conocen como Sunny, pero a lo largo de mi infancia me llamaban por mi nombre de pila, Asunción. No me convertí en Sunny hasta que fui a la universidad y algunas de mis nuevas amistades me asignaron ese apodo porque se les hacía más fácil de pronunciar. Hasta mi esposo, Manny, me llama Sunny en público porque así se me conoce profesionalmente, pero en la casa me llama por mi nombre, Asunción.

Al igual que mi nombre, que vino de su querida hermana, mi identidad puertorriqueña fue nutrida y formada por mi Nannie Virginia.

Nannie nació en la adversidad. Cuando tenía ocho años, ya ambos de sus padres habían muerto y la llevaron al hogar de la hermana de su mamá donde fue abusada sexualmente. Al cumplir los dieciséis años, llevó a su hija pequeña, Carmen Lydia, y las pocas posesiones que tenía a Nueva York donde se juntó con su hermano y hermana, ansiosa por dejar atrás los malos recuerdos y construir una vida mejor para ella y para la familia que tendría algún día.

Mi abuela era una belleza, con una melena de pelo negro que bailaba alrededor de sus caderas anchas, llamando la atención has-

ta mucho después de convertirse en abuela. Con su tez color cara-
melo y ojos grandes, se parecía a la princesa ficticia Moana. Tuvo
cuatro amores y con cada uno de los primeros tres vino una hija:
mi titi Carmen, mami Rosa y finalmente titi Inez. A pesar de que
a menudo había un hombre cerca, Nannie no dependía de nadie.
Su difícil infancia le había enseñado aspirar a un mejor destino.

Si el destino hubiese sido otro, la voz dulce que usaba para can-
tarme canciones de cuna puertorriqueñas la pudo haber llevado a
cantar en escenarios de Broadway o Carnegie Hall. Era una cuen-
tista maravillosa, hilando exuberantes historias acompañadas de
gestos y expresiones faciales como si fuera una actriz de Broadway.
Y la actitud que le permitió convertir en protectores de su familia
y de la cuadra entera a la ganga racista de Hell's Angels que se
reunían cerca de su casa, junto con la mente veloz que memorizaba
las fechas límite de cada factura con una sola mirada, la pudieron
haber ayudado a ser una diplomática o una profesora universitaria.

Pero Nannie Virginia sólo alcanzó el sexto grado y apenas
podía hablar inglés. Así que dedicó todas sus energías a criar a sus
tres hijas, quienes eventualmente tendrían profesiones prósperas,
al igual que a dos nietos a los cuales mimaba. Aceptó trabajos que
los demás despreciaban, como limpiar inodoros o restregar pisos.
Y uno de sus muchos dotes era la habilidad para arreglar lo que
fuera, desde una caldera defectuosa hasta un carburador quisqui-
lloso. Fue la superintendente de cada uno de los pequeños edificios de apartamentos de alquiler fijo en el Lower East Side en los
que pasó la mayoría de su vida, gestionando expertamente todo lo
que se averiaba en las docenas de apartamentos.

La gente no sólo iba a donde Nannie Virginia cuando se les averiaba la calefacción. También buscaban su ayuda con problemas más personales, aunque no por eso menos urgentes. En el vecindario conocían a Nannie como «La bruja», aunque para los puertorriqueños ese apodo no lleva la usual connotación malévola. Más bien se lo confirieron porque Nannie practicó la santería en un momento dado.

La santería es una religión de la diáspora africana que se derivó de la cultura yoruba de África Occidental y se mezcló con el catolicismo que aprendieron los esclavos de quienes los esclavizaron. Para preservar su culto original, y quizás también para esconderlo de los esclavistas que no estaban de acuerdo, a los orishas o deidades de la santería se les asignaban equivalentes católicos. Changó era el rey, un guerrero que empuñaba el poder del fuego y el trueno y cuyo reflejo católico era Santa Bárbara. Babalú Ayé, quien apareció en la conciencia popular gracias a la pegajosa canción «Babalú» del cantante cubano Desi Arnaz, era el orisha de la curación. Se lo asociaba con San Lázaro. Y había muchos más cuyos poderes y características Nannie Virginia era capaz de recitar dormida.

Nannie colocaba vasos de agua en la puerta de la casa para ahuyentar a los malos espíritus y dentro del apartamento había un altar conocido como un *igbodu* que estaba rodeado de velas titilantes. La gente venía de todas partes con ofrendas de comida para sentarse y escuchar las visiones de Nannie. Se ponía los collares de cuentas coloridas que la identificaban como una iniciada de la santería y yo miraba a escondidas por la puerta de la cocina o de la habitación para ver como se enfrentaba a la mirada ansiosa de un visitante que anhelaba escuchar los pronunciamientos de Nannie sobre la salud, el destino de un ser querido lejano o las probabilidades de encontrar la fortuna y el amor. La mejor amiga de Nannie, una mujer transgénero llamada Sylvia, se le unía a menudo, y las dos presidían sobre ceremonias y leían el destino de los que venían, a veces en desespero, a buscar respuestas. Una tarde, tuvo lo que sólo puedo describir en mi memoria como una sesión espiritista y creo que vi a alguien levitar.

También acompañaba a Nannie cuando visitaba la botánica, la tienda abarrotada que se podía encontrar en prácticamente cualquier vecindario latino y donde solía comprar las hierbas que usaba para crear cataplasmas y ungüentos para curar. Estoy segura de que todo eso les hubiese parecido muy extraño a mis compañeros de clase en Dominican o preocupante a la gente que conocí luego y con quienes trabajé en la oficina del fiscal federal de los Estados Unidos y en las salas de redacción de ABC y CNN. Pero fue una parte importante de mi niñez y es un punto iluminado en mi memoria que me hace sonreír cada vez que lo recuerdo.

Nannie, a quien acudían tantos para obtener un vistazo del futuro, decía que yo también tenía el don, el «tercer ojo» que te permitía acceder a otra dimensión y ver y sentir lo que podría estar por venir. No estoy muy segura de eso, pero definitivamente he incorporado mucho de lo que ella me enseñó. Por ejemplo, aprendí que podía ir a la botánica, comprar una vela con el nombre de un orisha en particular y rezar para que una persona que me estaba causando problemas desapareciera de mi vida. O podría escribir el nombre del alborotador en un papelito, doblarlo dentro de un pedazo de papel aluminio y guardarlo en el congelador.

Muchos malinterpretan ese sistema de creencias, pensando que es brujería o que es maligno. No lo es. Las intenciones detrás de él son mejorar tu vida, no lastimar a los demás. No estás rezando para que algo malo le pase a otra persona. Simplemente estás intentando que se alejen de ti, como si construyeras una barrera de hielo entre tú y ellos. Probablemente hay unos cuantos pedazos de papel aluminio en mi refrigerador ahora mismo. Y les puedo asegurar que funciona.

Había un productor en CNN que me dijo una vez que yo no era capaz de ser una personalidad noticiera a nivel nacional. Desanimada, me quejé con mami y me dijo que lo pusiera a congelar. Eso hice. A los pocos meses, se fue de la división de noticias. Me imaginé que nunca volvería a saber de él, pero tuvo el atrevimiento de enviarme un mensaje de texto cuando me contrataron en *The View* para decirme cuánto le alegraba mi éxito. No me molesté en responderle. Pero me recordé de ese nudo de papel aluminio congelado y me reí.

Otro remanente de Puerto Rico que Nannie trajo a la ciudad fue la cría de gallinas. El gallinero estaba en el techo del edificio al igual que en la escalera de incendios. Sus vecinos, muchos de los cuales habían venido de la República Dominicana al igual que de Puerto Rico, nunca se quejaron. Pero estoy segura de que, aunque les hubiese molestado a los dueños del edificio, Nannie era una superintendente tan buena que no se atrevían a quejarse.

Nannie y yo íbamos al norte de la ciudad a La Marqueta, un

mercado en Spanish Harlem que era tan colorido y alocado como un bazar de África Occidental, para comprar pollitos y alimento. Los empleados se sonreían con calidez. «Doña Virginia» gritaban, entusiasmados de saludar a la hermosa bruja que canalizaba a los ancestros y que quizás, con suerte, les daría el consuelo de que algún día harían sus sueños realidad. Ahora crío mis propias gallinas, pero no las convierto en sopa para servir con arroz con gandules los domingos. Sin embargo, en aquella época, llevar a las gallinas de la escalera de incendios a la mesa del comedor era una parte de mi vida, una tradición familiar al igual que celebrar el Día de los Reyes, tocar discos del Gran Combo y desplegar la bandera monoestrellada de Puerto Rico en la sala o colgando de la escalera de incendios. Aun así, los puertorriqueños cuestionaban mi identidad a menudo.

Nunca me van a confundir con Jennifer López. Y en realidad, a muchas puertorriqueñas tampoco las confundirían. Como los afroamericanos, hay una multitud de colores con una gama de texturas de pelo. Pero cuando fui a la universidad y asistí a mi primera reunión de la Unión de Estudiantes Latinos, muchos de los miembros me miraban como si tuviese tres cabezas.

Cuando concluyeron las funciones oficiales y hablábamos entre nosotros, me bombardearon con preguntas como si estuviese participando de un concurso llamado *¿Cuán puertorriqueña eres?*

—¿Hablas español? —preguntó un interrogador, en inglés.

—¿Qué clase de comida come tu familia en casa? —fue la pregunta no tan casual de otra, quien arqueaba las cejas con sospecha.

«Sí» fue mi respuesta a la primera pregunta y «me imagino que lo mismo que tú» fue la respuesta a la segunda, aunque cuando me enfrentaba a tales indagaciones, muchas veces no me molestaba en contestar.

Resentía la indagación. Estaba cansada de que dudaran de mí. Cuando me quejaba con mis padres, enfatizaban que ese era problema de los demás, que no tenía que dividirme en pedazos. Pero a pesar de sus consuelos, era estresante que otras personas debatieran mis identidades o que me hicieran sentir que sólo podía escoger una parte de mí misma.

Cuando tomaba las pruebas estandarizadas en la escuela, antes de poder demostrar mi conocimiento, debía escoger una etnicidad. Hoy en día, cuando los estadounidenses proclaman con orgullo sus herencias mixtas, se acepta que las personas seleccionen más de una opción en el censo o en un examen o que no escojan ninguna. Pero hace treinta y cinco años, ninguna de esas opciones era posible.

Yo solía rellenar dos bolitas, la de «Hispano» y la de «Negro». Si el profesor o la profesora se daba cuenta, me devolvía la prueba y me decía que no podía escoger más de una.

—¿Por qué? —preguntaba, acostumbrada, pero sin aceptar el dilema.

—Bueno —comenzaba mi instructor nervioso—, sencillamente no puedes.

Sólo querían que siguiera las reglas, pero dudo que entendieran cuán doloroso era esto para mí. A veces me rehusaba y cuando se sometía la prueba, la máquina procesadora la rechazaba. Mis identidades duales eran literalmente, oficialmente rechazadas. ¿Qué significa eso para alguien como yo?

Cuando no tenía más alternativa y debía escoger un solo pedazo de mi identidad, marcaba el recuadro de «negro». De cierta manera, esa elección surgía del mismo desafío que hacía que marcara dos círculos para indicar mis dos identidades.

Durante mi niñez en los años setenta, había visto las escenas histéricas de los bostonianos blancos reaccionando violentamente y actuando como locos porque a sus hijos los transportaban en guaguas a escuelas con los niños negros. Sabía de las conversaciones que oía en casa y de los libros que leía de Maya Angelou, Richard Wright y James Baldwin, que las personas negras tenían las vidas más difíciles, que nos trataban peor y no sólo en Estados Unidos sino en todo el mundo. Me daba rabia y, quizás más que a papi, enfurecía verdaderamente a mami.

Así que si tenía que escoger solamente una pieza de mí misma para que me evaluaran en una prueba tonta, si tenía que identificarme con sólo una mitad de quien era, escogía echar la suerte con los más desventajados.

Cuando solicité a la universidad, me enfrenté al acertijo de siempre. Había becas particulares designadas para los afroamericanos y otras para los latinos. Algunos, como el Programa de Igualdad de Oportunidades, le otorgaban subvenciones a un espectro amplio de estudiantes de color, pero aún así querían que especificaras tu trasfondo étnico.

Lidiar con estas preguntas me ponía nerviosa y cuando ponía en riesgo mi capacidad para pagar la universidad, me sentía más dividida y confundida. ¿Qué debía hacer? ¿Qué recuadro debía marcar?

Le pregunté a mis padres. Y papi no dudó.

—Solicita a todo —dijo papi. —Marca todos los malditos recuadros que puedas. Eres negra. Eres puertorriqueña, así que calificas para todo eso. ¡Además, eres tan inteligente que la escuela debería pagarte para que asistas!

Hice lo que me dijo papi y solicité para cada potencial alternativa de asistencia económica que podía encontrar. Soñaba con asistir a la Universidad de Cornell, la cual tenía programas de Hotelería y Agricultura. Veinte años a la vanguardia, la tendencia de la comida «desde la finca a la mesa» me hacía pensar que una posada donde se sirviera la comida cultivada localmente podía ser un éxito. También aspiraba a la Universidad de Nueva York y a la Universidad de Syracuse, pero estas escuelas no estaban dentro de nuestro presupuesto. En total, me aceptaron en más de veinte universidades principales. Al final, decidí estudiar en SUNY Binghamton, uno de los sesenta y cuatro campus en el sistema universitario del estado de New York, el cual me otorgó una beca completa. A los dieciséis años, fui a la universidad.

* * *

Luego de años de tener que regresar directamente a casa desde la escuela, a menos de que estuviese compartiendo con mi primo Jeffrey, estar sola en la universidad fue liberador. Me uní a un grupo de amigos maravillosamente ecléctico. Nuestro boyante grupo asistía juntos a conciertos o nos reuníamos en la habitación de alguien a tomar cocteles de vino y bailar al son del reggae de Third World y Erasure. Era tan mágico y divertido como uno quisiera que fuera la universidad.

Lejos de las miradas vigilantes de mis padres, también tuve mi primer novio. Eric era un año mayor que yo, alto, una mezcla de negro y portugués y, pensaba yo, guapísimo. No era fiel y en realidad era falso y manipulador. Pero también compartimos buenos momentos y salimos juntos interrumpidamente hasta que me gradué.

Eric me presentó al mundo de las hermandades negras. Era miembro de Alpha Phi Alpha, la primera fraternidad negra que se fundó en la Universidad de Cornell a principios del siglo veinte. Las fraternidades y sororidades negras tenían algunas similitudes con sus contrapartes blancas en los procesos de iniciación y los rituales secretos, pero como tantas otras partes de la cultura estadounidense, las personas negras infundieron las fraternidades con su propio sabor.

Una de las tradiciones más gloriosas era el «stepping», el baile sincopado que fue foco de las películas como *Stomp the Yard* y la serie de televisión *A Different World*, que se desarrollaba en una universidad históricamente negra. En las competencias de baile, los capítulos de las fraternidades participaban, ejecutando complejas coreografías de baile al unísono, luciendo sus colores, repitiendo sus letras y gritando consignas en una cacofonía de coros rivales. Los miembros de las organizaciones viajaban desde todas partes de la región o del país para asistir y era un despliegue estruendoso, alegre y exuberante de la negritud.

El servicio comunitario que exhibían las miembros de la sororidad Alpha Kappa Alpha en SUNY Binghamton me impresionaba incluso más que las fiestas y los conciertos. Eventualmente solicité y me hice parte de la sororidad. Luego de vivir entre diversos mundos durante toda mi vida, fue particularmente conmovedor hallarme en un ambiente que se sentía real y *acertado*. Pasé de tener una vida entre dos mundos a moverme desafiantemente y con toda la intención hacia un espacio donde cabía todo mi ser.

* * *

Luego, cuando me convertí en animadora en *The View*, tenía que esforzarme para mantener esa conexión profunda con mis raíces mixtas. Me acostumbré a que las personas se enojaran conmigo cuando hablaba español en directo o cuando discutía el legado de las leyes Jim Crow seguido por el argumento por la ayuda poshuracán para Puerto Rico. Recibí un bombardeo de tuits y correos electrónicos criticándome. Nuevamente me decían que escogiera un solo carril y me mantuviera en él.

«¿Por qué hablas español? Eres negra. ¡Deja de actuar como si no lo fueras!».

«¿Por qué eres negra un día y al otro eres latina? Para ya».

Pero no volvería a escuchar eso de mi amiga Ana Navarro. Cuando comenzó a aparecer en *The View* los viernes, cuando Whoopi Goldberg estaba libre, nuestra amistad creció.

Su vestidor está a unas cuantas puertas del mío y cuando nos encontramos en el pasillo, salimos a almorzar o simplemente compartimos un rato, a menudo bromeamos en español. Es un lazo que nos une, un pedacito de nuestro hogar que compartimos en la oficina.

Ana también sabe de mis gallinas, más de una docena que cuido todas las mañanas. Antes de salir hacia la ciudad y ser absorbida por el ciclón de mi día, encuentro terapéutico recoger los huevos, esparcirles su alimento y escuchar el suave cacareo de mis aves. Esas labores también me hacen sentir cerca de mi Nannie Virginia, quien ya falleció, y a la isla en la que nació.

—¡Eres tan puertorriqueña! —dijo Ana un día, luego de que cantaleteé sobre mis gallinas en *The View*.

En otra ocasión, le estaba contando a una amiga afroamericana que debía comprar unas berzas para prepararlas y cocinarlas el día de Acción de Gracias.

—Vaya —me dijo, negando con la cabeza y sonriendo—. ¡Eres tan negra!

¿Mi respuesta a ambas? Sí. Y sí. Lo soy.

CAPÍTULO CINCO

DENTRO DEL SISTEMA, PERO SIN PERTENECER

En la vida he tenido muchos trabajos y ambiciones: anfitriona radial, mesera, periodista, abogada. Por algún tiempo hasta quise ser monja.

Aunque mi abuela practicaba santería, como muchas personas que están inmersas en esta tradición, también era fervorosamente católica.

Iba a la iglesia varias veces por semana y de su cuello colgaba un crucifijo que combinaba con los collares que portaba durante las ceremonias de santería. Mami también era religiosa y me llevaba a misa casi todos los domingos, aunque el mismo espíritu ecléctico que la llevó a acoger la cultura afroamericana también la inspiró a honrar la herencia judía de su padre, por lo que de vez en cuando era la anfitriona del Séder del Pésaj.

En muchos sentidos, en cuanto a nuestra fe se trataba, éramos tradicionales. Mi abuela y mis tías creían que una educación parroquial era la mejor, quizás porque los ritos religiosos mezclados con la lectura, la escritura y la aritmética creaban la apariencia de que estas instituciones eran más disciplinadas. Aunque no compartíamos la misma sangre con los líderes de la iglesia de nuestra comunidad, los considerábamos parte de la familia.

El padre Francis Burns era el cura en la parroquia Nativity, la iglesia de mi abuela en el Lower East Side, y a menudo venía a cenar a casa. Si mi abuela hubiese tenido una alfombra roja, con toda probabilidad la hubiera desenrollado siempre que él viniera a visitar. La mesa estaba rebosante de arroz con gandules o pernil, o pollo guisado. El padre Francis era un irlandés-americano de cabellos plateados, ojos azules y con un apetito incluso más grande que su cuerpo enorme. Tenía un poco de mal genio, pero su sentido del humor era mayor y nos deleitaba con cuentos mientras comía y bebía de una copa de vino tinto que mi abuela nunca permitía que se vaciara.

También éramos muy cercanas a la hermana del padre Francis, Eileen, quien era monja. Como muchas de las hermanas que fueron mis maestras en Dominican, era piadosa y brillante. Muchas personas perciben a las monjas como una figura rígida e inaccesible, pero la hermana Eileen era cálida y graciosa; el tipo de persona a la que sabías que podías ir con tus preguntas y preocupaciones más sinceras. Observaba a la hermana Eileen y pensaba que ese era el tipo de mujer en la que me gustaría convertirme al crecer.

En mi último año de secundaria asistí a un retiro religioso obligatorio para las estudiantes de Dominican. Se llamaba Veritas, que en latín significa «verdad». La estadía de una noche en un convento en la parte norte del estado de Nueva York nos sumergió en varios rituales. A cada una nos entregaron un pequeño crucifijo de madera con el cual rezábamos en soledad. Paradójicamente, tuvimos la oportunidad de ver a las hermanas de la Orden Dominicana de Ohio en una actitud más relajada. Fue la primera y única vez que vi a mi maestra de Inglés, sor Christine, en ropa casual. Lejos de la mirada omnipresente de sor Timothy, ella y las demás maestras bromeaban y se reían libremente. Fue una alegría ver a estas mujeres, tan cerca de Dios, comportarse de forma tan natural y con los pies en la tierra.

Hubo una noche musical en la que sor Christine y otras monjas cantaron «Natural Woman», de Aretha Franklin. Todas nos sentamos alrededor y las animábamos. Fue uno de los mejores momentos que tuve en la escuela secundaria.

Debido a que me crie con una madre activista y una abuela que era la matriarca de todo el barrio, no podía dejar de sentir que era importante ayudar a los demás. ¿Y qué vocación más importante para proveer solaz y sustento a una comunidad, a un rebaño religioso, que la de monja? Después de que culminó ese fin de semana en búsqueda de la verdad, pensé que quizás mi verdad era formar parte de esa hermandad sagrada. Le conté a mami el posible plan en cuanto llegué a casa.

—¡Me encantó el retiro! —le dije—. Quiero ser monja.

Mami me pudo haber contestado de distintas maneras. Me pudo

haber gritado: «¿Qué diablos te pasa?», pero eso hubiera sido particularmente inapropiado debido al tema que tratábamos. Mami decidió, pues, irme retirando del precipicio poco a poco y con cuidado.

—Puedes ayudar a la gente de muchas maneras —dijo mientras seguía doblando la ropa lavada—. Puedes ir a la escuela de Medicina o ser voluntaria en un refugio. No tienes que pasar la vida en un convento.

En retrospectiva, es probable que mami quisiera preservar la probabilidad de tener nietos en algún momento. Sea la que fuera su motivación, no tuvo que haberse preocupado. Mis ganas de convertirme en monja se esfumaron bastante rápidamente a medida que me consumían las solicitudes a las universidades, las actividades del último año de secundaria y los fines de semana con mis amistades.

No obstante, cuando me fui a la Universidad del Estado de Nueva York (SUNY) en Binghamton y empecé a estudiar Comunicaciones, empezó a arder dentro de mí una nueva ambición. Ese sueño no se extinguiría tan rápido.

La «C» que saqué en mi primer examen en Ciencias en el primer año hizo que me percatara de que mi camino a la escuela de Medicina estaría posiblemente plagado de calificaciones mediocres, por lo que debía encontrar otra especialidad. A raíz de lo mucho que me gustaba escribir y estar al tanto de las operaciones gubernamentales y de las actualidades, era cuestión de decidir entre Ciencias Políticas y Periodismo. Al final me decidí por lo último porque quería perfeccionar mi capacidad de contar historias. Cuando comencé a aprender a editar y a entrelazar narrativas en video, me enfoqué en una posible carrera en producción para televisión.

Sin embargo, mami se mantuvo firme en que me convirtiera en abogada. El tema surgía constantemente cuando volvía a casa porque no había clases en la universidad o cuando conversábamos algunos minutos por teléfono durante la semana. Creo que siempre fue su sueño. En algún punto incluso llegó a tomar el LSAT —el examen que se requiere para matricularse en la escuela de Derecho— aunque nunca procuró hacer el grado. Escuchaba sus sugerencias, que no eran muy sutiles, pero no tenía la intención de seguirlas. Me veía en una carrera más creativa.

Cuando me gradué de SUNY Binghamton tanto yo como varios de mis compañeros decidimos tomarnos un tiempo libre para decidir exactamente qué hacer después. Papi no tenía ningún problema con la idea.

—¿Cuántos años tienes, veinte? ¿Veintiuno? —preguntó—. Deberías viajar. Diviértete. Tienes tiempo.

Mami era más impaciente. Quizás estaba frustrada porque yo no estaba haciendo nada, pero eso jamás se compararía a cuando se enteró de ese «algo» que estaba considerando seriamente: la televisión.

—¡En la televisión no hay nadie que se parezca a ti! —decía mami, que rabiaba del coraje—. ¡Tienes que ser una doctora o abogada para que ganes buen dinero y siempre puedas cuidar de ti!

Eran las navidades. El árbol brillaba con adornos y luces multicolores, y al apartamento lo envolvía un aroma de pino y canela. El ambiente había estado festivo, pero mami estaba tan iracunda por lo que pensaba que era un sueño inútil, que decidió que no iba a regalarme nada.

Yo estaba destruida por su reacción, pero luego comprendí que el arranque de furia de mami era una súplica protectora de una madre latina que había luchado toda la vida para sobreponerse a la pobreza y a la falta de expectativas. Para ella, las Leyes y la Medicina eran un camino asegurado al éxito. Yo era consciente de que ella había dejado de lado y aplazado muchas de sus propias metas para asegurarse de que yo alcanzara las mías, cualesquiera que fueran éstas.

Dado lo convencida que estaba mami, tenía que considerar algunas cosas. Pero antes, quería pasarla bien.

* * *

Me crie en Manhattan, pero fue una experiencia totalmente diferente cuando vivía con mis padres y tenía que volver directo a casa después de la escuela. Después, cuando estaba en la universidad venía a casa muchos fines de semana, pero todavía había límites. Era una adolescente con cara de niña y la seguridad y los bármanes no iban a arriesgar que cerraran sus clubes porque dejaron entrar y le sirvieron alcohol a alguien que obviamente era menor de edad.

Por fin, después de que me gradué de SUNY, cumplí los veintiún años. Podía ir a cualquier discoteca que quisiera y beber si así lo quería. Tenía mucho tiempo que recuperar y estaba determinada a sacarle el jugo. Iba de fiesta casi todas las noches.

Los jueves iba a the World, en la calle Dos Este, y los viernes iba a the Tunnel. También existían clubes improvisados, que eran fiestas itinerantes para las que se necesitaba una contraseña para entrar. Estaba de fiesta hasta que veía el sol asomarse sobre el río Este a la vez que me retumbaban los ritmos de Slick Rick y Doug E. Fresh en los oídos.

Has ido a un concierto y en el micrófono hay quien
Tiene un millón de rimas que no le salen bien
desagradan, no están bien, taladran la sien

Mis amigos tenían un nombre para nuestras fiestas de veinticuatro horas. Las llamábamos «Break Night» (romper la noche) porque bailábamos y bebíamos hasta que amaneciera. Luego comíamos un desayuno grasiento para contrarrestar el alcohol y nos encaminábamos al trabajo con tan sólo una pequeña siesta a cuestas.

Un día, ese fiesteo intenso provocó que me despidieran. Había conseguido un empleo como mesera en TGI Fridays y, después de desayunar con mis amigos en una cafetería que nos encantaba entre la calle Seis y la Segunda Avenida, me fui a trabajar. Tenía algo más que una pequeña resaca y probablemente tampoco olía muy bien. En mi estado tambaleante tomé la orden de un cliente que quería unas blinis de arándanos azules.

Los meseros corríamos a la cocina y cargábamos unas pesadísimas bandejas con los platos de cerámica, incluso cuando las piernas y las manos nos temblaban por algo que no era la falta de sueño. Bueno, pues le derramé esas tortitas salpicadas de arándanos encima a mi cliente. Ahí se acabó el guiso. Me despidieron en un abrir y cerrar de ojos.

No me molestaba mucho volver a casa a descansar, pero me sentaba fatal haber perdido mi trabajo. En realidad, disfrutaba ser mesera. Podía complementar mis ingresos modestos con todas las propinas que recibía. Todo el tiempo conocía gente nueva e interesante y podía comer gratis, lo que era genial porque la comida era muy buena. De veras me gustaba mi uniforme que, contrario al atuendo a cuadros que usaba todos los días para ir a Dominican, podía decorar con prendedores y cintas. Mami me visitaba a menudo con su mejor amiga, Milagros, y ordenaban el especial del día o una hamburguesa. Cuando terminaban me dejaban una propina casi tan grande como la cuenta. Sin embargo, creo que las dos estaban un poco espantadas por el hecho de que la que se había graduado de la universidad estaba trabajando de mesera en vez de hacer algo productivo con su título.

No pasó mucho tiempo después de que me despidieran de TGI Fridays que vi un anuncio de una organización llamada Formación y Recursos para el Consejo de Narcóticos (Trac-N, por sus siglas en inglés), que formaba a abogados de defensa. Había tomado el LSAT poco después de graduarme quizás como un plan alterno o tal vez sólo para acallar los murmullos constantes de mami sobre la posibilidad de que yo comenzara una carrera en Derecho. Logré una puntuación casi perfecta, así que las leyes eran algo para lo que evidentemente tenía aptitud. Mientras me preparaba para el examen, hallaba las respuestas a las preguntas modelo de una manera tan natural que me empezó a embargar la preocupación de que el examen de práctica no fuera realmente igual a lo que sería el LSAT. Ahora que necesitaba un trabajo, se me ocurrió que Trac-N podría apreciar mi rendimiento en el LSAT y mis conocimientos básicos del Derecho. Solicité y poco después me contrataron.

Se suponía que me asignaran responsabilidades parecidas a las de un asistente legal: ayudar a redactar mociones y cumplir con algunas tareas administrativas. No obstante, durante las primeras semanas era básicamente la chica del café. Era como estar en Fridays, pero sin «Into the Groove» de Madonna a todo volumen y sin tener el tintineo de las monedas de las propinas en los bolsillos. No me molestaba rellenar las tazas de los clientes en un restaurante, pero me parecía degradante hacerlo en una oficina profesional. Me rodeaban abogados y asistentes ejecutivos que claramente se tomaban muy en serio su trabajo, así como a sus colegas, pero que ni se inmutaban en levantar la vista cuando pasaba por sus escritorios.

Eventualmente, mis jefes decidieron averiguar qué podía hacer además de colar un buen café. Empecé por acompañar a los abogados a la infame prisión juvenil en la Isla Rikers de la ciudad de Nueva York. Los jóvenes que conocimos eran como los chicos con los que había crecido en el sur del Bronx: batallaban contra la pobreza y luchaban contra las fuerzas que intentaban mantenerlos atados. A menudo parecían nerviosos o huraños y contestaban las preguntas con una sola palabra que no les servía de mucho a los abogados que iban a ayudarlos. Empecé a ofrecer mis perspectivas sobre cómo lograr sacarlos de su encierro.

—Pregúntele qué estaba sucediendo en casa para que estuviera fuera a medianoche mientras se cometía el robo —yo le susurraba al abogado en el oído.

Entonces nos enterábamos de que quizás el padre del joven estaba embravecido. O que no había un hogar al que ir porque su madre había perdido el trabajo y habían desahuciado a la familia de su apartamento. A veces escuchábamos que el joven no sabía qué era lo que estaba por suceder, pero que había acompañado a los demás, en un intento por ser parte del grupo. Entonces, cuando se cometía el acto, no tenía otra opción que no fuera correr. Los abogados comenzaron a valorar mis puntos de vista. En poco tiempo, yo era la que hacía la mayoría de las preguntas.

Mis responsabilidades aumentaron. Ayudaba a diseñar programas de capacitación específicos para los abogados de defensa que representaban a clientes arrestados por posesión de narcóticos. Me sumergí en las cuestiones más específicas de la ley, como las condenas absurdas por posesión de *crack* frente a las de cocaína en polvo, lo que afectaba de manera desproporcionada a los acusados negros y latinos. Pude interactuar con algunos de los abogados más renombrados del país.

Sin embargo, lo que finalmente determinó mi deseo de decidirme por una carrera en el derecho fue, de todas las cosas posibles, servir de jurado.

Sé que es una obligación por la que mucha gente siente pavor, y muchos empleadores —que no quieren tener una persona menos al mando de su empresa— a menudo instan a sus empleados a que intenten esquivar esta responsabilidad. En Trac-N, sin embargo, servir de jurado era casi un rito de iniciación. Mis jefas —Adele y su compañera Amy Berlin— me intentaban convencer con entusiasmo de la gran oportunidad que sería, ya que me brindaría un vistazo tras bastidores a los entreverados del sistema de derecho.

Me dirigí al tribunal criminal en bajo Manhattan, en donde me seleccionaron no para un caso cualquiera sobre, digamos, un joven que se robó un carro estacionado para dar un paseo, sino para ocupar un asiento en primera fila en el juicio de un hombre al que los tabloides sensacionalistas de la ciudad de Nueva York apodaron «el carnicero del Parque Tompkins Square».

Su nombre en realidad era Daniel Rakowitz y los hechos horríficos que lo llevaron al tribunal por meses dominaron los titulares en 1989. Compartió un apartamento con una mujer preciosa llamada Monika Beerle, que estudiaba en la Escuela de Baile de Martha Graham. Un día, endrogado con ácido, Rakowitz la golpeó en la garganta. Cuando se percató de que la había asesinado, Rakowitz actuó como si fuera el protagonista de la película *El silencio de los inocentes*.

Primero troceó el cuerpo de Beerle. Luego hirvió algunas partes del cuerpo. Rakowitz guardó los huesos y los almacenó en arenilla para gatos en un casillero de la terminal de guaguas Port Authority de la ciudad de Nueva York. ¿Y qué pasó con las partes del cuerpo que había cocinado? Se cuenta que los echó en una sopa y alimentó con ellas a los vagabundos del parque Tompkins Square.

El juicio, que cautivó a los neoyorquinos, duró semanas. Escuchamos los testimonios de decenas de testigos. Es probable que yo fuese la persona más joven en el banquillo del juzgado. Me fascinó la forma en la que tanto los abogados de la defensa como los fiscales construyeron sus argumentos como un rompecabezas. Cada pregunta llevaba a una respuesta que encajaba con la próxima interrogante y así hasta que hilaron un argumento que lograba que aquellos que estaban reunidos en corte les creyeran... o no.

Los abogados de Rakowitz se atuvieron a una defensa por enajenación mental, pero para mí lo más fascinante fue la manera en la que los fiscales argumentaron su caso. Nunca olvidaré al último testigo. Era un hombre latino, sin techo y de pelo negro riso, que evidentemente tenía problemas de salud mental.

Sentado en el banco de los testigos describió cuánto frío hacía afuera y cuánta hambre tenía, ya que hacía tiempo que no comía. De repente apareció un hombre frente a él que le ofreció un tazón de caldo caliente. Lo miró y ahí, flotando en la sopa, había un dedo.

Con esa revelación espantosa los fiscales concluyeron su caso. Entonces vino la defensa.

—¿Qué día es hoy? —le preguntó el abogado al testigo.

—No lo sé —contestó el testigo.

—¿En qué año estamos?

—No lo sé.

—¿Quién es el presidente de los Estados Unidos?

El testigo tampoco pudo distinguir entre Bill Clinton y John Quincy Adams. El abogado del acusado terminó *su* caso, pero cual tiempo extra en un partido de baloncesto empatado, el fiscal atrapó el rebote y se puso de pie para hacer otra pregunta. Volvió a increpar al testigo.

—Usted no sabe qué día es ni el mes. Ha vivido en las calles por muchos años. ¿Por qué deberíamos creerle que recuerda este día en particular? —le preguntó.

—Bueno —respondió el testigo— quizás no sepa quién es el presidente, pero nunca olvidaré el día en el que me sirvieron una sopa con un dedo.

Supe que no mentía.

Cuando al fin pudimos deliberar, algunos de los miembros del jurado se fijaron en el estilo de vida itinerante del testigo final y su mente evidentemente desorientada y lo descartaron.

—No podemos prestarle atención a lo que dijo ese tipo esquizofrénico —comentó uno mientras algunos de los miembros del jurado asentían con aprobación. Les dejé saber que no estaba de acuerdo.

—Admitió que tenía problemas —dije— pero ¿quién se olvidaría de que le sirvieron una sopa con un dedo? Esa es una de las cosas más honestas que he escuchado en mi vida.

Después de unos trece días en los que estuvimos secuestrados lejos de nuestras familias porque el caso había estado sujeto a tanta atención —y tiempo durante el cual discutíamos, nos enfurecíamos, pero también nos escuchábamos— hallamos a Rakowitz no culpable a causa de demencia. Mis compañeros estaban de seguro aliviados de que ya no tuvieran que estar sentados en la sofocante sala del jurado, mientras discutíamos los sórdidos detalles, y ávidos por regresar a sus vidas cotidianas. En cambio, yo salí de ese tribunal con un nuevo propósito en la vida. Quería ocupar un papel en el sistema de justicia criminal, pero no como jurado, sino como abogada.

Hay una sensación que siento cuando sé que estoy en casa, cuando sé que algo está bien. Es la sensación que experimenté cuando primero entré a Dominican. Es el bienestar que sentí la primera vez que fui a un espectáculo de *stepping* y decidí formar parte de una sororidad. Así mismo me sentí en aquel tribunal durante el juicio, a pesar del espeluznante crimen que me llevó allí.

Quería hacer lo que vi que hicieron esos fiscales. Quería poder trazar una narrativa para poder hacerle justicia a aquellos que no podían luchar por sí mismos. Quería estar donde pudiera hacer la diferencia.

Se cumplió el deseo de mami. Decidí solicitar a la escuela de Derecho. Cuando me aceptaron a la Escuela de Derecho de Notre Dame en la primavera de 1990 como becaria, dejé mi vida en la ciudad de Nueva York y me mudé a South Bend, Indiana.

* * *

Estudié muchas materias en Notre Dame: Derecho Criminal, Contratos, Títulos… pude haber ejercido en muchas áreas en cuanto tomara la reválida y me convirtiera en una abogada profesional. Sin embargo, mi meta era convertirme en una fiscal.

Igual que a Kamala Harris, la senadora de California y exfiscal general, y aspirante a candidata presidencial demócrata para 2020, se me ha preguntado frecuentemente por qué, como mujer negra, yo sería una fiscal. ¿Por qué, como mujer negra, escogería sentarme en ese lado de la corte?

Dicho entre líneas, de manera no muy sutil, un fiscal es una pieza de un sistema corrupto que, en efecto, tiene una guerra contra la gente afroamericana, particularmente contra los hombres negros.

Se me ha cuestionado esta decisión en reuniones del ayuntamiento en Washington, D.C., a las que he asistido para conocer a los miembros de la comunidad, e incluso lo han hecho colegas fiscales cuando estaba en el proceso de entrevistas para convertirme en fiscal asistente del fiscal general los Estados Unidos.

«¿Te sientes cómoda estando de este lado del pasillo?», se me preguntaba. «¿Una fiscal?», decía de forma un tanto suspicaz un anciano del barrio. «¿Consideraste alguna vez ser una abogada de defensa? ¿O especializarte en los derechos civiles?».

No. No lo hice. Y he aquí el porqué.

Sé, por las propias experiencias que he vivido, que las personas pobres no se vuelven criminales porque son inherentemente inmorales, ni que la mayoría estén empobrecidas porque no trabajan. Sé que a menudo están exhaustas y derrotadas porque trabajan mucho y por mucho tiempo y aun así se les hace difícil pagar las cuentas y vivir con dignidad. Algunas son atraídas al crimen por desesperación o porque están con la persona equivocada en el lugar equivocado y en un mal momento.

He visto de primera mano en mi propia familia la estela de devastación que deja a su paso la violencia al azar. Tengo claro el recuerdo de mi tío Ed desangrándose en el suelo del baño y soy muy consciente de cuán profundas son las fallas del sistema de justicia criminal, que demasiado a menudo atrapa a los inocentes e incapacita a las personas y a las comunidades de color.

No obstante, así como tengo claras las circunstancias matizadas que pueden causar que una persona vire hacia el crimen, así como que el racismo lleva a que muchos en las comunidades de color sean injustamente juzgados de antemano y asediados, yo sé que para traer equidad a un sistema profundamente dañado y que daña, tenemos que ser un contrapeso en la balanza de la Justicia. Tenemos que ser miembros del jurado, miembros del magistrado y, sí, también fiscales.

Por supuesto que los abogados de defensa tienen un papel importantísimo en el proceso legal, pero la realidad es que tienen poco o ningún poder. Están a merced de la corte. Mientras que en Estados Unidos técnicamente se te considera inocente hasta que se pruebe lo contrario, la verdad incómoda es que a aquellos que son de tez morena o negra y que viven en la pobreza típicamente se los percibe como menos inocentes que a los demás. Ellos y sus representantes legales están constantemente tratando de recuperar terreno ante a la evidencia, los argumentos y las acentuadas líneas de investigación que les apunta la fiscalía.

Papi siempre me dijo que era mejor trabajar desde dentro del sistema. Respetaba las estrategias y las tácticas revolucionarias que empleaban luchadores por la libertad que admiraba —como Martin Luther King Jr., Malcolm X y Stokely Carmichael— para hacer justicia y lograr la independencia de sus naciones. No obstante, también sentía que había cierto mérito en subir los escalafones de las corporaciones estadounidenses, apoyar a los demás e influir en las políticas desde una posición ventajosa.

Yo también creo en las instituciones y en la importancia de luchar para que funcionen como se supone, en vez de deshacerlas y entonces navegar en un mundo sin límites ni estructuras. Tenemos un derecho, en realidad una obligación, de contribuir con nuestras experiencias y perspectivas diversas a los rangos altos de las oficinas de las fiscalías de distrito, de los tribunales y del Departamento de Justicia, que aún siguen siendo en su mayoría torres de marfil.

Estas creencias fueron mi norte cuando me embarqué en una carrera en el derecho. Saber que sería una de las relativamente pocas fiscales mujer, negra y latina no me desalentó. Estaba acostumbrada a ser la única.

* * *

Durante gran parte de mi vida antes de Notre Dame, mis mentores fueron principalmente mujeres como Miss López, que notó mi potencial y me animó a seguir adelante; sor Timothy, que nunca permitió que me descarrilara académicamente; y las fundadoras de Trac-N, Adele Barnard y Amy Berlin, que dijeron que tenía una mente astuta para las leyes y fueron las referencias más importantes para que me admitieran en la escuela de Derecho.

Sin embargo, muchos de los que me aconsejaron y me recomendaron para oportunidades mientras estuve en Notre Dame y al graduarme, fueron hombres. Hombres blancos. Me demostraron que, a pesar del papel muy palpable que el racismo y el machismo juegan en la realidad estadounidense, existen personas que son aliadas, que tratan de hacer lo que creen que es correcto en vez de aferrarse al *statu quo*, a lo que es seguro o a lo que es oportuno.

Mis profesores de Derecho Robert Blakey, presidente de Miles and Stockbridge, quien me brindó el acceso a un codiciado internado: J. Eric Smithburn, quien me alentó a estudiar Derecho en el extranjero; y Jay Tidmarsh quien me guio y preparó para una carrera en Derecho. En 1994, con el diploma de Derecho en mano, James Gillece, el presidente de la Asociación de Exalumnos de Derecho de Notre Dame, fue fundamental al conseguirme una entrevista con un hombre que me ayudó a desmenuzar y articular la ley con una precisión que eventualmente me permitiría trazar una de las trayectorias más exitosas como fiscal en la Oficina del Fiscal de los Estados Unidos en Washington, D.C. Jim permaneció como mi mentor y defensor hasta su muerte.

Robert Bell era un juez afroamericano que obtuvo su título en la Escuela de Derecho de Harvard. Era un veterano de la época por la lucha de los derechos civiles y era el único juez que había ocupado puestos en cada sala del tribunal de Maryland. Cuando fui a verlo para ver si podía ser su asistente jurídica, Bell estaba en el Tribunal de Apelaciones de dicho estado y presidía casos de apelaciones civiles y criminales en Baltimore.

Nuestro primer encuentro no sentó un buen precedente. Según recuerdo, me preguntó en la entrevista cuál era mi postura sobre un caso en el que una niña de trece años había sostenido relaciones sexuales «consensuales» con un hombre de diecinueve años. De inmediato le respondí: «Bueno, ella no puede consentir. A los trece años es una niña. Él es un hombre». El juez Bell respondió tranquilamente: «Pero ella se veía mayor, él pensaba que ella era mayor y ella quería tener relaciones sexuales. No era la primera vez que tenían relaciones sexuales. Tenían una relación amorosa. No fue un extraño que la haló de la calle a un callejón oscuro. ¿Por qué es una violación?» Tartamudee: «Porque es violación estatutaria en Maryland y, francamente, por todo el país. La ley existe por algo». El juez Bell respondió: «Quizás debamos cambiar la ley. Podríamos hacer eso porque somos la corte más alta de Maryland». No podía creer lo que él decía. Estaba reunida en el despacho de un ilustre jurista cuya carrera había estudiado con cuidado para prepararme para la reunión y terminamos en un combate a gritos. Algunos días después recibí una llamada del juez Bell.

—Aprobaste —me dijo.

—¿Discúlpeme? —pregunté asombrada.

Había sido una prueba. El juez Bell había traído deliberadamente a la mesa un controvertido tema a propósito para ver cómo reaccionaría porque él no quería una persona complaciente. Quería a alguien que pudiera desarrollar un argumento y defenderlo hasta lo último. Cuando procesé sus palabras y mis latidos volvieron a la normalidad, me sentí complacida y, luego, eufórica. Iba a ser la asistente jurídica de un juez del Tribunal de Apelaciones.

Durante el año que trabajé con el juez Bell investigué precedentes legales para preparar los escritos que se convertirían en los fundamentos para sus opiniones.

Estaba tomando el aprendizaje teórico y libro de texto que había encarado en la escuela de Derecho y lo aplicaba ahora a la ley verdadera, en tinta indeleble, y causaría un impacto en vidas reales. Perfeccioné mis destrezas en la escritura. Y hubo muchas noches en las que debatí puntos esotéricos en las leyes. No obstante, incluso cuando se me decía que probara diferentes experiencias antes de decidir dónde asentarme, siempre estuvo en mi mente que volverme fiscal era mi meta.

En cuanto terminó mi estancia como asistente jurídica, estuve por un periodo breve en una firma que se especializaba en casos de negligencia médica. La mayoría de los casos que veía eran civiles, con algunas excepciones en asuntos criminales que eran por lo general clientes que tenían el poder adquisitivo de contratar exfiscales que los libraran de asumir sus responsabilidades por cometer fraudes financieros y otros crímenes de cuello blanco.

Es decir, que tal y como me habían aconsejado mis mentores y profesores, estaba intentando cumplir con lo requerido: trabajar en diferentes áreas del derecho. Esto, para fortalecer mi currículum y ayudarme a tomar una decisión consciente sobre a qué quería dedicarme. Pero en esa firma, en ese lugar, mi instinto me decía que me dirigía en la dirección equivocada. No me sentía en casa. Fui educada por monjas que le dedicaban la vida a la educación y al servicio religioso, y me crio una madre comprometida con el activismo. No se sentía bien estar inmersa en un ambiente corporativo en el que los servicios legales se le brindaban al mejor postor. Me sentía ansiosa e insatisfecha.

Solicité al Programa de Honor del Departamento de Justicia con la esperanza de lograr por fin mi sueño de trabajar a tiempo completo con casos criminales. En cuanto los abogados allí vieron mi currículum, optaron en vez por ofrecerme un trabajo en la División Antimonopolios. No era lo que quería, pero era una forma de entrar. Además, la División Antimonopolios era considerada la joya de la corona.

La misión de nuestra división era tratar de prevenir los monopolios y para cualquier caso que te asignaran tenías que convertirte instantáneamente en un experto. Me había ido bien en los cursos de valores financieros en la escuela de Derecho y era la oportunidad para poder usar esos conocimientos, así como para ganar una comprensión integral de una gama de industrias. Conocí abogados increíbles y amigos a quienes todavía admiro. Ejemplo de ello fue Dando Cellini, un abogado al que, como a mí, le encantaba hospedarse en hoteles maravillosos y probar restaurantes nuevos cuando estábamos destacados en algún lugar para trabajar, y estaba dispuesto a pagar un poco por encima de lo que permitía el estipendio del gobierno; y Ali Ramadan, un cazador apasionado que no cazaba por deporte, sólo por comida, y prepara la mejor carne de venado en Washington, D.C.

A pesar de ello, no estaba haciendo el tipo de abogacía que anhelaba ni trabajaba con casos que me llevaran al tribunal.

Cuando procuraba que me asignaran casos más estimulantes, mis jefes me venían con el viejo cuento de no convertirme en una víctima de mi propio éxito, lo que siempre he percibido como una forma no muy disimulada con la que la gente te mantiene en trabajos tediosos que otros no quieren hacer. A pesar de ello, había una tarea nueva que disfrutaba: reclutar estudiantes en las ferias de las escuelas de Derecho y así aumentar la diversidad en el departamento, ya que había muy pocos abogados de color.

En uno de esos eventos estaba sentada al lado de Wilma Lewis, una abogada negra y dinámica que también tenía raíces puertorriqueñas por haber nacido en la zona de Santurce. Ahora es la jueza superior del Tribunal de Distrito de las Islas Vírgenes Estadounidenses. Pero, cuando la conocí, era la primera mujer abogada en ser fiscal de los Estados Unidos del Distrito de Columbia. Entablamos conversación.

—Estoy en la División Antimonopolios —le dije a alguien que pudiera convertirse en mi nueva jefa—. He hecho un buen trabajo ahí, pero siempre pensé que estaría en el Bronx o en la Oficina del Fiscal del Distrito de Manhattan. Ya sabe, para lograr un impacto a un nivel más local.

Me dio su tarjeta de presentación.

—Deberías llamar a mi oficina —dijo Lewis—. Quizás tenga que robarte.

Pocas semanas después: varias entrevistas. Se me consideraba para un puesto en una de dos unidades: en una que se enfocaba en delitos menores y en otra que lidiaba con apelaciones.

De veras quería trabajar con delitos menores porque eso significaba que estaría en la corte casi todos los días para tratar casos de prostitución y de pequeñas redadas por drogas. El problema era que ya había procesado un caso criminal federal cuando trabajé en Miles and Stockbridge con Dick Bennett, quien luego se convirtió en juez federal. Fui asistente jurídica del juez Bell y había atendido casos de la División Antimonopolios. Esa experiencia matizó mi currículum de un lustro que se consideraba demasiado culto para enjuiciar crímenes pequeños.

Me imagino que la gente pensaría: ¿cómo se sentiría esta chica —que fuc a Notre Dame, que tenía una buena reputación en la División Antimonopolios y a quien Dick Bennet le escribió una carta de recomendación— cuando empezara a manejar casos de venta de *crack* en las esquinas de las calles del sudeste de Washington, D.C.?

En retrospectiva, la verdad es que no tenía mucha experiencia en esa área legal en particular. Tampoco estaba de acuerdo con la política de control de la unidad conocida como «ventanas rotas», que se refiere a la práctica de tratar inmisericordemente las infracciones más pequeñas para supuestamente prevenir que se intensifiquen a crímenes más serios. Me parecía draconiano. Si hubiera trabajado con delitos menores, probablemente hubiera revolcado el avispero más de la cuenta.

Aun así, estaba más que segura de que no quería el trabajo en la División de Apelaciones. Ahí tenías tu propia oficina o compartías una con un colega. La unidad de delitos menores era una oficina sin divisiones en la que el escritorio estaba en medio de toda la conmoción. Ahí era donde quería estar, en el corazón de la acción; no encerrada entre cuatro paredes de una oficina claustrofóbica. Al final, sin embargo, no me quedó otra opción que entrevistarme en ambas y ver cuál me quería más.

El día en el que iba a entrevistarme en la División de Apelaciones, fui lista para conversar el día entero con varios abogados. Para ese tiempo no ganaba mucho dinero, pero fui a Ann Taylor y me compré un conjunto elegante de chaqueta y pantalón a cuadros blancos y negros que pensé que me haría ver profesional, pero a la moda. Me sentí bien a medida que el día avanzaba. Antes de mi última entrevista con el jefe de la División de Apelaciones, John Fisher, me senté en la oficina abierta y esperé.

Wilma Lewis tenía un equipo de trabajo lleno de mujeres negras. Una de ellas, Brenda Baldwin-White, estaba en la oficina de enfrente con otra abogada, Deborah Long-Doyle, una pelirroja de tez negra clara con cabello riso y corto, pecas y espejuelos rojos. Cuando me senté vi que Brenda me observaba. Vino hacia mí, se presentó y me pidió que viniera a su oficina —una de las pocas que estaban apartadas para ella y otros miembros principales del equipo de trabajo— un momentito.

Cerró la puerta y se encaramó sobre la esquina de su escritorio.

—Estás a punto de reunirte con John Fisher —dijo—. Eso significa que el trabajo en el apelativo ya casi es tuyo, pero no vas a tener posibilidades si entras en pantalones a su oficina.

—¿Perdón? —pregunté, sin estar muy segura de lo que estaba escuchando.

—Él es muy anticuado, es el hombre más chapado a la antigua de este edificio —dijo con naturalidad—. No va a contratar a una mujer con un traje de chaqueta y pantalón-pantalón. Vas a tener que cambiarte de ropa.

—¿Cambiarme de ropa? —pregunté, anonadada—. ¡No tengo otra ropa en mi cartera! ¿Cómo me voy a cambiar? Y, no quiero sonar irrespetuosa, pero en realidad no quiero estar en la División de Apelaciones. Quiero estar en Delitos Menores.

Entonces Brenda empezó a hablarme como si estuviera lidiando con una niña petulante de cuatro años. Me explicó con calma que un puesto en la División de Apelaciones era un premio que no ganaban muchas mujeres negras y que sumaría mucho a mi currículum. Me miró de arriba a abajo.

Yo medía cinco pies seis pulgadas y pesaba unas ciento diez libras. Brenda era más o menos del mismo tamaño. Se paró.

—Toma. Te daré mi falda —dijo ella—. Y yo me pondré tus pantalones.

Me sentí como si se me escapara el alma del cuerpo. ¿Quitarme los pantalones? ¿Ponerme la falda de una persona desconocida? ¿Para qué? ¿Para conseguir un trabajo con un machista en una división en la que ni siquiera quería trabajar?

—No lo haré —dije mientras clavaba literalmente mis tacones de tres pulgadas dentro de la desgastada alfombra de gobierno.

Brenda tomó el teléfono y llamó para convocar refuerzos. Explicó la situación sin apartarme de su mirada mientras hablaba por teléfono. Algunos minutos después llegaron Deborah y June Jeffries, una fiscal de homicidios que luego se convirtió en la directora de la división.

—Ponte la falda —dijo June—. Confía en nosotras. Tú quieres este trabajo. No permitas que un par de pantalones te aparten de él.

Brenda, June y Deborah algún tiempo después serían las coanfitrionas de la *baby shower* cuando estaba embarazada de mi hijo, Gabriel. Años después de eso viajarían desde Washington, D.C., al condado de Westchester en Nueva York para darme la sorpresa en mi cumpleaños cincuenta. Pero aquel día fue la primera vez que vi a estas mujeres. Era una situación descabellada.

Sin embargo, sabía que eran tres hermanas poderosas que trabajaban en la Oficina del Fiscal de los Estados Unidos. Si me proponían algo tan absurdo tenía que ser significativo que me dieran el trabajo tanto para ellas como para mí.

Me deslicé fuera de mis pantalones y me deslicé en la falda negra de Brenda. Entonces, con mi atuendo prestado y con una actitud un poco fanfarrona, me reuní con John Fisher. Me dieron el trabajo.

¿Debí haberme puesto una falda para que me contrataran? Claro que no. ¿Me pareció algo ridículo? Por supuesto. Pero si quieres que las cosas cambien, tienes que estar adentro para cambiarlas. Eso puede significar saber cuándo aguantar la lengua o lidiar por un tiempo breve algún sinsentido. Aprendí tanto cuando trabajé con John Fisher, que ahora es juez en el Tribunal de Apelaciones de Washington, D.C. Era listo como un zorro y definitivamente no subestimaba mis habilidades ni mi intelecto porque fuese mujer.

Sí cabe señalar que Washington, D.C., es en el sur y que, incluso en 1997, había cierto sentido antiguo del decoro al que las personas se atenían. La regla de cero pantalones no era sólo un requisito anacrónico impuesto por Fisher. No se podían usar trajes de chaqueta y pantalón frente a los jurados; al menos no si se quería ganar. Había que usar una falda y un *blazer*, o el juez y el jurado estarían demasiado ocupados haciendo gestos de desaprobación para escuchar tus argumentos. Era absurdo y, por suerte, ya ha cambiado, pero era una concesión que había que hacer si se quería tener éxito. Y así fue.

La Oficina del Fiscal de los Estados Unidos en Washington, D.C., atendía una mezcla de crímenes locales y federales. Presentábamos casos frente al Tribunal de Apelaciones de Washington, D.C., y el Tribunal de Apelaciones Federal para el circuito de Washington, D.C. —el segundo tribunal más importante del país en la que Brett Kavanaugh, el controversial y novel juez del Tribunal Supremo de los Estados Unidos, ejerció alguna vez.

Cuando argumentas casos civiles y criminales apelativos frente a hombres y mujeres que tienen una alta probabilidad de estar en la corte más importante del país, tienes que ser muy bueno. Te enfrentas, solo o como parte de un equipo, a un panel de tres jueces o más. Los casos son complejos y tienes que convertirte en un perito enseguida y estar listo para cualquiera y toda pregunta que puedan lanzarte.

Un abogado afroamericano llamado L. Jackson Thomas me enseñó cómo se batía el cobre. Era impredecible, pero había estado en la División de Apelaciones por años y le prestaba una atención particular a los abogados de color, guiándonos durante nuestro tiempo allí. Su mentoría se apreciaba muchísimo porque el trabajo era increíblemente estresante. Antes de cada argumentación frente al Tribunal de Apelaciones, yo vomitaba y tenía diarrea.

No importaba cuánto me motivaran Jack y los demás, recordándome que sabía más que nadie sobre mi caso, siempre temía que los jueces y el resto de las personas en la corte fueran más inteligentes que yo. Para mí, la experiencia fue increíblemente intimidante y nunca dejé de sentirme frenética.

Escribía y reescribía mis escritos. Aunque ahora estos pueden someterse electrónicamente, en aquel entonces había que personarse a someterlos en el tribunal. Una fecha límite era una fecha límite, según lo determinaran las reglas del tribunal. Si no cumplías, la defensa podía lograr que el caso se suspendiera. En más de una ocasión había que correr a toda velocidad calle abajo para tratar de llegar a la recepción. O, si tenías una vista, estarías dando vueltas en el vestíbulo mientras esperabas a que abrieran las puertas de la corte.

Había una pequeña ventana de tiempo para presentar el caso y había luces rojas, amarillas y verdes que te avisaban cuántos minutos te quedaban y te distraían de tu próximo destino. A veces un funcionario de la Oficina del Fiscal de los Estados Unidos se personaba allí para observar cómo trabajabas. Nunca sabías qué preguntas te harían, y los jueces te las dispararían, de forma rápida y furiosa. Tenías que ser articulado, sereno y lúcido frente a esos juristas de togas negras que parecían haber bajado del mismísimo monte Olimpo. Para mí, esos tiempos en la división de apelaciones fueron una de las experiencias más desconcertantes de mi vida.

No obstante, también me demostró de lo que era capaz. Las destrezas de debate que refiné allí, y la habilidad de actuar bajo presión, me ayudaron luego cuando enjuicié a violadores y a narcotraficantes, así como cuando me involucré en discusiones acaloradas frente a millones de televidentes como analista en temas legales y como presentadora de televisión.

Después de cinco o seis meses, roté fuera de la División de Apelaciones. Trabajé en algunos casos de delitos menores antes de moverme a delitos mayores que involucraban armas y narcóticos. Estoy segura de que algunos de mis colegas vieron ese cambio como un retroceso.

Pero me había convertido en una extraordinaria abogada litigante. Y en aquel momento, en esta nueva asignación, podía por fin tomar todas las experiencias que había recogido a lo largo de la vida —durante mi niñez en las calles del sur del Bronx, durante el tiempo en el que absorbí información en la División Antimonopolios y durante mis argumentos frente a los jueces apelativos— y usarlas de la forma en la que quería: llevando a juicio los casos criminales que se cometían por y contra la gente de clase trabajadora. Mi gente.

Para hacerlo de forma efectiva tenía que estar en las calles, en las iglesias y en las salas de los tribunales en las que se vivían las vidas, se cometían los crímenes y se imponía la justicia. Tenía que estar donde estuviera la acción. Estaba lista.

CAPÍTULO SEIS

DESDE ADENTRO

En vecindarios como el sur del Bronx, Harlem y el sureste de Washington, D.C., los activistas comunitarios juegan un papel vital. Pueden ser agentes de cambio, patrullar bloques peligrosos y proveer una válvula de escape para canalizar y transmitir las preocupaciones y la ira de la comunidad.

Sin embargo, si quieres cambiar la ley, tienes que ser un legislador. Y si vas a decidir de qué acusar a un joven, o si será acusado o no, debes ser un fiscal. Para que los miembros del jurado te tengan en mente mientras deliberan, para inclinar la balanza en el momento en que un juez decide qué sentencia dictar, tienes que estar del mismo lado de la mesa que el gobierno. Tienes que estar adentro.

Así como lo hiciera Eric Holder, Fiscal General de los Estados Unidos durante la administración del presidente Barack Obama, Wilma Lewis se dio a la misión de ampliar la diversidad en su oficina. De la misma manera en que me entregó su tarjeta de presentación en una feria de trabajo mientras me pedía que la llamara, Lewis reclutó activamente a muchos otros abogados afroamericanos. Quería asegurarse de que los hombres y las mujeres que procesaran casos que pudieran trastocar o rescatar una vida, reflejaran la población a la que servían, y que pudieran relacionarse, aunque fuera sólo un poco, con su realidad. Yo solía bromear diciendo que su oficina principal parecía el escenario de *El color púrpura*, aquella película con un reparto completamente negro, basada en la novela de Alice Walker que ganó el Premio Pulitzer. Profesionalmente era el espacio más diverso en el que hubiese estado desde que comencé la abogacía.

Pasaría cinco años allí, el tiempo suficiente para aprovechar al máximo uno de los mejores atractivos del trabajo: la posibilidad de hacer rotación por sus diferentes secciones. Después de mi temporada en la División de Apelaciones, roté turnos presentándome ante el gran jurado, procesé casos relacionados a armas de fuego y drogas, enjuicié perpetradores de violencia doméstica e investigué crímenes sexuales y homicidios.

Estas experiencias influyeron sobre las acciones y posturas que tomaría en todos los aspectos de mi vida. Por los hombres, mujeres y niños que conocí y por quienes luché como fiscal federal, hoy día formo parte de la junta de Safe Horizon (Horizonte Seguro), una organización nacional dedicada a ayudar a las víctimas de la violencia. Y, como fiscal federal auxiliar, pude comprender más profundamente cómo las fuerzas del orden tratan y perciben a las comunidades de color; conocimiento que puse en práctica cuando me convertí en analista legal, corresponsal de redes y presentadora de programas de entrevistas, donde discuto con otros acerca de la supervisión y el funcionamiento de nuestro sistema legal.

Durante mi tiempo en esa oficina, me parece que también tuve un papel importante moldeando las opiniones de algunos de mis compañeros. No muchos de los abogados con los que trabajé tenían trasfondos como el mío. Mi infancia de clase trabajadora viviendo en edificios de alquiler y proyectos de vivienda pública, mis propios roces con la violencia al ver a mi tío apuñalado y la secuela que llevó al asesinato del padre de mi mejor amiga, culminando con la encarcelación de varios miembros de mi propia familia, me dieron una perspectiva única que compartí con los profesionales que me rodeaban. Sentía que las personas de la comunidad, tanto las víctimas como los que se aprovechaban de ellas, eran parte de mí y que yo era parte de ellos.

Hubo más esfuerzos oficiales para forjar el tipo de conexión que yo sentía naturalmente con las personas a quienes debíamos cuidar. La vigilancia comunitaria hace su entrada durante la década de los setenta, recordando la anticuada idea del policía local de ronda, cuando estos conocían los nombres de todos en el vecindario que patrullaban. Enfatizó la idea de asociarse con los ciudadanos para detener el crimen antes de que ocurriera, en lugar de tener una relación de «nosotros contra ellos» que culmina en aplicar políticas de mano dura.

La Oficina del Fiscal Federal de los Estados Unidos en Washington, D.C., adoptó un enfoque similar. La ciudad fue dividida en cuadrantes y se asignó un fiscal a cada uno, responsabilizándolo por los casos de esa área. La idea era que esta podría ser una forma más efectiva de enjuiciamiento, porque la gente del vecindario estaría familiarizada, no sólo con los policías locales, sino también con los abogados que procesarían a los acusados. Y así, su mera presencia podría disuadir a alguien de participar en algo en lo que no se debería meter.

Los fiscales tenían una visión de trescientos sesenta grados de la comunidad y la ley. Mientras que un lunes podría pasarlo en la oficina con los agentes de la policía revisando la inmensa cantidad de casos, el martes pudiera estar en un «paseo» en carro con detectives por el vecindario. Asimismo, pudieras encontrarte en el tribunal durante todo el miércoles, para entonces, apurada, asistir a una reunión nocturna del ayuntamiento en alguna iglesia o escuela del vecindario. Al día siguiente, tal vez ibas por tu cuenta a hacer visitas casa por casa para reunirte con tus electores, tal como lo haría un político.

Fui asignada al sexto distrito, un área particularmente violenta de D.C. Ir a las casas de los testigos era más que un simple encuentro, era una necesidad porque existían muchos retos que les impedían llegar a mí.

Nuestra oficina estaba en 555 Fourth Street Northwest, apodada «Triple Nickel»* por los abogados, testigos y sospechosos que por allí pasaban. No estaba en el corazón del vecindario, pero siempre había gente pendiente de quién iba y venía, y si alguien veía a un posible testigo que salía de nuestra oficina, eso le podía

---

* N. de la T.: Triple moneda de cinco centavos (o vellón).

crear una reputación de soplón y ponerlo, tanto a él como a su familia en riesgo de represalias. Incluso para aquellos que no les preocupaba que los vieran, el simple hecho de llegar a nuestra oficina podía ser arduo. Muchas personas de clase trabajadora que residían en D.C. no tenían cuido para niños. Pocos podían permitirse el lujo de tomarse un día libre del trabajo y prescindir de esa paga. El transporte público no era muy confiable en su área del distrito y caminar de regreso a casa cuando ya había anochecido podría ser peligroso. Incluso si tuvieran carro, llenar el tanque cuesta una cantidad que se aprovecharía mejor en comestibles o en la factura del agua.

Entonces, la mejor manera de conectar con ellos era ir a sus hogares. A diferencia de varios de mis colegas, que sólo se aventuraban a hacerlo cuando iban acompañados por algún oficial, prefería ir sola, porque un policía en la puerta de tu casa era como agitar una bandera que atraería a todos los buenos para nada de la cuadra. Después de eso, podías olvidarte de recibir cualquier cooperación si sucediera algún incidente.

No puedo expresar cuánto significaron para mí esas visitas. Estar por la comunidad significaba que podía establecer una relación con aquellos residentes que —muchas veces con toda la razón— no confiaban en un sistema que creían que perseguía a las personas negras casi tanto como al traficante de drogas que hacía su negocio a tan sólo unos metros de sus puertas. Me parece que la tasa de condena en el país sería más alta para los crímenes donde se atacan a personas de color si estas se sintieran más cómodas presentándose ante la policía.

Durante estas visitas, llegaba a la entrada de la casa y recitaba alguna versión de un libreto que decía algo así: «¡Hola, señora! Soy la fiscal de su comunidad. Entiendo que hubo un tiroteo la otra noche. Lamento mucho escuchar que una bala destrozó la ventana de su sala mientras su familia se encontraba allí reunida. Mi oficina la ha llamado y dejado mensajes, pero no hemos recibido su respuesta».

Le decía a personas que muy a menudo se sienten que tienen pocas opciones en la vida que, en esta instancia, sí la tenían. «Andre y su pandilla tienen todo este bloque secuestrado», decía, «y si no testifica contra él, continuará tiroteando su vecindario. Va a quedarse parado a la entrada de su edificio diciéndole cuándo puede salir de su casa o no, o intentando convencer a su hijo de que venda su producto». Finalmente les decía que estaba de su lado: «Estaré con usted a cada paso del camino. La puedo proteger, e incluso puedo reubicar a toda la familia si se sienten amenazados».

Por supuesto, había pocas razones para que nadie creyera lo que decía si me estaban viendo en su cuadra por primera vez. Por esta razón la filosofía de participación comunitaria era tan importante. Teníamos que regresar una y otra vez, para que nos vieran charlando en la esquina, en la barbería y en la peluquería. Teníamos que convertirnos en parte de la comunidad.

Algunos de mis colegas fiscales no se sentían tan cómodos con las visitas personales. Iban en los «paseos» con los detectives, quienes les hacían sentirse seguros ya que portaban armas, pero no se presentarían solos a la casa de un posible testigo. Preferían sentarse en la oficina y hacer llamadas telefónicas. Yo, sin embargo, estaba ansiosa por salir a la calle. No tenía miedo de caminar por un vecindario venido a menos que otros calificaban como peligroso. No me ponía nerviosa llamar a la puerta de un desconocido y luego entrar para sentarme en el sofá cubierto en un sudoroso plástico que servía el propósito de proteger aquel brillo de recién comprado. El sur del Bronx se parecía mucho a D.C., sólo que a 238 millas de distancia. Había caminado por esas calles, entrado a esas casas y me había sentado en esos sofás toda mi vida.

Comencé a ir a la escuela primaria local, Amidon-Bowen Elementary, una vez por semana para leerle a los estudiantes. Me convertí en algo parecido a una hermana mayor para algunos de los niños del vecindario. Un chico que conocí, Naquaran, tenía un padre muy abusivo, y hubo ocasiones en que durmió en mi habitación de huéspedes. Después de tantos años continuamos en contacto. Es una persona amable e inteligente que ha tenido una vida difícil y ha tomado algunas malas decisiones. Espero que con el tiempo, mi ayuda y la guía de otros, alcance su potencial y no regrese a la cárcel nunca más.

Los policías con los que trabajaba se preocupaban por mí. «¿Es cierto lo que escuché, que andaba sola en el barrio el otro día?», me preguntaba alguno, incrédulo. «¡No puede conducir su BMW verde allí, AUSA* Hostin!»

Les explicaba que la calle me recordaba a Fordham Road en el Bronx, o a la Calle 125 en Harlem. Les contaba que el apartamento que visité el día anterior se parecía mucho al lugar donde vivían mis primos Sean y Tyvee. «Estoy bien», les decía.

---

* N. de la T.: fiscal federal auxiliar (AUSA, por sus siglas en inglés).

Una vez más, vivía en dos mundos diferentes y, como siempre, tener un pie en cada uno de ellos me permitió comprenderlos mejor. Comprendía la inquietud que muchas personas del vecindario sentían en cuanto a los policías y a los tribunales. Y pude llegar a la inquietante conclusión de que algunas personas en las organizaciones del cumplimiento de la ley, incluso los fiscales, le tenían miedo a las mismas personas que se suponía que debían proteger y servir, a los niños y ancianos de cuyo lado se suponía que estuvieran. Yo no entendía cuán útil podías ser si andabas con extrema cautela alrededor de aquellos de quienes necesitas ayuda para resolver un caso, o para mantener la paz.

Cuando les quedó claro que no me podían disuadir de mis viajes a solas, los oficiales con los que trabajaba regularmente dejaron de mencionarlo. Y, finalmente, mi sensación de comodidad con la comunidad los llevó a depender de mí para servirles como un tipo de intérprete, aunque a veces pudiera estar tan ajena a lo que sucedía como ellos.

Una mañana, un grupo de fiscales y agentes estaban amontonados en Triple Nickel escuchando la grabación de una operación encubierta. Ahora, es cierto que crecí inmersa en los ritmos del Bronx, pero me había mudado a los ocho años y, después de asistir a una escuela privada, ir a la universidad y obtener un título en Derecho, de cierta manera, mi vida se había vuelto definitivamente aburguesada: vacacionaba en Martha's Vineyard y asistía a cócteles con jueces federales; estaba más familiarizada con el latín que estudié en Dominican Academy durante cuatro años, que con el argot callejero.

Sin embargo, supongo que yo era su única opción. Me pidieron que escuchara la cinta y luego me pidieron que tradujera. No tenía idea de lo que decían los chicos arrestados durante la operación. Sin embargo, aunque me parecía un poco gracioso que pensaran que mis raíces del Bronx podrían ayudarlos a descifrar el código de la calle, también sentí que era un tanto inquietante que estuvieran tan desfasados que no pudieran descifrar lo que estaban escuchando. Lo único que tenía que hacer era llamar a un primo, lo cual hice, y obtendría la traducción, ¿pero ellos? Ellos no tenían ninguna conexión.

Cada vez más, entraba en sintonía con las personas que conocía en mi distrito. Me sentía mucho más a gusto y llena de propósito en aquellos abarrotados ayuntamientos y diminutas casas que sentada en una oficina revisando documentos, reuniéndome con fabricantes de turbinas o escuchando discursos durante elegantes almuerzos; aunque también podía hacer todo eso. Tenía una vida en la que había perfeccionado el arte del camaleón, ajustándome e integrándome, pero en algunos espacios me sentía mucho más en casa que en otros. Y sé que una de las razones por las que nunca perdí un caso es porque las personas que defendí vieron lo cómoda que me sentía y eso las llevó a confiar en mí.

Recuerdo pasar por la casa de una señora mayor del vecindario para desearle un feliz Día de Acción de Gracias. La encontré cocinando un festín de comida *soul**. Había ollas llenas de

---

* N. de la T.: gastronomía característica de los afrodescendientes del sur de Estados Unidos.

chinchulines*, berzas cocinándose en la estufa, y además había preparado pudín de guineo cubierto con galletitas de vainilla. Ella y su familia me preguntaron si tenía hambre y amablemente me ofrecieron un plato.

Estaba feliz de sentarme a comer con ellos, pero honestamente, los chinchulines no son lo mío. Sabiendo que hubiera sido insultante no probarlos, antes de comenzar a comer los empapé de salsa picante, pero no ninguna salsa comercial, ¡no, señor!, del auténtico pique de Luisiana. También pedí un poco de aquel pudín de guineo.

Sabía que eran momentos como este los que hacían que aquellos a quienes quería ayudar se sintieran respaldados por mí, lo cual los alentaría a respaldarme cuando necesitara sus ideas, puntos de vista o declaraciones cuando trabajara un caso.

* * *

No llevaba mucho tiempo en el trabajo cuando comencé a notar algo profundamente perturbador. Más veces de las que puedo recordar, los agentes de policía con los que trabajaba me entregaban confesiones escritas acompañadas de fotografías de rostros maltratados de hombres afroamericanos. En la foto del arresto o alguna foto tomada cuando el sospechoso estaba en la rueda de identificación, veía un labio roto, un ojo morado o una camisa rasgada. Siempre lo noté. Siempre lo cuestioné.

---

* N. de la T.: plato que consiste del intestino delgado de algunos animales. En la comida *soul*, se usa más comúnmente el cerdo y se prepara tanto hervido como frito.

«¿Qué es esto?», preguntaba. Los escuchaba mientras balbuceaban o mentían descaradamente y luego tranquilamente les informaba: «Bueno, no podemos usarlas».

No fui la única abogada que vio esas fotos, pero desafortunadamente muchos de ellos, en lugar de cuestionar la veracidad de la confesión que las acompañaba, intentarían que el sospechoso aceptara un acuerdo de reducción de sentencia. Si él o ella era un delincuente reincidente, pobre o ambos —que a menudo era el caso—, con frecuencia aceptaría el acuerdo y terminaría enmarañado en el sistema. Eso no quiere decir que quien se declara culpable a cambio de una sentencia reducida era verdaderamente inocente, muchos de ellos no lo eran, pero optar por un atajo legal sin hacer suficientes preguntas no me parecía correcto. Especialmente una confesión coaccionada. Un sospechoso desaliñado en una foto o un informe que sonaba demasiado perfecto, me activaba las antenas. Y al final se demostró que tenía razón.

Hay maneras de asegurarse de que se haga justicia sin recompensar las malas prácticas policíacas. Puse bajo aviso a los oficiales con los que trabajaba acerca de los comportamientos que no iba a aceptar ni tolerar. Me gustaría pensar que luego de lidiar conmigo se lo pensarían dos veces antes de maltratar a alguien bajo custodia, no necesariamente porque quedaran convencidos de que era incorrecto, sino al menos para no arriesgarse a que alguno de sus casos fuera descartado y no llegara al tribunal. Si mi firmeza evitaba que le pusieran las manos encima a alguien, íbamos por buen camino, aun si sus razones para controlarse fueran egoístas.

Esa es la importancia de ser parte del sistema; estar adentro significa conocer íntimamente cuán averiado está y te concede la ventaja para descifrar cómo se puede arreglar.

Esto me concierne porque algunos de esos hombres maltratados podrían haber sido mis primos Sean, Donnel, Ronnel, Jeff, Travis o mi tío Ed. Al igual que en muchas familias, existía apenas un grado de separación entre quienes, como yo, andábamos por buen camino, y otros que tenían roces con la ley.

Eso crea tensión en muchas familias, ya sean morenas, blancas, negras, ricas, pobres o de clase trabajadora. Sin embargo, esas divisiones intrafamiliares pueden ser más cargadas entre las personas de color, para quienes las oportunidades son más limitadas y el escrutinio es más severo. Aquellos que logran tener éxito, a menudo son presionados a regresar y levantar incluso a aquellos a quienes no les interesa. Y si no tienen cuidado, esos a quienes les ha ido bien pueden ver su éxito arrebatado y terminar perdiendo lo alcanzado.

* * *

El prestar atención y escuchar bien cada detalle marca la diferencia entre un buen abogado y un gran abogado. Hacerle caso a la intuición es particularmente crítico cuando se trabaja con víctimas de delitos sexuales.

Cuando trabajaba en la Unidad de Delitos Sexuales, surgió el caso de una adolescente de secundaria que supuestamente estaba involucrada en una relación sexual con el entrenador de fútbol americano de su escuela. Ella era una niña afroamericana de tan sólo catorce años y él un hombre de cuarenta. Ella no quería cooperar con la investigación, pero algunos de mis colegas, sabiendo que había logrado conectar exitosamente con la comunidad, pensaron que la niña pudiera estar más dispuesta a colaborar si me incluían, y me entregaron la investigación.

Cuando la conocí por primera vez, me impresionó su belleza y su porte. Se sentó en mi oficina en una silla entre su padre, que trabajaba para el departamento de bomberos, y su madre, asistente ejecutiva de un funcionario de la ciudad. Mientras su madre mantenía la mirada baja, las manos nerviosas en su regazo, el padre de la niña estaba visiblemente furioso. Comprendía por qué estaba molesto, aun así, su ira parecía exagerada de una manera inquietante.

La víctima dijo que todavía no quería cooperar. «No fue una violación», dijo casi en un susurro. Había lidiado con muchos casos perturbadores en esa unidad. Traté de que me mirara a los ojos. «Es posible que sientas que estás en una relación con él», dije suavemente, «pero eres demasiado joven para consentir bajo la ley, así que no es consensual».

Procedimos a presentar cargos. El entrenador fue arrestado y me preparé para el juicio. Pero el caso continuaba incomodándome, y no sólo porque un hombre de cuarenta años se había aprovechado de una adolescente, lo cual en sí es bastante horroroso. En las numerosas reuniones que tuve con la niña y su familia durante la preparación del caso, su padre repetía algo increíblemente extraño.

«Él necesita cultivar su propio patio. ¡Necesita cultivar su propio patio!». ¿Qué padre, hablando del abuso sexual de su hija, hablaría del abusador de esa manera?

La niña estaba muy apegada a un padrino que a veces la acompañaba a mi oficina durante las semanas previas al juicio. Finalmente convencí a la joven de que testificara, aunque continuaba reacia. Su padrino me agradeció lo que estaba haciendo por ella y me elogió, pues consideraba que estaba siendo compasiva y considerada. Luego, dijo, había algo más que quería que yo hiciera.

«Necesita profundizar en esto, porque están sucediendo muchas cosas de las que nadie está hablando». «¿Como qué?», pregunté. «Sólo indague un poco más», dijo. «Hay muchos secretos en esta familia. Muchos secretos».

Cuando por fin tuvimos nuestro día ante el tribunal, el entrenador fue condenado y recibió una sentencia bastante larga. Después, como hacía en todos mis casos, le pedí a la familia que viniera a verme para verificar cómo se sentían e informarles que, aunque el juicio había terminado, siempre podían venir a hablar conmigo sobre cualquier inquietud. Cuando llegaron, la tensión en la oficina era tan densa que casi no se podía respirar.

La madre, siempre inquietantemente callada, ahora parecía entumecida a tal grado que apenas se encontraba presente. La aversión que el padrino sentía por el padre de la niña estaba grabada en cada grieta de su amplio rostro. El padre, sin embargo, estaba casi delirante.

Tiró un puño al aire como si hubiera logrado el tiro ganador del torneo de baloncesto, en vez de haber sido testigo de cómo se enviaba a prisión a un hombre por tener sexo con su hija menor de edad. Me dio un abrazo, se sentó junto a su hija y luego colocó su mano sobre el muslo de ésta, tan arriba que casi le tocaba la entrepierna.

«Gracias por todas sus palabras tan amables», dije lentamente, mirándolo fijo. «Si le parece bien, ¿podría hablar a solas con su hija? Es algo que me gustaría hacer para asegurarme de que se encuentre bien después del proceso».

Los adultos se retiraron y esperé unos segundos después de que cerraron la puerta. En ese momento no sentí que tenía sentido darle vueltas a lo obvio. Ella me conocía. Yo la conocía. Y no nos quedaba mucho tiempo antes de que sus padres llamaran a la puerta, pidiendo volver a entrar. Le pregunté: «¿Cuánto tiempo lleva tu padre abusando de ti?». Ella no pudo contener sus lágrimas. «Desde que tengo memoria».

Presenté cargos el mes siguiente, esta vez contra el padre de la joven. En nuestra conversación inicial ese día en mi oficina, ella me dijo que estaba dispuesta a decir la verdad en el estrado sobre lo que su padre había hecho. Desafortunadamente, cuando finalmente fuimos a juicio, ella y su madre, que sabía sobre el abuso, cambiaron el discurso y dijeron que él no había hecho nada.

Pude rescatar el caso, porque la familia había acudido a terapia y algunos de los terribles detalles de lo que la niña había sufrido se revelaron en presencia de su padrino, quien participó en algunas de las sesiones. Su presencia allí anuló la confidencialidad estándar entre terapeuta y paciente, lo cual me permitió citar las notas y hacer referencia a ellas en el tribunal.

Al final, un jurado lo encontró culpable, pero recibió una sentencia relativamente corta. A veces obtienes algo de justicia, pero no tanta como te gustaría; y a veces te preguntas si de veras conseguiste justicia en absoluto.

Una vez, mientras estaba en la unidad de violencia doméstica, una mujer trajo fotos que mostraban su rostro magullado. El hombre que, según ella, cometió el abuso, era prominente en el ambiente social de Washington, D.C. Ella no buscó atención médica, razón por la cual no existía un registro médico para apoyar sus reclamos. Él se presentó acompañado de su abogado al interrogatorio, y todo culminó en que era su palabra contra la de ella. Según dijo, su acusadora era una «cazafortunas» que le había robado, que presentó demandas falsas para sacarle más dinero y que además se había comportado tan erráticamente que él se había visto obligado a solicitar una orden de restricción en su contra. La policía le creyó.

La violencia doméstica es un flagelo en nuestra sociedad y las mujeres son a menudo abusadas por los hombres que ellas creen las aman. Pero las imágenes de una cara golpeada no son prueba suficiente. Él argumentó que esas lesiones fueron autoinfligidas y que ella lo atacó y él tuvo que actuar en defensa propia. Como fiscal, me tocaba decidir si proceder con el caso o negarme a tomarlo. Esta fue una de las pocas veces en mi carrera en la que no podía decidir.

Le dije a la directora de la división que estaba confundida. Ella miró la evidencia y dijo lo que yo estaba pensando, pero no quería admitir. «No tenemos manera de probarlo».

Cuando los llamé a mi oficina por separado para informarles que no presentaríamos cargos, él y su abogado se chocaron la mano, mientras que ella salió de la oficina sollozando. Me sentí horrible, la había defraudado. Creía que él había cometido un delito, pero que no había pruebas suficientes para demostrarlo. Ese fue un mal día, pero no el peor.

Hubo otro día, otro caso, cuando el destino de un grupo de chicos negros estuvo en mis manos.

Una adolescente dijo que había estaba pasando el rato con un grupo de chicos en un apartamento abandonado cuando le dieron algo de beber y tuvieron sexo con ella sin su consentimiento. Todos tenían alrededor de dieciséis o diecisiete años y decidimos hacer lo que se conocía como un «U Ref'», lo que significa que bajábamos el cargo de un delito grave a un delito menor.

Aun así, en Washington, D.C., un delito sexual, incluso como delito menor, significa que te registran como delincuente sexual, lo cual implica la muerte de tu carrera y tu futuro. Una vez más, estos eran chicos negros, que ya tenían una gran cantidad de tachas en su contra únicamente por el color de su piel.

Los jóvenes acusados querían reunirse conmigo porque era muy conocida en la comunidad. Cuando sus padres llamaron para preguntar si podían venir a mi oficina, les dije que necesitaban ponerse en contacto con el abogado de oficio, obtener representación legal y luego comunicarse conmigo. Esa era la manera apropiada de proceder.

Cuando su abogado finalmente llamó, la historia de los muchachos sobre lo ocurrido era, por supuesto, muy diferente. Sí, se habían juntado para pasar el rato y beber, pero reclamaban que la chica había tenido sexo voluntariamente con cada uno de ellos, y que ahora, después de los hechos, ella decía que había sido una violación.

Reconocía que los detalles de lo sucedido eran turbios, que fue por lo que los acusamos de un delito menor en lugar de un delito más grave. «Si hacen un acuerdo de reducción de sentencia, a lo sumo estarán en la cárcel por un par de meses», dije. «Sí», acordó su abogado, «pero tendrán que registrarse como delincuentes sexuales».

Mis manos estaban atadas. No había nada que pudiera hacer sobre la ley de D.C. y sus requisitos. Era la palabra de ellos contra la de ella. Insistiendo en que no fue una violación, los jóvenes no aceptaron el acuerdo, y llevé el caso a juicio. El jurado no tardó mucho en deliberar. ¿El veredicto? Culpables.

Cuando se llevaron a los adolescentes, uno de ellos, un joven alto y guapo, se volteó para mirarme. Negó con la cabeza como diciéndome que me había equivocado.

Ese fue el peor día. Han pasado veinte años y la expresión de su rostro está grabada en mi memoria tan claramente como si lo estuviera viendo ahora, parado frente a mí. Me pregunto si el jurado tomó la decisión correcta o si hay algo diferente que pude haber hecho. Me pregunto si se hizo justicia.

Dadas las historias contradictorias que contaron los chicos y la chica, y la incertidumbre que sentía en lo más profundo, puedo decir que sentiría las mismas dudas, los mismos remordimientos de culpa, si los jóvenes acusados hubiesen sido morados; pero el hecho de que fueran jóvenes negros hace que el sentimiento sea más agudo, porque en virtud de su raza, sé que ya tenían todo lo demás en su contra. Esa es una de las partes más difíciles de ser fiscal, porque sabemos que se detienen, procesan y encarcelan personas de color en tasas que superan por creces las de sus homólogos blancos.

Cuando hablamos de la ley, hablamos de ganar y perder como si fueran resultados equivalentes, pero lo que se gana puede ser muchísimo más que lo que se pierde: liberar una cuadra de un joven que aterroriza a sus residentes o rescatar a una joven del comportamiento depredador de un padre abusivo. O la pérdida puede ser incalculable, reverberando a través de una vida mucho después de cumplida la sentencia, ocasionalmente robándole la libertad y el potencial a la persona equivocada.

Cuando la gente cuestiona por qué decidí ser fiscal, puedo decirles que durante mi turno, las ocasiones en que llevé casos en contra de personas de color fue porque sentí que tenían mérito y la evidencia para respaldarlos. Nunca se basaron en descripciones confusas, confesiones cuestionables o suposiciones posiblemente prejuiciadas.

A pesar de mis dudas sobre el caso relacionado a los jóvenes, y la mujer que acusó a su exnovio de abuso, me sentí mucho más segura acerca de los muchos otros casos que procesé. Sé que tomé decisiones justas y realmente creo que, si hubiese más fiscales de color, el sistema sería más justo porque aportamos nuestras experiencias de vida, nuestras perspectivas.

* * *

Todos esos crímenes, todos esos cuestionamientos, pueden llevarte a un lugar oscuro. Definitivamente llegas a ver lo peor de la humanidad, pero también lo mejor.

Hubo casos en contra de traficantes de drogas violentos que comenzaron gracias al valor de alguna abuela que puso en riego su seguridad para proteger a sus vecinos. Había activistas que, después de trabajar todo el día, servían de mentores a los jóvenes y me guiaban mientras aprendía los ritmos de su comunidad. Hay tantas personas que intentan hacer lo correcto, a pesar de que a menudo se exponen a grandes riesgos y ni siquiera se les reconoce.

A pesar de los desoladores crímenes que tuve que enfrentar, peor me sentía cuando llegaba a casa de un bufete corporativo donde lidiaba con imbéciles que ganaban montonales de dinero. En aquella época pensaba: «¿Qué estoy haciendo con mi talento? ¿Es esto lo que mis padres y mis abuelas, Miss López y sor Timothy visualizaron para mí? ¿Ayudar a los megaricos a quitarle más dinero a otras personas?». Eso no tenía sentido.

Buscar la justicia para los más vulnerables de nuestra sociedad, los niños, los ancianos, los que luchan cada día para lograr una vida mejor, es obra de Dios. No hay nada más importante que tratar de protegerlos. Y sea cual sea el resultado, formar parte de esa lucha significa que siempre estarás del lado correcto.

No hubiese podido abogar por la joven que fue maltratada si no hubiese estado adentro. No me hubiese podido ganar su confianza si no me hubiera mantenido en contacto con su comunidad. Todos los estereotipos y prejuicios que enfrentan las mujeres y las personas de color pueden ser obstáculos devastadores para navegar, pero fueron esos aspectos de mí misma, junto a la capacidad de verme reflejada en los ojos de las personas a quienes servía, lo que me ayudó a luchar en su nombre exitosamente.

No soy ingenua. Cuando participaba en la interrogación a fondo del jurado, interrogando a los hombres y mujeres seleccionados al azar que podrían deliberar sobre el destino de un conciudadano, no me hacía ilusiones de que mágicamente se despojarían de sus prejuicios antes de tomar asiento en un jurado. Y me he enfrentado a suficientes jueces como para comprender que no son objetivos automáticamente por el simple hecho de que han tomado un juramento y lleven una túnica negra. Pero con la vida de tantos hombres negros y de color en riesgo, sentí que era importante tener a alguien como yo sentada al lado de la fiscalía, alguien que veía no sólo un sospechoso, sino un alma; no sólo un delincuente, sino al hijo de alguien.

Puede que tengamos que poner muchos parches en el camino a las soluciones verdaderamente permanentes. Sabía entonces, y sé ahora, que una sola persona no puede transformar un sistema que ha sido metódicamente construido y manipulado durante generaciones. Sin embargo, puedo asumir la responsabilidad de aplicar parte de la grasa que el engranaje de la justicia necesita para comenzar a moverse un poco mejor. Sólo tenía que estar adentro.

CAPÍTULO SIETE

MATERNIDAD

Cuando tenía dieciséis años —más o menos la edad que tenían mis padres cuando primero se conocieron, quedaron embarazados y se casaron— mis padres se divorciaron.

A menudo, la gente dice que cuando sus padres se dejaron, tuvieron un presentimiento, vieron las señales, escucharon algo en la voz de su madre o en el silencio que se asomaba cuando la familia estaba junta. Pero para mí no hubo nada de eso.

Mis padres discutían. De mala manera. Recuerdo ver a papi salir con su amigo Butchie un viernes en la noche y no regresar hasta la mañana del domingo. Decían que habían estado en un retiro musulmán. Papi hasta tenía puesto un tocado, y sólo vestía un zapato. Mami le dio por la cabeza con una estatua africana que teníamos en la casa, dejándole un enorme tajo en la cabeza. Pero a los pocos días los escuché riéndose juntos de nuevo. Mientras tanto, mami tuvo graves episodios de depresión y alcoholismo, y hasta pasó una temporada en un centro de rehabilitación. Pero a las semanas de ella regresar, los había escuchado riendo junto de nuevo. Esta vez, sin embargo, la risa nunca regresó a nuestro apartamento.

Estaba en SUNY Binghampton cuando me enteré. No recuerdo que haya habido ninguna discusión grande. Mis padres no condujeron hasta el campus a sentarse conmigo y tomarme de la mano, o coordinar una sesión para los tres con un terapista como hacen algunas familias hoy día. Mami sencillamente me llamó y luego de hablar un poco sobre mis clases, y sobre lo que hacían la titi Inez y la titi Carmen, pausó y casualmente dijo:

—Sabes, estoy consiguiéndome un apartamento. Me voy.

No creo que papi lo quería, aunque nunca lo hemos realmente hablado. Definitivamente no podía hacer preguntas en aquel entonces. Aún con lo amorosos que eran mis padres, nuestra familia era de aquellas de «los niños hablan cuando las gallinas mean». Yo podía haber estado en la universidad, pero en sus ojos era aún una niña que no tenía que ofrecer mi punto de vista en los problemas de los adultos. Mi opinión no importaba y no me atrevía a ofrecerla. Debía lidiar con mis emociones por mi cuenta que eran difíciles de desenredar. Creo que estaba más conmocionada que molesta, pero si había una cosa cierta, era que odiaba la situación entera.

Nannie Virginia se había mudado a un lugar nuevo, un apartamento de sótano en un edificio chato de cinco pisos que estaba cruzando la calle del edificio donde había vivido desde que yo era bebé. Era la superintendente y básicamente conectó a la familia entera. Mi prima Maggie tenía un apartamento en el tercer piso, y Mijo, el hermano de Nannie, en el cuarto. Mami consiguió un apartamento en el primer piso, y también un estudio para mí, donde podía quedarme cuando regresaba a casa.

Creo que mami, apreciando su recién obtenida libertad, buscó un lugar propio porque quería mantener un espacio como suyo, pero también pienso que ella creía que hacía algo generoso para mí. Después de todo, yo estaba en la cúspide de la adultez, viviendo independientemente en Binghampton. Ahora, cuando viniera a Manhattan, tendría mi propio apartamento, pero aún estaría bajo el ojo atento de nuestra familia, con mi madre a unos pasos y Nannie Virginia justo debajo. Ella creía que era un gran arreglo, al igual que mis amigas.

Yo ya era la chica *cool* con el carro, carreteando al grupo en el Toyota Celica que papi me había obsequiado como regalo de graduación de escuela secundaria. Ahora mi factor *cool* se duplicó, capaz hasta se triplicó, porque también tenía mi propio lugar en la ciudad. Mi estudio se convirtió en una extensión de mi habitación en la universidad. Mis amigas y yo hacíamos el viaje desde Binghamton a Nueva York los fines de semana, sin tan siquiera pasar el trabajo de empacar. En su lugar, manteníamos ropa adicional en el apartamento para poder irnos de juerga. Nos cambiábamos rápidamente, y entonces nos dirigíamos a Tunnel, World, o un club *pop-up*. Mi amiga Kathy todavía dice que esos fueron los mejores años de su vida.

Yo, por otro lado, lo veo de una forma distinta. Por supuesto, la pasaba de maravillas con mis amigas, que se convirtieron aún más en mi familia cuando mis padres se dejaron, manteniéndome anclada cuando me sentía confundida y a la deriva. Pero no me gustaba ese apartamento. Abría el gabinete de la cocina y veía las cucarachas salir corriendo. Más allá de su apariencia, odiaba lo que representaba. En mi cabeza, mi hogar era aún nuestra casa en Stuyvesant Town donde vivía papi. Pero sin mami, las flores que colocaba en la sala, su voz y el olor de su perfume Chanel No. 5, no era lo mismo. Entonces, con mami y yo fuera de la casa, papi tomó un trabajo como consultor en Chicago, y casi no estaba en la casa. Mi familia se desmoronó.

Como una chica que a menudo había sido «la diferente», en mi viejo barrio, en la escuela y en las reuniones familiares, tener un lugar en el cual me podía sentir plenamente cómoda era especialmente importante para mí. Ahora, regresaba a un apartamento que no sentía mío. La unidad familiar que me había cobijado se había roto. Todo había cambiado. Me sentía sin amarras, y en muchas maneras he sentido que he estado sola desde aquel entonces, obligada a crecer demasiado rápido, a trazar la dirección de mi vida y mi carrera, y a hacer de tripas corazones con lo que no podía cambiar.

Mi familia extendida siempre había estado a una corta caminata o viaje en el tren, pero estar en el mismo edificio con Nannie Virginia cuando yo era básicamente una adulta era muy difícil. Ella me bombardeaba con su mal genio. Regresaba del club sólo para tener a mi abuela lanzándole platos a mis amigas mientras subían las escaleras, gritándoles en español que se largaran.

—¡Malcriada, sinvergüenza! —gritaba en español, siguiéndome a mi apartamento—. ¡Estás llegando con el sueño en la cara! ¡Me avergüenzas frente a toda la cuadra!

No estoy segura por qué le importaba lo que pasara por la cabeza de nuestros vecinos, quienes incluían a los miembros tatuados y racistas de Hell's Angels cuya sede estaba a unas puertas, en especial cuando personalmente los había visto darle una zarza a la gente sin ninguna razón. Y tampoco apreciaba a Nannie constantemente tomando el teléfono para llamar a mis tías Carmen e Inez y quejarse de mí. «No sé qué está pasando», decía con tono de desapruebo. «Llega con sus amigas a todas horas de la noche».

Eso no era lo peor de la vida en la calle Tres. También tenía silla de primera fila a la nueva vida de mami. Se consiguió un novio, uno con motora, nada más y nada menos. Así que tenía que lidiar con este hombre parado donde antes estaba papi, apareciéndose para visitar a mami, llevándola a una cita en la parte de atrás de su motora como si fuera una de mis compañeras de clase. Y entonces en algún punto se mudó allí. Alicia en el País de las Maravillas no me ganaba en nada. Sentía que había atravesado el espejo y caído en un mundo al revés.

Un sábado que estaba de regreso de Binghamton por el fin de semana, mami bajó por el pasillo a visitarme.

—Actúas como si no te gustara el apartamento —me dijo.

—¡No me gusta! —exclamé de sopetón. Era un raro momento en el cual había decidido lanzar a los cuatro vientos la filosofía de que los niños hablan cuando las gallinas mean, y expresar el dolor que sentía.

—¡Tienes tu propio apartamento en Manhattan! —dijo mami, confundida.

—No me gusta nada de esta situación —le dije, volviéndome hacia ella—. Sé que no me queda otra que lidiar con ello, pero no me pidas que actúe como si esto fuera una cosa buena y que debo estar de acuerdo. Y tampoco me gusta tu novio. Supongo que estás viviendo la vida de tus fantasías, pero no lo encuentro bien.

No recuerdo qué contestó mami. Estoy bastante segura de que hubo un silencio que ninguna de las dos sabía cómo abordar. Era tan raro en mí, hablarle de esa forma, y tan fuera de lo normal que estuviéramos en desacuerdo. Mis padres y yo siempre habíamos tenido una relación cercana. Pero durante mis años universitarios, en ese periodo tambaleante luego del divorcio, nos separamos.

También resentía a papi. No lo veía saliendo con nadie, pero no me permitía quedarme en nuestro apartamento en Stuyvesant Town sin él porque no quería que llevara muchachos, o a nadie más, sin un adulto mayor presente.

Siempre había sido estricto, pero pensaba que esto era terriblemente injusto. ¿Ellos se separan, y ahora yo no puedo estar en la casa en la cual me crie desde los ocho años porque no quería que yo —una estudiante universitaria que vivía en el campus— estuviera sola en casa? En un mundo en el que constantemente intentaba encontrar mi lugar, necesitaba la familiaridad de lo que había sido mi puerto seguro, estuviera él allí o no. Sentía que tanto él como mami estaban siendo egoístas.

Ahora que soy madre, por supuesto que entiendo los sentimientos de papi. Podía haberme metido en serios problemas estando

En el juramento con la exfiscal general de E.E. U.U., Wilma Lewis.

Recibiendo el Special Achievement Award Prosecuting
Sex Crimes de parte de la exfiscal Wilma Lewis

Paloma y Gabriel

Embarazada
de Gabriel

Reunión de exalumnas de la Dominican Academy

La boda de Sunny y Manny, agosto de 1998

Sunny y su madre, Rosa Beza, en el Bronx

Sunny con sus abuelas en su primera comunión

El apartamento de Nannie Virginia, la
primera vez que Manny la conoció

Sunny en el hospital con Gabriel
el día en que nació Paloma, 2006

Paloma con dos años

Gabriel con dos años

Sunny de bebé

Sunny, Jeff, Sean y Nannie Mary

Tío Ed, Tyvee y Sue Bell

Jeff y Sunny

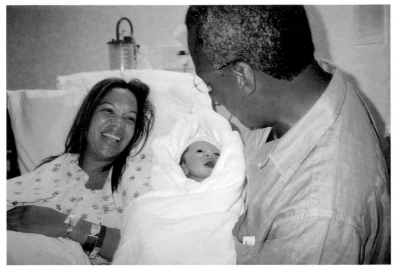

El padre de Sunny en el hospital con Gabriel en brazos, 2002

Nannie Virginia

La *baby shower* de Gabriel

La *baby shower* de Gabriel *(de izquierda a derecha)*: Karla Dee Clark, June Jefferies y Deborah Long-Doyle. June y Deborah son las amigas de la Oficina del Fiscal de los EE. UU. que donaron sus días para la baja por maternidad de Sunny y le convencieron de que se cambiara la falda por los pantalones para la entrevista.

La boda de Sunny y Manny,
agosto de 1998

Sunny y Manny durante
su primera cita

Las mujeres Romero

Al frente de la Oficina del Fiscal de los EE. UU. en Washington, D.C.

Casual day at the Court of Appeals

Sunny con Marshall, otro
empleado jurídico

Sunny y su mamá

La primera sonrisa de Gabriel

Mejores amigas: Sunny con Regina Jansen, Tamika Tremaglio y
Stephanie Rawlings-Blake

Sunny con Sonia Sotomayor, juez de la Corte
Suprema de Apelaciones de los EE. UU.

Sunny en la playa con Manny, Gabriel y Paloma en las Islas Turcas y Caicos

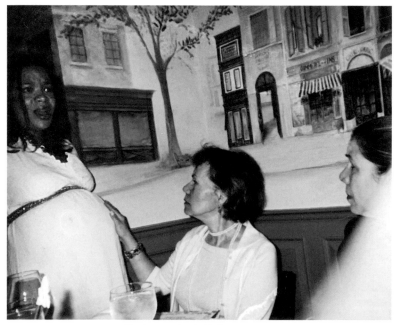

Embarazada de Paloma, 2006

Su madre y sus hermanas, Carmen e Inez

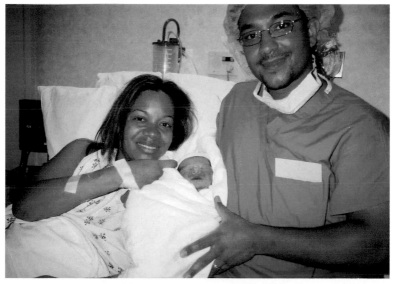

Sunny y Manny en el hospital después de que
Gabriel naciera el 15 de agosto de 2002

Paloma jugando al aire libre

Sunny y Paloma

Sunny es la coanfitriona colaboradora en *The View*
el viernes, 9 de mayo de 2014.
(De izquierda a derecha): Sunny, Barbara Walters, la invitada
Bette Midler, Sherri Shepherd y Whoopi Goldberg

Sunny y Barbara Walters

Sunny y Colin Kaepernick

Sunny reportando sobre los asesinatos ocurridos en Cheshire, Connecticut para CNN

Sunny con el productor ejecutivo de *The View*, Bill Geddie

sola en ese apartamento de Stuyvestant Town. Y más profundamente, la mujer de cincuenta años que soy hoy tiene una perspectiva completamente diferente de la decisión de mami de dejar a papi. Cuando yo tenía dieciséis años, mami tenía treinta y cuatro. Era aún una mujer joven, vivaz, finalmente pudiendo probar un poco de la vida que había sacrificado cuando me dio a luz a los dieciocho. Por primera vez experimentaba el tipo de libertad y diversión que yo podía tener cada día en la universidad y más allá.

Mis padres son dos de las personas más generosas que conozco. Vivieron vidas de sueños diferidos para que su única hija pudiera ser todo lo que soñaba. Quizá yo había sido la egoísta.

En ese momento, sólo podía ver cómo su divorcio afectaba mis cimientos de estabilidad, pero en retrospectiva veo las cosas de modo distinto, y puedo empatizar con el apuro de mami. En 1968 en nuestra familia, cuando resultabas embarazada a los diecisiete, el matrimonio era la única opción, independientemente de estar enamorada o no. Añádele a eso la confusión de formar una pareja interracial en los años sesenta y setenta, tener que dejar a tu marido e hija atrás para poder encontrar un apartamento decente, regresar a la universidad mientras trabajabas y criabas a una niña... debió ser abrumador. Y entonces levantas la mirada, y la hija, que probablemente era la pega manteniendo unida a la familia, se fue a la universidad. ¿Quién no querría salir, pasarla bien, finalmente tomar vuelo y tener suficiente espacio para verdaderamente descubrir quién quería ser?

Sumándole a eso, mami sufría de una depresión terrible sin

tratar y sin comprender. Se automedicaba con alcohol y luego se volvió adicta a las pastillas. No era fácil.

Hoy, que comprende y está bajo tratamiento para su depresión, mami dice que el divorcio fue el mayor error de su vida, que debió haberse quedado casada. Y para mí, esa sensación de estar perdida y desvinculada permanece fresca. Es la razón por la cual me ha dado tanto trabajo vender la casa en la cual vivo a pesar de que ya no necesitamos tanto espacio y está demasiado lejos de donde trabajo, donde socializo, del corazón de las cosas. Pero esta casa grande y elegante donde mis hijos dieron sus primeros pasos, dijeron sus primeras palabras y esperaron a que Santa Claus bajara por la chimenea, es familiar, y nunca más quiero volver a sentirme a la deriva. Luego del divorcio de mis padres supe que cuando me casara, estaría determinada a permanecer en esa unión. Y que cuando tuviera una familia propia, no podía imaginar lo que tendría que suceder para considerar romperla.

Aun así, a unos años de haber terminado la escuela de Derecho, todavía no estaba lista para asentarme.

* * *

Cuando primero me mudé a Baltimore para ser asistente legal del Juez Bell, me mantenía ocupada redactando los informes legales que usaría para ayudar a moldear las leyes estatales. Pero me aseguré de que también tenía suficiente tiempo para disfrutar, pasear por Inner Harbor, ponerme un babero y quebrar patas de cangrejo salpicadas de sazón Old Bay, y hacer el viaje de cuarenta minutos a Washington, D.C., los sábados para ver las salas interminables de los museos Smithsonian.

También salía. Mucho. Mis novios incluían el hijo de un antiguo senador estatal y varios abogados. Uno de mis novios era músico, e iba a escucharlo tocar antes de que fuéramos a comer un tentempié nocturno. También estaba el muchacho que realmente me enloquecía. Inicialmente planificaba ser doctor, y entonces hizo un viraje abrupto en su camino hacia el prestigio profesional para convertirse, en vez, en doble de películas. Mami solía decir que era tan bello que tenía cara de ángel, y yo estaba locamente enamorada. Luego sí llegó a convertirse en un doble exitoso en Hollywood, pero para el tiempo en que salíamos, sentía que le faltaba dirección. Saltar de ventanas y carros en vías de chocar para asegurarse que las estrellas de cine se mantuvieran bonitas no me parecía conducente a crear un ambiente estable para una familia. Y yo necesitaba eso.

Conocí a tantos muchachos así, amables, guapos, pero sin estabilidad en su carrera. O, si bien eran profesionales exitosos, la química no encajaba del todo. Más específicamente, dejaban demasiadas casillas sin marcar en mi muy bien pensada y extensa lista para mi futuro esposo.

Lo principal para mí era la inteligencia. Me había ido bien en la universidad y me esforzaba por mantenerme al tanto de lo que sucedía en el mundo, así que verdaderamente quería a alguien que también fuera inteligente y curioso intelectualmente. No me importa cuán mono sea un chico, al final del día debemos poder tener una conversación. Podía conocer a alguien que fuera generoso, interesante, gracioso, y luego, dado que era el momento antes del correo electrónico, me escribía una carta llena de errores tipográficos o gramaticales cuando estaba de vacaciones, me volvía loca. No podía enfocarme en lo que intentaba decirme por todos los errores que quería corregir con un marcador negro de felpa.

También quería que mi pareja fuera católica. Es quizá un poco raro, dado que nunca fui rígida con la religión, predicando o intentando imponerle mi fe a los demás. Pero me importaba mucho que mi esposo compartiera la misma fe.

Tal vez sea porque cuando estaba creciendo, papi intentó muchas religiones diferentes. Un minuto era cristiano evangélico, presentándose a una iglesia pentecostal de escaparate donde se hablaba en lenguas, y a las pocas semanas estaría inmerso en un templo budista, recitando cánticos frente a un altar en la casa. Mami, por su parte, había ido a la misma iglesia, Nativity, toda su vida. Como papi se la pasaba experimentando, era rara la vez que rendíamos culto juntos como familia. Yo iba a la misa sola con mami, y eso nunca me pareció bien. Una vez mis padres se divorciaron, creo que a veces me pregunté si habiendo compartido las mismas prácticas religiosas, quizá esos rituales podrían haber mantenido unida a nuestra familia. Probablemente no lo habrían hecho, pero sentía que cualquier cosa pequeña que podría fortalecer un matrimonio e impedir su desintegración valía la pena perseguirla, así que sentí que compartir una conexión espiritual con el que sería mi esposo no podría hacer daño.

Mi lista no paraba ahí. Debía ser leal. Quería a alguien con una profesión seria que pudiera proveer estabilidad financiera. Y quería que hablara español, o que fuera bilingüe, cualquiera que fuera su segunda lengua. Cuando comencé a viajar, siempre me pareció ridículo que Estados Unidos sea, en términos prácticos, el único país del mundo en el cual la gente piensa que hablar un solo idioma está bien, mientras que virtualmente en todos los demás lugares, la gente puede comunicarse de múltiples maneras. Romanticé la idea de criar a los niños con un viajero mundial multilingüe, en una casa desbordada de cultura.

Ah, y debía medir más de seis pies. Tenía que serlo. Yo medía cinco seis, más alta que la chica promedio, y quería a alguien que me obligara a ponerme de puntillas para besarlo.

De más está decir que encontrar a alguien que cumpliera con mis extensos criterios no era fácil, y luego de un tiempo me frustré de conocer hombres, pasarla bien por un rato corto y luego darme cuenta de que éste definitivamente no era mi hombre para toda la vida. Quería hijos. No quería estar aun saliendo cuando estuviera a punto de retirarme, y mami estaba aterrorizada de nunca ser abuela.

—¿Sabes cuál es tu problema? —me dijo mami luego de escuchar una vez más que no tenía un novio fijo. No vas a la iglesia lo suficiente.

No sé qué consejos y consuelo buscaba yo. Pero eso no era.

—Sí, justo ese es mi problema —contesté con la voz áspera de sarcasmo—. Voy a conocer al hombre de mis sueños en la iglesia.

—No iba mucho a la iglesia, pero las últimas veces que lo había hecho, podía contar con los dedos de las manos la cantidad de hombres presentes, incluyendo al cura. Y si los feligreses varones no estaban ya casados, me llevaban muchísima edad.

—¿Tienes una iglesia? Has estado en Baltimore casi un año y no tienes una iglesia regular —continuó mami, acusatoria.

—Sí, sí, mami —le dije, loca por zafarme de la llamada—. Tengo que encontrar una iglesia. Eso resolverá todos mis problemas.

Aunque mi vida amorosa estaba lejos de ser satisfactoria, tenía mucho con qué ocuparme. Corría cuando estaba en la universidad, y lo había retomado una vez me mudé a Maryland. Estaba entrando a las carreras 5K como preparación para un maratón cercano en el cual quería competir.

Una mañana, luego de correr unas cuantas millas, estaba casi por llegar a casa. La iglesia St. Phillip y James, un vistoso santuario a cuadra y media de mi apartamento en la calle Charles, estaba a mi derecha.

Le había pasado por al lado a St. Philips muchas veces caminando, pero nunca había entrado, y en definitiva, ese día no estaba vestida como para asistir al culto. Mi pelo estaba recogido en una cola de caballo, y las sudaderas que tenía puestas hacían honor a su nombre. Pero la vena traviesa que me había metido en problemas tan a menudo en St. Anselm y Dominican aún era parte de mí. Como mami pensaba que encontraría a mi alma gemela una vez volviera a entrar a la iglesia, se me ocurrió entrar y luego llamarla para decirle que había seguido su consejo y, de hecho, encontrado al hombre de mis sueños. ¡Ajá!

Era la misa del mediodía y encontré un espacio en el último

banco. «Qué chistoso», pensé. La iglesia estaba llena de gente de mi edad. No me lo esperaba, aunque luego me percaté que debían ser estudiantes de Johns Hopkins, que estaba prácticamente al lado.

Llevaba allí unos cinco minutos cuando me di la vuelta. Y entró caminando Emmanuel «Manny» Hostin.

Era hermoso, vestía un traje bellísimamente entallado y sus rizos oscuros enmarcaban unos ojos intensos. Estaba con un amigo, y ambos se sentaron en un banco unas cuantas filas más adelante. Desde ese instante, no me enfoqué en el Credo Niceno o el rito penitencial. Capaz tarareé despistadamente con el coro, pero no escuché ni una palabra de lo que cantó el solista. Lo único que me pasaba por la cabeza era cómo podía conocer a este hombre. No podía ir a recibir la comunión vestida como estaba. Me veía ridícula. Tendría que sentarme y esperar. Mis ojos seguían cada movida suya.

Cuando se acabó el culto y Manny y su amigo se levantaron para irse, los seguí afuera. Entró a Sam's, una tienda de *bagels* a la vuelta de la esquina. Me coloqué en la fila, justo detrás suyo.

—Hola —dije alegremente—. ¿Cómo estás?

—Hola —dijo Manny. Sus ojos no exactamente se iluminaron—.

—¿No fue una misa encantadora? —regresé a mi encomienda.

Se mostró un poco sorprendido.

—¿Quieres decir en St. Phillip y James?

—¡Sí! ¿No fue una homilía esclarecedora?

Me miró de arriba abajo, desde la goma que me amarraba la cola de caballo, a mis medias atléticas y tenis.

—¿Fuiste a la iglesia vestida así?

Conociendo a Manny tan bien como lo hago ahora, sé que, para él, rozaba la blasfemia ir a la iglesia vestida con mahones, y mucho menos ropa deportiva. Pero ignoré la indirecta. Había llegado demasiado lejos para amedrentarme. Le expliqué que estaba entrenando para un maratón.

—Ah —añadió—. Solía correr cuando estaba en la universidad. —Cuando le pregunté dónde había estudiado, me dijo que Johns Hopkins, así que pensé que debía ser de Baltimore. Pero me dijo que no, que era de Nueva York.

¿Nueva York? Además de ser mi ciudad natal a la cual eventualmente quería mudarme de regreso, las raíces neoyorquinas eran también una señal de que era un hombre cosmopolita. Mi lista comenzó a desenrollarse en mi cabeza.

¿Qué estudiaba él?

—Estoy en la facultad de Medicina.

¡Cumple!

¿Cuál sería su especialidad? Iba a ser cirujano ortopédico.

¡Cumple!¡Cumple!

Tenía un dejo del Oriente Medio.

—¿Eres originalmente de Nueva York? —le pregunté casualmente. No, respondió. Había nacido en España de padre haitiano y madre española.

—¿Hablas español? —pregunté, con el corazón comenzando a latir tan rápido que sentí que podía saltarme fuera de mi pecho.

—Seguro que sí —me dijo.

«Ay Dios mío», me dije a mí misma. «¡Mami me dice que vaya

a la iglesia y este hombre literalmente tiene todo lo que quiero!»,
La broma fue para mí, no para mami. Y no me importaba ni un
poquito.

Llegamos al mostrador y Manny se viró a pedir su *bagel* de
ajonjolí. Había contestado mis veinte preguntas, pero era obvio
que no le interesaba. Su amigo, por otro lado, que era mucho más
hablador y simpático, mencionó que a él y a Manny les gustaba
hacer fiestas. Cuando me ofreció su número de teléfono, lo tomé.

Olvídate del *jogging*. Corrí a toda velocidad a mi edificio, subí a
salto las escaleras y llamé a mi amiga Lisa.

—¡Lisa! —le grité al teléfono—. Acabo de conocer al hombre
con quien me voy a casar. Pero aún no lo sabe.

Ella sabía de mi lista y estaba tan emocionada como yo.

—¿Habla español? —preguntó Lisa.

—¡Sí!

—¿A qué se dedica?

—Estudia medicina en Johns Hopkins. ¡Va a ser un cirujano
ortopédico! —grité.

—¿Mide más de seis pies? —me preguntó, su voz subiendo una
octava.

—Eeehhhh…

La verdad es que mi futuro esposo era bajito y yo ni me había
dado cuenta. Se veía tan alto al caminar. Pero ahora que lo pienso,
era tan bajito que podía mirarlo directamente a los ojos y tendría
que bajar yo la cabeza al besarlo cuando me pusiera tacones. Le
dije a Lisa:

—Creo que es de mí misma altura.

Por aquellas cosas del destino, me encontré con el amigo de Manny en una fiesta una o dos semanas después, y esta vez no estaba cubierta en sudor o vestida de sudadera. Mi pelo estaba sumamente largo para aquella época, mucho más allá de mis hombros, y lo llevaba suelto. Mi sombreador y lápiz labial estaban justo como debían, y tenía puestas mis pantallas y un lindo vestidito ajustado color vino. Él me vio primero, y fue a donde yo estaba parada. Manny y él iban a tener una de aquellas fiestas que me había contado cuando primero nos conocimos. Me dijo que debería pasar.

Manny luego me contó que su compañero de piso había llegado esa noche y le había dicho que se encontró con la chica de la tienda de *bagels*, y que estaba bien buena.

—¿Cuál chica? ¿La de la sudadera de poliéster? —preguntó Manny desdeñosamente. En realidad, no era de poliéster. Era de algodón y llevaba el nombre de mi sororidad. Pero estos detalles le importaban poco a Manny, quien siempre llevaba traje y corbata a la misa.

—No te creo.

—No, hombre. ¡Ella es bella! Confía en mí, pana.

Cuando llegué a su apartamento a los pocos días, Manny abrió la puerta. No me reconoció, pero le dije que era un placer verlo de nuevo. Cuando me preguntó si nos habíamos conocido antes, le dije que sí, nos habíamos conocido en la iglesia. Es, todavía, un chiste interno. Él le decía a la gente que nos conocimos en una tienda de *bagels*, pero yo le dejaba saber a él y a todos los demás que fue en la iglesia. Ahí fue donde ocurrió la conexión. Tan sólo fue que él no me vio.

De hecho, Manny tenía una novia en ese momento, pero rompió con ella al poco tiempo de la fiesta. Dos años más tarde, nos casamos, y me convertí en Asunción Cummings Hostin.

Tuvimos una boda gigante en la misma mansión donde luego Will Smith se casaría con Jada Pinkett. Había una barra de martinis, bastante común en las ceremonias hoy en día pero una novedad para aquella época, con letreros adorables y cursi que decían cosas que nos inventamos, tipo «Tome dos, ¡pero no llame al Dr. Hostin en la mañana!». Y tuvimos una banda de salsa, luego un DJ para hacerle *remix* a viejos éxitos de New Edition y el Notorious B.I.G. más tarde en la noche.

Fue una de las pocas veces en mi vida en que aquellos que poblaban todo mis múltiples mundos estaban juntos en un mismo sitio. Nannie Mary y Nannie Virginia, titi Carmen, el tío Joey, mis primos Jeffrey y Sean festejaban junto al Juez Bell, Jim Gillece, Dando y muchos otros de mis compañeros fiscales del Departamento de Justicia. Lisa, mi compañera asistente jurídico que primero había escuchado mi predicción de que había encontrado a mi media naranja, dio un brindis, junto con Kathy, Regina, Tamika, Stephanie y mi pandilla. Gente cuyos caminos quizá nunca se habrían cruzado más allá de las puertas de la mansión estaban pasándola excelente, hablando, celebrando, y honestamente picándonos con esos martinis, todos juntos.

La recepción empezó al mediodía y debía terminar a eso de las tres, pero cuando la banda empezó a empacar, papi, eufórico y alborotado tanto de pura alegría como por los cócteles y el champán, corrió a preguntarme cuánto costaría que la fiesta siguiera durante un par de horas más.

—Probablemente un montón —contesté, emocionada pero exhausta.

—¡Hecho! —dijo papi, girando y regresando a la pista de baile. Al día siguiente, cuando hablé con él de nuevo, le recordé que se había ofrecido a invertir más en una boda que ya de por sí había sido bastante cara. Pausó un segundo, y luego dijo—: Eres mi única hija. ¡Para ti, sólo lo mejor! Además, uno sólo se casa una vez.

Tenía razón sobre eso. Y la pasamos de maravilla.

* * *

Manny y yo llevábamos alrededor de dos años casados cuando empezamos a hablar sobre tener una familia. Las revistas *Time* y *Newsweek* parecían tener un artículo distinto en cada edición de un mes sí un mes no advirtiendo que una vez cumplías los treinta y cinco, tus ovarios daban un giro y se tornaba más y más difícil concebir. Tenía treinta y tres años y soñaba con tener tres, quizás cuatro hijos, así que empezamos a tratar. Pero nada sucedía.

Es una de las muchas ironías de la vida. Te preocupas de que vas a quedar embarazada antes de estar lista, una letanía que en definitiva se había repetido en mi cabeza, dado que mis padres habían sido adolescentes cuando nací, pero ahora que estaba lista y ansiosa por tener hijos, resultaba ser una lucha. Nunca usamos anticonceptivos durante nuestro matrimonio, pero no quedaba embarazada.

Mi doctor de cabecera me envió a un especialista de fertilidad, un médico increíble llamado Fary Sharara, y descubrimos que tenía fibromas, tumores uterinos benignos que son particularmente comunes en las mujeres de color. El Dr. Sharara me dijo que tenía varios, de diversos tamaños, algunos tan grandes que mi útero se había estirado hasta alcanzar el tamaño de una mujer con cinco meses de embarazo.

Por sí solos, los fibromas no eran suficiente para impedirme gestar un bebé. Pero cuando el Dr. Sharara le hizo pruebas a Manny, descubrimos que su esperma era tan hiperactiva, que literalmente se noqueaban unos a otros. Era un doble revés que iba a hacer muy difícil el poder concebir. El Dr. Sharara me dijo que debía considerar una operación, una miomectomía, para remover los fibromas.

Estaba aterrorizada. Nunca había pasado por una cirugía, ni para sacarme el apéndice, ni quitarme las amígdalas, ni para arreglar un hueso roto. Y le tengo mucha aversión al riesgo. Aunque he viajado mucho, usualmente estoy ansiosa por llegar a mi destino porque no me gusta volar. Felizmente me lanzo en un *go-kart* en un parque de diversiones, pero no en una montaña rusa. Y como no me gusta ahuyentar las pesadillas al dormir, evito las películas de terror.

Así que la idea de ser llevada a una sala de operaciones me sumía en un pánico profundo. Intentamos un procedimiento que involucraba «lavar» la esperma de Manny, para hacer a los espermatozoides desacelerar y aumentar mis posibilidades de quedar embarazada. Dio resultados dos veces. Pero mi útero estaba tan deforme por los fibromas que perdí ambos embarazos. No había opción. Debía someterme a la cirugía.

El día que me administraron la anestesia y me prepararon para la operación, me eché a llorar. De camino a la sala de operaciones, hasta le pregunté al Dr. Sharara si iba a morir. Tenía miedo de irme a dormir y nunca despertar. Pero tenía tanto anhelo de tener un bebé, que valía la pena hacer el intento. Valía cualquier cosa. Valía todo.

El Dr. Sharara luego me dijo que fue una de las cirugías más difíciles que había hecho jamás. Tenía veintiséis fibromas, la mayor cantidad que había tenido que remover. Les tomó una foto que aún conservo.

Aunque la cirugía fue exitosa, aún era probable que mi embarazo sería de alto riesgo dada la condición de mi útero. Por un tiempo breve, Manny y yo consideramos usar una madre sustituta. Años más tarde, hablé sobre la subrogación con la actriz Gabrielle Union en *The View*, porque ella y su marido, el baloncestista Dwyane Wade tomaron esa ruta para tener a su hija. Pero ni Manny ni yo nos sentíamos muy cómodos con la idea. Yo verdaderamente quería intentar tener yo misma mi bebé si había alguna manera de hacerlo.

Decidimos intentar la fertilización in vitro. Tenía un plan médico bastante bueno por mi trabajo en el Departamento de Justicia, lo suficiente como para poder cubrir uno, o quizá dos ciclos. Cada uno costaría $30.000.

No había manera de anticipar el vórtice emocional en el cual habríamos de adentrarnos. Cada ciclo toma semanas. Me inyec-

taba con medicamentos como Lupron, para producir más óvulos
que el único que desarrollamos las mujeres en un típico ciclo natural. Mis médicos verificaban repetidas veces mi sangre para ver
cómo se desarrollaban los óvulos, y entonces antes de ovular, debía
someterme a un procedimiento quirúrgico para recuperarlos.

Luego los óvulos se colocaban en una placa con la esperma de
Manny. Si el óvulo resultaba fertilizado, se desarrollaría un embrión, y éste se colocaría en mi útero. Nuevamente habría más
seguimiento mientras los especialistas de fertilidad verificaban la
cantidad de gonadotropina coriónica humana en mi sangre, para
determinar si, de hecho, había quedado embarazada.

Tu ansiedad crece con cada paso, pero así también la esperanza. Y entonces, si llega el día en que tus niveles hormonales
disminuyen, indicando que el embrión no se adhirió al útero o no
sobrevivió después de todo, el ciclo vuelve a empezar de nuevo.

Quedé embarazada en la primera ronda. Y entonces perdí el
embarazo.

Los padres de Manny, mami y papi, todas mis amigas, habían
estado emocionadísimos. Y luego tuve que decirles a todos que el
embarazo había terminado, así, tal cual. Para alguien que odia las
montañas rusas, me encontraba emocionalmente en la más alta,
empinada y más terrorífica que había enfrentado jamás.

Cuando el seguro dejó de pagar por los tratamientos, Manny y
yo empezamos a pagarlos por nuestra cuenta. Teníamos ahorros,
y habíamos comprado una casa en Baltimore. Sacamos una línea
de crédito sobre el valor acumulado en la vivienda, para ayudar a
cubrir los gastos.

Pasé por otro ciclo, y nuevamente descubrimos que íbamos a tener un bebé. Pero hubo un aborto natural tras otro. Incluyendo los dos que había tenido antes del procedimiento in vitro, ahora había abortado ya cinco veces. Podía quedar embarazada pero no llegar remotamente cerca de un embarazo a término. Podía durar tres semanas o un mes. Una vez llegué a las seis semanas. Pero sin importar cuán corto o largo era el embarazo, siempre era devastador cuando terminaba, por todo lo que habíamos hecho para llegar a ese punto, y todas las esperanzas a las cuales nos habíamos aferrado, creyendo que esta vez resultaría.

Las hormonas contenidas en las inyecciones que debía hacerme me volvían loca, como si experimentara los altibajos del síndrome premenstrual multiplicados por diez. Y estaba inyectándome, visitando al doctor regularmente y lidiando con un aborto natural tras otro, todo mientras aún trabajaba a tiempo completo como fiscal federal. Manny estaba en las etapas tempranas de una beca de investigación en la Universidad de Pensilvania en Filadelfia, viajando a casa los fines de semana, y nuestro matrimonio aún era joven. Fue un capítulo increíblemente difícil en nuestras vidas.

No compartí lo que estaba haciendo con muchas personas fuera de nuestro círculo inmediato de familia y amistades cercanas, pero mi agotamiento y mal humor eran evidentes para cualquiera que quisiera percatarse. La mayoría fue amable, pero hubo una excepción notable, una jefa adjunta en la Oficina del Fiscal de los Estados Unidos. Era otra mujer afroamericana que inicialmente había asumido que sería una aliada, dado que ambas éramos mujeres afroamericanas trabajando en un campo competitivo de mucha presión. Pero nunca le caí bien. Siempre me pedía que la mantuviera actualizada en lo que estaba trabajando, como si fuera una aprendiz que estaba constantemente holgazaneando en vez de ser una colega que se quedaría despierta toda la noche preparándose para un juicio, de ser necesario.

Me arrastraba de la cama cuando sonaba mi alarma a las seis de la mañana. Aún sin tener que describirles el extenuante proceso médico que estaba atravesando, los detectives con quienes trabajaba eran compasivos cuando les decía que llegar a la oficina a las siete y media para repasar un caso me estaba pasando la factura. Acordaron encontrarse conmigo en el tribunal a las ocho y cuarenta de la mañana para un breve repaso antes de dirigirnos a la corte.

También era popular con los guardias de seguridad del tribunal y ellos hicieron otras concesiones, como dejarme estacionar frente al edificio en vez de tener que usar mi espacio usual a unas pocas cuadras, y luego apresurarme, con el maletín de cuero repleto de archivos e informes, para llegar a tiempo ante un juez.

Pero mi jefa adjunta no me las dejaba pasar. Ni una. Mi asistente administrativa me dijo que verificaba mi asistencia en la oficina todas las mañanas. Me di cuenta de que constantemente le pedía información a mi asistente legal sobre lo que hacía con mis casos. También le preguntaba a los agentes y detectives sobre mi preparación de los casos. Y entonces quería que le diera un informe de estatus semanal sobre mis casos. No le pedía esto a los otros fiscales. Llegó el día en que no pude más.

Me había quitado los tacones, puesto los pies en mi escritorio, y estaba leyendo el *Washington Post* cuando entró. No creo que ni tocara la puerta.

—Me gustaría hablar contigo —me dijo.

—Okay —seguí leyendo. Mis pies no se movieron. Mis tacones Stuart Weitzman permanecieron posados junto al contenedor de basura.

—Dije —su voz subiendo de decibeles—: Necesito hablar contigo.

La miré por encima del periódico.

—Cuando. Esté. Lista.

Y entonces lo solté todo.

—¡No aprecio que me trates como una aprendiz cuando tengo una de las mejores trayectorias en la unidad de juicios! No está bien, y estoy empezando a pensar que es mezquino y personal. ¡Esto me tiene harta!

No tengo tiempo para tonterías, pero siempre soy profesional. Puedo cortarte y no lo sabrías hasta que llegues a tu casa horas después, estés tomándote una copa de vino y pensando en tu día, y de repente te das cuenta de que estás sangrando. Pero luego de todas esas visitas al doctor, todas esas esperanzas de pensar que cobijaba un bebé en mi vientre para descubrir, una mañana tras otra, que no lo hacía, me empujaron sobre el precipicio. No podía aguantarme. El sur del Bronx se abalanzó desde la esquina, estalló y la abofeteó metafóricamente.

Se fue, furiosa. Y entonces me hizo una amonestación escrita, recomendando una reprimenda formal por insubordinación y rendir trabajo de calidad inferior.

Cuando la jefa de la unidad me llamó para averiguar qué sucedía, finalmente tuve que contarle de la FIV a alguien más allá de mi círculo íntimo de familiares y amigos. Le expliqué que estaba intentando quedar embarazada, tomando hormonas que hacían que mis emociones se mecieran como un subibaja, y que sentía que la jefa adjunta la tenía contra mí de una forma que me parecía innecesaria. Lo que había antes tolerado ahora se sentía intolerable.

Nuestra jefa de unidad hizo que cambiara la queja para decir que yo había actuado fuera de carácter por estar lidiando con un asunto médico, y así el incidente nunca escaló a un castigo más formal. Pero toda la situación dolió, particularmente porque de todas las personas, era otra mujer negra que quería poner algo en mi archivo que me pudo haber seguido durante el resto de mi carrera.

No debí haber arremetido contra ella. Debí haberle respondido a su pedido de hablar conmigo justo cuando me lo hizo. Aun así, sentí que tenía un patrón de comportamiento conmigo que rozaba en la hostilidad. Trabajé duro, intenté ser cortés, y no hizo ninguna diferencia.

Puede que resintiera mi popularidad con los detectives y otros en la oficina, aunque eso no era razón para maltratarme. Nuestros trabajos eran lo suficientemente difíciles, y aunque sea absurdo pensar que todas las personas negras en el mundo van a ser amigas, sí creo que deberíamos mostrar alguna solidaridad o al menos no perjudicarnos los unos a los otros, dado todos los retos que enfrentamos.

* * *

Mi cuerpo había pasado por mucho. La cirugía de los fibromas me había dejado el útero lleno de tejido cicatricial. Y luego de ronda tras ronda de tratamientos, y tantos abortos, ya no quería decirle a nadie cuando quedaba embarazada. Las miradas tristes que rápidamente intentaban borrar, y sus frases apresuradas para tratar de alegrarme, sólo hacían más dolorosa la desilusión.

Finalmente, luego de lo que se sintió como el enésimo ciclo, teníamos seis embriones. Usualmente, a una mujer se le implantan uno o dos como mucho. Pero el Dr. Sharara dijo que quería poner los seis para aumentar la posibilidad de que pudiera traer por lo menos uno a término.

Eso me parecía una locura. Y si me embarazaba con trillizos, pensaba, ¿cómo podía mi frágil útero aguantar eso? Y aunque algunas mujeres pudieran haber elegido la «reducción selectiva», seleccionado el número de embriones una vez estaban en el útero, eso no era una opción para mí ni para Manny. Éramos católicos y eso sería semejante al aborto voluntario, violando nuestras creencias religiosas. Así que si todos los embriones eran viables, podíamos terminar con varios bebés a la vez. De acuerdo a esos mismos principios religiosos, si mi vida peligraba tendríamos que salvar a los bebés, no importa qué. Anticipar todo lo que podía pasar, todo lo que podía ir mal, era atroz.

Aún con todos los embriones, estaba lejos de ser algo seguro el que uno o dos sobrevivirían una vez fueran implantados. El Dr. Sharara decía que debíamos tener esperanza de que por lo menos uno sería lo suficientemente fuerte para encontrar un lugar para adherirse en mi útero y crecer sano.

Nuestro dinero se había acabado, y quizá también el tiempo. Manny y yo decidimos intentarlo. Pero no le dijimos a nadie, ni tan siquiera a nuestros padres. Las probabilidades de éxito eran escasas. Las probabilidades estaban en contra nuestra.

Cuando regresé para una visita de seguimiento, la hormona del embarazo estaba muy alta, lo cual suele ser el caso cuando hay más de un embrión. Pero dentro de dos semanas se hizo claro que sólo había sobrevivido uno. El bebé había encontrado un sitio para crecer. Fue nuestro primer milagro.

Mi esperanza empezó a crecer, como el bebé dentro de mí. Después de seis semanas, le pregunté al Dr. Sharara si finalmente ya era seguro decirle a la gente.

—¿Está sucediendo? —le pregunté tentativamente.

—Está sucediendo de veras —me tranquilizó.

Le dijimos la verdad a nuestros familiares y amigos más cercanos. Lo que era más maravilloso aún era que Kathy, Regina y Tamika, mis tres mejores amigas, estaban embarazadas al mismo tiempo. Íbamos a poder comprar ropa de bebé, decorar los cuartos de nuestros bebés y trazar nuestros antojos juntas.

A pesar de la operación de los fibromas, estaba bastante saludable en términos generales. Sólo tenía treinta y tres años y el corazón de mi bebé era fuerte. Mis doctores se maravillaban de cómo, de seis embriones, uno lo había logrado, negando la necesidad de sopesar cómo podría cuidar a varios bebés a la vez. Estos eran todos buenos signos, decían, así que no había necesidad para estar nerviosos.

Todavía iba todos los días al tribunal, cargando mi pesado

maletín de litigante, mientras Manny completaba su beca en Filadelfia. También planificábamos mudarnos de regreso a Nueva York eventualmente, para estar más cerca de nuestras familias cuando naciera el bebé. Vendimos nuestra casa y encontramos un apartamento cómodo donde podíamos quedarnos hasta mudarnos al norte. Ocasionalmente, los fines de semana, conducía o tomaba el tren a Westchester County para mirar casas. Era a una hora de Manhattan, pero lo suficientemente lejos para que nuestro presupuesto rindiera más, permitiéndonos obtener una casa más grande con tal vez un poco de terreno. Pero yo hacía demasiado.

Al pasar los tres meses, cuando el periodo considerado más riesgoso en un embarazo usualmente se considera superado, comencé a decirle a la gente en el trabajo que Manny y yo estábamos esperando un bebé. En mi cabeza, estaba preparándome para dejar la Oficina del Fiscal de los Estados Unidos en Washington, D.C., para posiblemente transferirme a su contraparte en el distrito sur de Nueva York. Había hecho buenos amigos en Maryland y Virginia, y aprendí muchísimo durante mi tiempo trabajando allí, pero no podía esperar a mudarme de regreso a casa.

Cuando regresé a Maryland luego de otro viaje en búsqueda de casas, solté mi bolso en la sala, encendí la televisión y me acomodé en una silla a ver *The Oprah Winfrey Show*. De repente, sentí algo mojado entre las piernas seguido de un borbotón de sangre.

—¡Dios mío! —grité. No, ¡de nuevo! Mis pantalones estaban empapados de sangre carmesí.

Me puse histérica. Agarré el teléfono y llamé a Manny, que estaba a una hora y media en Filadelfia. Me dijo que llamara a

Pierre, su mejor amigo, quien es médico de sala de emergencias. Muerta del miedo, y sin poder pensar, le dije que no podía llamar a Pierre. Era un hombre. Estaba sangrando entre las piernas. No podía verlo. No lo entendería.

—Llama a Pierre —me dijo Manny, intentando calmarme—. Él irá y te buscará para llevarte al hospital.

Pero no podía hacerlo. Me había lanzado al teléfono para hablar con Manny, pero ahora no quería moverme, no quería caminar. Luego de tantos abortos no podía soportar otro más. Y si no había sucedido ya, sentí que seguramente pasaría de nuevo, si no lo había perdido ya.

Manny colgó conmigo y llamó él mismo a Pierre. Vivía a pocos minutos. Unos quince minutos más tarde, Pierre estaba tocando a mi puerta de entrada. Aún no quería moverme, pero el pensamiento de que debía hacer algo si había alguna posibilidad de salvar a mi bebé me sacó de mi parálisis. Encorvada, di unos pocos pasos hacia el baño, halé una toalla del toallero, y cojeé para dejar entrar a Pierre.

Pierre quería que lo dejara examinarme, pero yo no quería que lo hiciera. Sólo le dejé echarle una mirada a mis piernas, manchadas con sangre. Llamó a la sala de emergencias del hospital Howard County General donde hacía guardia de medicina de emergencia, y luego me cargó por las escaleras hasta su carro.

Son extraños los detalles que se te quedan en la cabeza de un momento en el cual estabas casi sofocada del miedo. Recuerdo que Pierre tenía un BMW convertible color plateado, brillante y prístino. Él había tenido la previsión de tomar unas cuantas toallas adicionales en el apartamento y las puso en el asiento del pasajero, pero yo no podía más que pensar que no iban a hacer ninguna diferencia. Estaba teniendo una hemorragia, y estaba horrorizada de que iba a sangrar por todo el carro.

Otros pensamientos se cristalizaron más tarde, como la cruel comprensión de que el estatus y la clase social pueden significar la diferencia entre la vida y la muerte cuando otros te miran y no pueden ver más allá de tu raza. Howard County es un hospital público, con una sala de emergencias llena en su mayoría de personas adoloridas sin seguro médico. Como en otros hospitales a través de este país, donde demasiadas personas aún ven el cuidado médico como un privilegio más que un derecho, el personal de admisiones a los pacientes parecía estar más preocupado por ver las tarjetas de las aseguradoras de los pacientes que ingresaban que en permitirles ver a un doctor inmediatamente. Pierre no iba a permitir que me quedara esperando en la sala de emergencias, donde el personal del hospital quería que esperara.

—Esta es la esposa del Dr. Hostin y yo soy el Dr. Vigilance —dijo con firmeza, en su entrecortado acento británico—. Tengo privilegios para practicar aquí. Ella está embarazada con trece semanas. Es una fiscal federal. Van a admitirla. Y no quiero una silla de ruedas. Traigan una camilla.

Los empleados del hospital inmediatamente prestaron atención, y las cosas empezaron a moverse muy rápidamente. Pero habían más obstáculos por venir.

Luego de que me admitieran, la enfermera que estaba conmigo me dijo que iba a llamar al generalista para que me examinara.

Pierre tuvo que insistir que trajeran a alguien del departamento de obstetricia y ginecología. ¿Por qué tuvo que exigir que un obstetra viera a una mujer embarazada que sangraba profusamente? Era doloroso ver el tipo de cuidado médico que las personas de color, y particularmente las mujeres negras, a menudo reciben, en el cual sus desafíos de salud se ignoran o desestiman como menos importante.

Un artículo de 2018 en el *New York Times* denunció que los bebés negros en Estados Unidos tienen más del doble de probabilidades de morir que los bebés blancos, y que es tres a cuatro veces más probable que las mujeres negras mueran por complicaciones con el embarazo o el parto que sus homólogas blancas. El prejuicio racial juega un papel trágicamente inmenso en estos desenlaces. Hasta la superestrella del tenis, Serena Williams, quien sufrió un embolismo pulmonar luego de dar a luz a su hija, dijo en la revista *Vogue* que sus quejas y síntomas fueron ignorados inicialmente. La riqueza y la fama no fueron suficientes para aislar a una mujer negra de la insensibilidad de los sistemas e instituciones que aún, con demasiada frecuencia, nos ven como menos merecedoras.

Pierre, un hombre negro, sabía qué preguntas hacer, y como doctor con privilegios en ese hospital, tenía la influencia y la confianza para exigir que se me tratara con cuidado. Pero una mujer embarazada que tiene una hemorragia no debería necesitar un intercesor para asegurarse que la pongan en una camilla, que pueda ver a un ginecólogo obstetra, que la traten con respeto y compasión.

Cuando finalmente pude ver a un especialista, descubrí que mi placenta se había roto. El doctor dijo que era una de las peores rasgaduras que había visto jamás. Por suerte, el cordón umbilical del bebé estaba adherido a la parte de mi placenta que estaba aún saludable e intacta. Al poco tiempo llegó Manny. Para llegar tan rápido desde Filadelfia, tiene que haber soltado lo que fuera que estaba haciendo y conducido a más de cien millas por hora. Entró corriendo, jadeante, aún vestido con la ropa quirúrgica.

Aún en la presencia de Manny y Pierre, dos médicos, uno de los cuales era mi marido, el comportamiento insensible que había recibido en la puerta del hospital continuó. Nos dijeron que dada la rasgadura, y la condición ya debilitada de mi útero, las probabilidades de poder llevar el embarazo a término eran una en cuatro.

—¿Qué debo hacer ahora? —pregunté, cansada y todavía asustada.

—Bueno —dijo el médico prosaicamente—: haga una cita de seguimiento con su ginecólogo de cabecera.

Y eso fue todo. Me acababa de decir que mi bebé tenía un veinticinco por ciento de probabilidad de sobrevivir, que había sufrido el peor desprendimiento de placenta que había visto, y sólo iba a darme de alta, sin indicaciones, sin ningún consejo.

En ese momento, miré el sonograma y lo juro, podía ver la pequeña mano de mi hijo en el monitor, y me saludaba. Era casi como si me dijera, «todo bien».

Presenciar aquello me dio fuerza. La actitud de este médico era inaceptable. Debía luchar. La fiscal, la niña de las calles del sur del Bronx y la futura madre todas alzaron la cabeza.

—Con permiso —le dije voz de acero—. ¿Qué debo hacer

para asegurarme de que este bebé sobreviva? Usted está mirando el sonograma. Ahora mismo está bien. ¿Qué hago yo?

—Bueno —dijo el médico, aún con demasiada despreocupación—. Tendrías que estar de cama, estrictamente, durante el resto del embarazo. Eso significa nada de movimiento. Y tendrías que usar un monitor fetal. De nuevo, sin moverte.

Y eso fue lo que hice.

Manny y Pierre me llevaron de regreso a casa y llamé a mami. Inmediatamente pidió y obtuvo una licencia no remunerada de su trabajo, aunque sé que habría dejado la escuela en la cual trabajaba si le hubieran dicho que no. Conseguimos una bacinilla, alquilamos un monitor fetal del hospital, y al cabo de unos pocos días, mami y sus dos perro caniche se habían instalado en el apartamento.

Mis amigas venían a menudo a hacerme compañía mientras permanecía de cama. Y la Oficina del Fiscal de los Estados Unidos fue increíble. Me permitieron transferirme de la división de juicios, donde había estado trabajando, a la división de apelaciones, que no me requería ir al tribunal. Pasé el tiempo escribiendo informes. Y la oficina no me falló en otro momento crítico. Como tantos trabajadores intentando hacer de tripas corazones con el averiado sistema de nuestro país, el Departamento de Justicia no ofrecía muchos días por enfermedad. Había estado de cama por tan sólo unas pocas semanas cuando recibí una llamada del Departamento de Recursos Humanos informándome que se me iban acabando los días por enfermedad, lo cual significaba que no seguirían pagándome mientras estaba en mi casa intentando mantener vivo a mi bebé.

Cuando se lo dije al jefe de la unidad, envió un correo electrónico a mis colegas informándoles por lo que estaba pasando, y preguntando si podían donar algunos de sus días personales para un repositorio de vacaciones pagas que me estaban tramitando. Tantos fiscales donaron que terminé cubierta por seis meses, la duración completa de mi embarazo. De todos los regalos que recibiría, ese fue sin duda el más considerado.

Vi los episodios de *Maury Povich* sin parar: ¡¡*Tú* eres el padre!! Necesitaba esas distracciones para aliviar mi ansiedad, pero sólo podía relajarme por un tiempo. Cuando estás de reposo absoluto y se te prohíbe el movimiento, pierdes toda dignidad. Mi madre me daba baños de esponja, y cuando Manny, mi esposo relativamente nuevo, llegaba a la casa, la sustituía, vaciando mi bacinilla y literalmente limpiándome el trasero. Mi nuevo trasero de más de cincuenta libras.

Los médicos habían sacado un montón de estadísticas que nuevamente muestran el peligro que acecha a cada varón negro aún antes de nacer. En los embarazos de alto riesgo, eran los de menor probabilidad en sobrevivir, aunque al ser mestizo, decían que quizás la ecuación podía alterarse. Aun así, decían que si nacía prematuro, un peso fetal más alto podría mejorar sus probabilidades de lograrlo.

Así que mami estaba decidida a engordarme. Estoy hablando de platos rebosantes de arroz con habichuelas, chicharrones y pollo guisado, a todas horas. El detector de humo tuvo que trabajar doble, con todo el grasero chispeante que se freía en mi cocina.

Siempre había sido pequeña, no más grande de una talla 2 o 4, pero acostada en esa cama, comiendo todo el día, aumenté setenta libras. Manny veía la ola de comida que entraba y salía de nuestro cuarto y decía que nunca había visto cosa igual. Pero creo que lo que quería decir, pero era demasiado amable para hacerlo, es que nunca había visto algo como yo. Parecía una ballena encallada. Sólo salía de la cama una vez al mes para ir a la oficina del doctor, y ahí me pesaban. Eso era lo peor, treparme en esa báscula. Miraba a la enfermera mover la pesa más y más hacia la derecha para balancearla.

«Dios mío», pensaba. «Jamás he visto esos números».

Es, sin lugar a dudas, lo más que he pesado. Caí en una depresión severa. Dado el historial depresivo de mami, tenía miedo. También empecé a leer innumerables blogs sobre fertilidad, llenos de párrafos sobre placentas rasgadas, tratamientos de FIV y las probabilidades de supervivencia de infantes prematuros. Era como deslizarme por la madriguera de un conejo. Alguna de la información era útil, recordándome que no estaba sola y que muchas mujeres habían pasado por este suplicio y habían tenido un final feliz. Pero era sobrecogedor.

Si mami estaba preocupada, no lo demostraba. Estaba loca por el nacimiento de su primer nieto. Mami debe haberse gastado miles de dólares comprando mamelucos y sombreritos, frazadas y zapatitos. Cuando llegaban por correo o volvía de un corto viaje de compras, no podía esperar a enseñármelos. Pero yo no los quería ver.

Aún no estaba convencida de que el bebé llegaría. Me obsesioné con el latido de su corazón. Eventualmente devolvimos el monitor fetal del hospital, que costaba una fortuna alquilar, pero pudimos arrendar un aparato similar y un poco más económico. Probablemente cada hora me ponía el frío gel de los ultrasonidos en el abdomen. Si no podía encontrar el latido del bebé inmediatamente, me trastornaba, convencida de que nunca lo escucharía de vuelta. Descubrí que si tomaba jugo de naranja, latía más rápido, y si comía demasiada comida grasienta, parecía ir más lento. Me estaba volviendo loca.

Un día, mami sostuvo hacia la luz su más reciente compra azul celeste, y no pude más.

—¡Deja de comprar todas estas cosas! ¡No las quiero ver! —grité.

Fue el colmo. Se abrió camino a través de las cajas en la sala y tomó el teléfono. Estaba llamando a los peces gordos, sor Eileen.

Sor Eileen había sido una constante en mi vida cuando era más chica, acompañando de vez en cuando a su hermano, el padre Francis, a nuestras cenas familiares en la casa de Nannie Virginia. Cuando yo era joven, siempre estaba disponible para hablar, ya fuera si tuviera preguntas sobre la vida aquí en la Tierra o en el más allá. No la había visto durante años, pero mami había mantenido la conexión. Estoy tan agradecida de ello.

Sor Eileen empezó a llamarme todos los días. Siempre había habido algo en su voz, su espíritu, que me tranquilizaba. Y ahora, cuando más la necesitaba, nuevamente me calmaba los nervios.

—Vamos a rezar este bebé a la vida —me dijo mientras yo lloraba en voz baja—. Te mereces esta bendición.

Al otro día, sonaba nuevamente el teléfono.

—Él está destinado a ser —decía—. Él va a estar ahí. La Virgen Santísima lo protegerá durante toda su vida, y tú serás una gran mamá.

Me dijo que sintiera la maravilla de esta experiencia milagrosa.

—Vas a mirar esa ropa de bebé que compró tu mamá. Aprecia estos momentos.

Con sus palabras, me elevó. Es una pena que la Iglesia no permita que las mujeres sean curas, porque sor Eileen habría sido una grandiosa. El ministerio que me dio, con tan sólo unos minutos diarios al teléfono, me ayudaron a finalmente ver la luz en el medio de un periodo que debió haber sido feliz desde un comienzo, pero que hasta ese punto había sido mayormente oscuro y sombrío.

A regañadientes, empecé a mirar la ropa de bebé. Mami había comprado tanto que mi hijo probablemente podría ponerse algo distinto cada día de su primer año de vida. Seguía nerviosa, pero ya no me pasaba cada minuto agonizando sobre la seguridad de mi bebé o preocupada por mi peso. Comencé a prepararme mentalmente para ser mamá.

En mi semana treinta y dos, hice mi visita mensual al médico. Manny, como siempre, insistió estar en Maryland para acompañarme.

El médico verificó mi sonograma, puso un estetoscopio en mi barriga, y dijo las palabras más dulces que había escuchado en mi vida.

—Si nace hoy, va a estar bien —me dijo—. Tiene el tamaño necesario, y estás lo suficientemente cerca de completar el embarazo.

Estaba pasmada. Había estado acostada veinticuatro horas al día durante diecinueve semanas.

—¿Puedo caminar? ¿No tengo que quedarme en la cama? —le pregunté incrédula.

Me advirtió que debía tomarlo suave. Pero no, ya no tenía que estar en reposo absoluto.

Miré a Manny.

—Lo hicimos —le dije con lágrimas en los ojos.

—Tú —me contestó—, tú lo hiciste.

El embarazo que había parecido eterno, interminable, ahora parecía volar. Mi madre y mis amigas me hicieron una enorme *baby shower*. Vinieron muchos de los fiscales con quienes había trabajado. Y lo disfruté.

* * *

Mi día favorito del embarazo fue una semana más tarde, más o menos. Era julio, pleno verano, cuando en los días más soleados la humedad colgaba como gotas de lluvia.

Mi paranoia sobre el embarazo había aminorado, pero mi aumento masivo de peso continuaba avergonzándome, y cargar todas esas libras de más en el calor me hacía miserable. Manny sugirió que bajáramos a la piscina de nuestro edificio.

—¡No! ¡Estoy tan gorda! —protesté, pero él insistió.

No tenía un traje de baño que me sirviera, pero me puse unos pantalones cortos y una camisa y bajamos. Manny me dirigió suavemente en el agua, y me puso de espaldas. Entonces, apoyándome con sus manos, me cargó. Me sentía como si no pesara nada, flotando en esa piscina hermosa. Manny literalmente me quitó el peso de encima de los últimos nueve meses. Manny era, y es, un hombre excepcional. Fue el día más maravilloso.

—Lo hiciste —me dijo en voz baja.

—Sí. No lo puedo creer —le contesté.

El 15 de agosto de 2002 di a luz a mi hijo por cesárea. Todo ese arroz y habichuelas dio resultado, porque pesó más de ocho libras y era muy largo. Manny y yo ahora chisteamos con él que fue el bebé de $60.000, pero por supuesto valió la pena. Valió todo. Todos nuestros familiares vinieron al hospital para darle la bienvenida a Gabriel Cummings Hostin al mundo. Papi exclamó que era claramente el bebé más inteligente de la guardería. Nannie Virginia lo sostuvo y exclamó que se parecía a su padre.

Pierre, que me recogió el día en que se rompió la pared de mi placenta, y me llevó al hospital de emergencia, es su padrino. Mi hijo está vivo hoy por Pierre. Sé que esto es cierto. Y hasta el día de hoy así se lo digo a Pierre.

Llamamos a nuestro bebé Gabriel porque, como el mensajero de Dios en la Biblia, era un ángel.

Barajeamos otros nombres. Manny, nombrado por su padre Emmanuel, rechazó la idea de tener un Junior porque quería que nuestro hijo fuera su propia persona, pero por un tiempo consideramos Emilio. Sin embargo, regresábamos siempre a Gabriel. Se sentía bien. Se sentía perfecto.

Gabriel, aún de adolescente, es tan amoroso y cariñoso, nunca colgando el teléfono sin decirme cómo se siente.

—Te extraño, mami —me dice cuando está de viaje.

—Te amo, mami.

Y siempre ha sido el niño más fuerte, sin nada de miedo, con una pasión por los viajes que lo ha llevado a Australia, Japón, las Islas Galápagos y los bosques del Ecuador a hacer trabajos de servicio comunitario, aun estando en la escuela secundaria.

También le encanta el agua. Se certificó como buzo a los doce años. Creo que Gabriel está hecho para disfrutar el mundo porque fue tan difícil traerlo aquí. Es tan cariñoso y compasivo porque era el niño que no se supone lo lograra.

Dicen que las madres, tan sobrecogidas por las emociones que acompañan el tener un hijo, olvidan el dolor del parto tan pronto dan a luz. Creo que hay cierta verdad en ello porque aún luego del calvario que pasé para tener a Gabriel, quería más niños. Me sometí nuevamente al FIV.

El primer ciclo no dio resultados, pero la segunda vez tuvimos dos embriones. Por dos o tres meses, esperábamos gemelos, lo cual me llenaba de felicidad porque quería tres o cuatro hijos. Pero bajó la hormona del embarazo y supe que ahora, quedaba sólo uno.

Sin embargo, en contraste con mi embarazo previo, éste pude disfrutarlo más. Estaba de reposo modificado porque algunos fibromas habían regresado y no quería más cirugías, pero podía caminar un poco y mantenerme algo activa. Sí tuve un susto cuando experimenté un poco de sangrado, y nuevamente me llevaron deprisa al hospital. Pero la bebé estaba bien, y fuerte. Di a luz a mi hermosa niña de siete libras el 4 de mayo de 2006. Paloma Cummings Hostin es fuerte e independiente. Es la niña con la cual soñaba. Una «yo» en miniatura de muchas maneras. Una alegría.

Me encantaba ser madre, tanto que estaba dispuesta a someterme a FIV una vez más para tener más niños. Al final, fue Manny quien dijo que no. Aunque me fue más fácil con Paloma, no podía superar el recuerdo de lo que había pasado con Gabriel. Dijo que no quería verme convertida nuevamente en esa persona, la mujer que había tenido tanta depresión, tanto miedo, tanta paranoia. Cuando la gente habla del FIV, el enfoque usualmente es en la mujer y sus luchas. Pero los padres también lo sufren mucho.

Tengo una conexión sumamente profunda con mis hijos, por quienes daría la vida. Pero la verdad es que el camino a través del FIV puede ser devastador. Nunca más quiero estar en la situación en la cual estaba a las dos de la mañana, con tres meses de embarazo, acostada en la cama con un monitor fetal, sola. No quiero volver a revivir todos esos momentos pensando que mi bebé se iba a morir dentro de mí en cualquier momento. Luego de tres ciclos fallidos de FIV era un lugar aterrorizante para estar, aun para la persona más fuerte, esperanzada, religiosa, aun para alguien en un matrimonio feliz, con una madre que deshizo su vida entera para estar allí con ella, rodeada del apoyo familiar y de amigos profundamente amorosos, y una monja increíble.

Durante los años luego del nacimiento de Gabriel y de mi hija, Paloma, nuevamente perdí el contacto con sor Eileen. Se había retirado y mudado de Nueva York. Pero hace unos años atrás estaba en mi mente. Le pedí a un buen amigo, el padre Edward Beck, un contribuyente de CNN, si podía ayudarme a encontrarla. Cuando lo hizo, descubrí que estaba en el hospital, muriendo de cáncer.

Esta vez era yo quien intentaba darle consuelo. Le dije cuán importante había sido en mi vida, lo que había significado para mí que le haya orado luz a la oscuridad cuando estaba paralizada del miedo y la preocupación. Le dije que sus oraciones habían traído a mi dulce hijo, Gabriel, a la existencia y que era más maravilloso de lo que habría podido imaginar.

Murió al poco tiempo. Pero la había encontrado cuando todavía había tiempo de agradecerle. Y lo hice.

CAPÍTULO OCHO

SUEÑO DIFERIDO

Para cuando superé a *Plaza Sésamo* y *Los Picapiedras* a principios de la década de los setenta, ya no era raro ver a los afroamericanos en la pantalla chica. Pero aun así sentí una oleada de emoción cuando encendía la televisión y veía personas negras como yo allí.

Aunque los libros fueron la principal fuente de entretenimiento en nuestro hogar, mami, papi y yo veíamos *60 Minutes*, el icónico programa de noticias, todos los domingos por la noche, y nos sentimos especialmente orgullosos cuando Ed Bradley, el cortés periodista afroamericano conocido por sus preguntas punzantes y su cálida voz, informaba en uno de sus segmentos.

Cuando era niña, cantaba el tema de *Los Jeffersons*, una telecomedia sobre una familia negra que manejaba un negocio exitoso y se mudó a un rascacielos del Upper East Side. Y cuando estaba en SUNY Binghamton, me saltaba un juego de espadas en la Unión para correr a casa y ver la última lección de vida predicada por Claire y Heathcliff Huxtable en *El show de Cosby*.

Reconocí el poder de las imágenes, y cuando comencé a estudiar Comunicaciones, mi deseo de ayudar a darles forma creció.

Disfruté escribiendo, pero realmente me sentí viva al hilvanar piezas en la edición del Departamento de Comunicaciones de SUNY. Uno de los proyectos de mi clase fue armar un video promocionando el Programa de Igualdad de Oportunidades que me brindó ayuda financiera y asistencia y tutoría a otros estudiantes de color, muchos de los cuales fueron los primeros en sus familias en ir a la universidad. Fue fascinante aprender a contar una historia a través de un video, que en la década de los ochenta todavía era un medio relativamente innovador a medida que ocurría la transición del cine a la televisión.

Mi inclinación por la radiodifusión aumentó cuando conseguí un trabajo en la estación de radio del campus, WHRW, que se escuchaba en todo el condado. Mi compañero era un tipo llamado Fritz, y con los espacios de horario estelar ya ocupados por estudiantes mayores, nos hicimos cargo del espectáculo de medianoche hasta las dos de la madrugada, bromeando entre canciones de amor de Luther Vandross y James Ingram. En mi último año, me dirigía al estudio para transmitir tres mañanas a la semana.

Aunque más tarde mi madre me dijo claramente que un futuro para mí trabajando en los medios le aterrorizaba, sí me ayudó a conseguir una pasantía con la pionera de la radiodifusión, Carol Jenkins. Jenkins fue una de las primeras mujeres afroamericanas en ser presentadora de televisión en la ciudad de Nueva

York, comenzando en WNBC a principios de los setenta. Mami le había enseñado a su hija en la escuela primaria y le preguntó a Carol si podía ser su becaria en el trabajo. Carol tuvo la amabilidad de darme la bienvenida, y la seguí de cerca mientras se preparaba para entrevistas en directo con políticos locales, y cubría incendios, escándalos y otras noticias locales de última hora.

Es gracioso. Hay momentos en que no soporto las noticias locales. Siento que algunos de esos programas transmitidos realmente siguen el refrán despectivo y sensacionalista «si hay sangre, atrae», encabezando el noticiero diario con muerte y destrucción. En su apuro por llenar el tiempo de emisión y atraer a los espectadores de la competencia, son demasiado rápidos para sensacionalizar, perpetuar perezosamente los estereotipos y explotar a las mismas comunidades a las que deberían informar.

En su afán por obtener algo jugoso, se dirigirán directamente al tipo de la cuadra que está despierto en medio de la noche, le ponen las cámaras de frente a pesar de que está claramente ebrio o luchando con problemas de salud mental.

No entrevistan al ministro o al maestro. No hablan con el estudiante universitario que está en casa durante las vacaciones, ni con la persona que tiene tres trabajos. Nunca entrevistan al tipo trabajador que sale del turno de noche y que presenció el crimen mientras todos los demás aún estaban en la cama, y al no hacerlo, perjudican a la víctima y a los espectadores.

Lo vi de primera mano, en los clips reproducidos y ensamblados en la sala de redacción. Pero aprecié el tiempo que pasé con Carol. Ella fue muy amable y una profesional consumada.

A pesar de todas esas experiencias, en el año después de graduarme de la universidad, no estaba lista para lanzarme a una carrera profesional. Varios de mis amigos estaban tratando de descubrir qué querían hacer, tomar trabajos mientras tanto y disfrutar de la libertad de la presión de los exámenes y reanudar sus vidas, y decidí hacer lo mismo. Pasé un buen rato trabajando como mesera en TGI Fridays, charlando con clientes, entregando órdenes al ritmo de la última canción pop de Michael Jackson. Mi tiempo allí incluso me dio una pequeña muestra de Hollywood.

Spike Lee estaba a la vanguardia del cine negro, sacudiendo la industria con sus películas innovadoras sobre raza, amor y los aspectos cotidianos de la vida negra. Irrumpió en la escena con *She's Gotta Have It*, pero podría decirse que su obra maestra fue *Do the Right Thing*, que explotó en la pantalla grande en 1989. Relató las tensiones raciales que se encendieron durante un verano abrasador de Brooklyn y puso un foco cinematográfico en la brutalidad policial, que condujo a la muerte de un personaje querido, Radio Raheem, y en la vida real, continuó apagando las vidas de demasiados hombres y niños negros.

Un año o dos después, Spike regresó al trabajo en Nueva York filmando *Jungle Fever*, una película sobre un romance interracial protagonizada por Annabella Sciorra, Wesley Snipes y Samuel Jackson. Spike fue conocido por dar a numerosos actores negros sus primeros grandes éxitos en este negocio y también por darle a la gente que se paseaba por los vecindarios donde filmó la oportunidad de ser actores secundarios en sus películas.

Al igual que muchas personas que trabajan en restaurantes, una de las servidoras de TGI Fridays aspiraba a ser actriz y mencionó que iba a una audición para ser una extra en la reciente película de Spike Lee. Me invitó a ir con ella. Pensé, «¿Por qué no?», y en nuestro día libre, las dos nos dirigimos al centro.

Había plataformas rodantes, grúas y monitores por toda una cuadra en Harlem. Al final resultó que me eligieron y rechazaron a mi compañera de trabajo, lo que fue una lástima porque ella quería que descubrieran su talento y yo no estaba tan interesada en estar frente a la cámara. Quería aprender la magia que sucedía detrás de esto. Hablé con los operadores de las cámaras, haciéndoles un millón de preguntas. Entonces Spike se fijó en mí.

Simplemente me eligió de entre la multitud. Mi debut en el cine implicó cruzar la calle con un chico, interpretando a una de varias parejas interraciales deambulando por la cuadra. No sé si incluso llegué al corte final de la película, pero años después, cuando me hice amiga de Spike y su esposa, Tanya, le recordé que me había sacado del entorno al azar. «Pude ver eso», es todo lo que dijo. «Pude ver eso». Ese día en el *set* de una película no sentí de repente que quería ser actriz, pero contar historias, especialmente sobre personas que a menudo fueron ignoradas o tergiversadas, o temas que algunos todavía consideraban tabú como las relaciones interraciales, eso sí que me sedujo. Estoy bastante segura de que habría saltado directamente a ejercer el periodismo para comenzar a informar y narrar esas historias. Pero después del estallido de mami en Navidad, diciéndome que necesitaba ser abogada o doctora, terminé haciendo un giro dramático y, por un largo tiempo, reemplacé mi sueño por el suyo.

Pasé más de una década estudiando y practicando Derecho, y mis ambiciones periodísticas se volvieron un tenue parpadeo. De cierta manera, resuena el tema de las imágenes. Simplemente no vi a nadie como yo en la pantalla. Estaba Oprah Winfrey, la reina de la televisión diurna, pero no había por ningún lado ninguna mujer mestiza inmersa en las leyes y el periodismo en ningún canal habitual. Si bien los medios de comunicación todavía me interesaban, no estaba segura de si alguna vez encontrara un espacio para mí.

Pero definitivamente estaba lista para hacer algo además de practicar leyes. No estaba segura de cuál sería mi próxima oportunidad, cómo sería en realidad, pero mantenía mis opciones abiertas y estaba buscando activamente.

Antes de que pudiera encontrarlo, tuve dos hijos, Gabriel y Paloma. Detuve mis ambiciones profesionales y decidí quedarme en casa con ellos. Después de que Gabriel nació, no confiaba en nadie con él además de mi familia. Sentí que quería que tuviera la edad suficiente para hablar antes de siquiera pensar en contratar a una niñera, para que él mismo me avisara si alguien lo había maltratado.

Cuando Gabriel tenía aproximadamente un año, comencé a incursionar en las leyes nuevamente a tiempo parcial, trabajando en una firma de litigios de seguridad. Titi Inez vino a ayudarnos y eventualmente contraté a una mujer llamada Junie, para que pasara unas horas con Gabriel mientras yo iba a la oficina. Pero mi alma se sentía inquieta. Tenía cámaras de niñera en todas partes, y en el poco tiempo que me tomaba ir al trabajo o tal vez hacer un recado, las revisaba desde mi teléfono al menos una docena de veces.

Después de tener a Paloma, me quedé en casa hasta que ella cumplió seis meses, luego contraté a una joven peruana llamada Stephanie que había sido maestra de preescolar. Gabriel, tres años y medio mayor que su hermanita, era extremadamente verbal para entonces, así que me consoló el hecho de que podía decirme si algo andaba mal. Empecé, cautelosamente, a aventurarme un poco más.

El capítulo de Nueva York de la Asociación Nacional de Abogados, la organización más grande de abogados afroamericanos en el país, tendría una conferencia. Como una madre joven que pensaba volver al trabajo, me interesaba establecer contactos. Y mientras estaba allí, encontré a alguien que me estaba buscando.

Por supuesto, Stephanie Thompson, productora de Court TV, no sabía que estaba buscándome específicamente a mí, así como yo no tenía idea de quién era ni de que estaría en la conferencia. Solía decir que fue pura suerte que ella y yo nos encontráramos ese día lluvioso. Pero alguien me dijo recientemente que la suerte no tenía nada que ver con eso. Fue una reunión que trajo consigo la oportunidad. Ahora lo veo así. No fue un giro fortuito y aleatorio del destino. No hubiera estado en esa conferencia si no estuviera ansiosa de establecer contactos. Sabía que habría empleadores allí. El parpadeo de mi sueño se hacía cada vez más fuerte. Estaba buscando algo.

Comenzamos a charlar y después de unos minutos ella dijo algo que cambiaría mi vida.

—Deberías estar en la televisión —dijo deteniéndome en seco.

Stephanie me dijo para quién trabajaba y que la cadena de televisión estaba buscando abogados que pudieran analizar y explicar los casos legales del día a una audiencia de televisión por cable. Como estudiante de periodismo que se había convertido en abogada, el trabajo para el cual ella buscaba a alguien era perfecto para mí. Evalué la situación muy rápidamente y recité mi expediente académico, mis credenciales y mi interés.

—Tengo una licenciatura en Periodismo y realmente quiero combinar eso con mi licenciatura en Derecho, pero no sé cómo hacerlo.

Stephanie me preguntó si tenía una foto profesional y un currículum.

—No las traigo conmigo —dije rápidamente. Pero tomé su tarjeta de presentación y le dije que se los conseguiría de inmediato.

No mencioné que lo más parecido a una foto profesional es la que tengo de sénior que había tomado cuando me gradué de Dominican Academy. Eso no importó. Mis padres, que habían hecho malabarismos con el trabajo, buscaron la manera de conseguir un apartamento más agradable en un vecindario más seguro y trabajaron horas extras para enviar a su hija a una escuela costosa, me enseñaron a nunca tener vergüenza de aprovechar una oportunidad. No iba a dar rodeos.

Inmediatamente busqué fotógrafos y reservé una cita con el estudio que pudiese atenderme más rápido. Un día o dos después, me dirigí a la sesión bajo la lluvia torrencial, hice que el fotógrafo imprimiera mis pruebas y, cuando vi una toma que pensé que era bastante decente, se la envié con entrega para el próximo día a Stephanie en Court TV acompañada de mi currículo.

Pasadas un par de semanas, recibí una llamada de uno de los promotores del canal. Me preguntó si podía venir un par de días después para aparecer en un segmento.

Acepté inmediatamente, pero tuve un momento de pánico.

Había aumentado unas sesenta libras cuando estuve embarazada de Paloma, y aunque había perdido un poco de peso, seguía siendo mucho más pesada que mi talla habitual, y mi ropa vieja no me quedaba bien. Colgué con el promotor y llamé a mi amiga Kathy. Cuando le conté lo que estaba sucediendo, dijo que se estaba montando en su carro. Íbamos al centro comercial.

Siempre *fashionista*, y llena de conocimiento sobre casi cualquier cosa que puedas imaginar, Kathy recordó haber leído en alguna parte que cuando estabas en televisión deberías ponerte rojo porque ese color resaltaba en la pantalla. Así que compré un traje rojo y un sujetador minimizador para realzar y adelgazar al mismo tiempo. Cuando me presenté en Court TV para esa primera aparición, que era esencialmente mi prueba, me sentí confiada.

Fui entrevistada por dos de los presentadores de la emisora, Ashleigh Banfield y Jack Ford, pero la mayor parte de mi interacción fue con Jack. Era increíblemente cálido y amable, y nuestra conexión era tan fuerte que, aunque se suponía que debía estar en un segmento, me preguntó si podía quedarme unos minutos más. Luego, un poco más, y algunos más hasta que levanté la vista y terminó el espectáculo. Había estado en vivo la mayor parte del tiempo.

A lo largo de mi vida académica y profesional, la comodidad que siento en un lugar o espacio dado realmente siempre ha sido mi prueba de fuego. Si me sentía como en casa, sabía que estaba en el lugar correcto, como lo hice cuando fui a SUNY Binghamton y a Notre Dame, como lo hice cuando trabajé para el juez Bell, investigando y escribiendo informes y cuando estaba en la sala del tribunal discutiendo un caso. Mientras ofrecía mis opiniones y conocimientos en Court TV y las luces del estudio brillaban sobre mí, me sentí a gusto. Estaba en el lugar correcto.

Cuando terminó el programa, Jack dijo a los miles de espectadores que estaban viendo: «Es la primera vez que Asunción está aquí con nosotros. Pero no será la última».

Más tarde, Jack me dijo que nunca había visto a alguien novato en la televisión estar tan perfecta y cómoda en su lugar. Dijo que sabía que estaría haciendo televisión por el resto de mi vida.

Me sentí triunfante después de esa aparición, eufórica por haber tenido la oportunidad y aprovecharla al máximo. Antes de dejar el estudio, los productores me preguntaron cuál era mi agenda para el próximo mes y cuántos días podría entrar y estar en el *set*. Realmente no tenía nada que hacer profesionalmente, pero hice una mejor jugada diciéndoles que podía adecuar mi calendario y que estaba libre para cuando me necesitaran. Todo lo que podía pensar mientras caminaba y recibía el aire fresco era: «Wow, esto realmente está sucediendo».

Yo andaba por la luna. Y luego recibí una llamada telefónica que me trajo de vuelta a la tierra.

Stephanie, la *au pair*, había decidido cortarle las uñas a Paloma y, en el proceso, le cortó un poquito de la punta del meñique. Yo había estado prácticamente levitando desde el suelo, estaba tan contenta de lo bien que había pasado el día, pero después de recibir esa llamada, Court TV había perdido su importancia. Corrí a casa para ver cómo estaba Paloma. Stephanie estaba histérica y yo también. Yo también estaba furiosa. Cuando le pregunté por qué lo había hecho, ella dijo que era porque Paloma se había arañado su cara. Ella sólo estaba tratando de evitar que Paloma se lastimara.

Llamé a Manny, quien me dijo que el pedacito de la punta del dedo de Paloma volvería a crecer, lo que finalmente sucedió. Stephanie se disculpó mucho, Manny me calmó lo suficiente como para no despedirla, y continuó trabajando con nosotros por dos años más. Resultó ser una *au pair* increíblemente obediente y cariñosa que se convirtió en un miembro de nuestra familia. Todavía estamos en contacto. Paloma y Gabriel fueron los niños que llevaron las flores en su boda.

Pero ese día fue agridulce. Fue el comienzo de mi próximo acto de malabarismo, aventurarme entre dos mundos, equilibrar mi carrera con mi vida personal y aprender a confiar en otra persona para que maneje las cosas, vigile a mis hijos, de modo que pudiera satisfacer mis sueños, aunque nunca más importantes que mis hijos, seguían siendo importantes y me ayudaron a sentirme completa.

* * *

Aunque a Manny siempre le gustó el nombre Paloma, yo no me convencí inmediatamente, por su significado en español. Hay un parque en Puerto Rico llamado el Parque de las Palomas, donde las palomas vuelan y literalmente cagan en todas partes, y no me gustó la idea de que los puertorriqueños miraran a mi hija y comentaran que su nombre es el de un pájaro sucio.

Manny no lo entendía.

—Significa *dove* (paloma torcaz) —dijo.

—Ummm, no, —le respondí—. Significa *pigeon* (paloma común y corriente).

—Es como Paloma Picasso —insistió, evocando el nombre de la hija del legendario pintor.

—Bueno, sí —dije—. Pero los puertorriqueños pensarán que la llamamos *pigeon*. No puedo soportar eso.

Ofrecí otras sugerencias. Como Piper, pero una vez más, el lado hispano de la familia hizo que esa elección fuera menos que satisfactoria.

—¿Píper? —preguntó Nannie Virginia, con su acento, cuando le dije el nombre que estaba considerando.

—No, *Paiper* —dije deletreando.

—Está bien —dijo ella—. Peeper.

Lo consultamos con mi suegra, Mara. «¿Píper?», dijo la madre de Manny, que nació y creció en un pueblo a unas dos horas al norte de Madrid, España.

Eso resolvió el asunto. Saqué a «Piper» de la lista. Tomaría «Pigeon» sobre «Píper» en cualquier momento.

La madre de Manny sugirió Pilar, pero simplemente no fluía como Paloma. Entonces, al final, nos decidimos por el nombre de Paloma.

Siento que darles a mis hijos nombres en español fue muy importante porque les dio una conexión de por vida con su cultura. Es por eso que me enfurezco cada vez que escucho a alguien llamar a mi hijo «Gabe». Lo llamamos Gabriel por una razón.

Es más difícil para las personas abreviar el nombre de Paloma, aunque recientemente escuché que alguien la llamaba Loma.

«¿Loma? ¿De verdad?», le pregunté cuando regresamos al carro después de su práctica de baloncesto. «Lo sé», dijo ella, negando con la cabeza y riendo.

Tal vez soy así por Nannie Virginia. Así como quería que los nombres de Paloma y Gabriel reflejaran su herencia latina, era muy importante para ella que me llamaran Asunción.

Mamá quería llamarme Bianca, por Bianca Jagger, la hermosa primera esposa de Mick Jagger. A mami le encantaban los Rolling Stones, se apresuraba a comprar cada uno de sus nuevos álbumes, cantaba «Miss You», mientras aspiraba la alfombra de la sala y hacía fila para conseguir entradas para verlos cuando se presentaban en el Yankee Stadium.

Pero a Nannie no le gustaba eso «¿Bianca?».

Nannie quería que me nombraran por su amada hermana, que se había convertido en una leyenda familiar. Como me contó Nannie, su hermana había sido muy hermosa y el soltero más guapo y rico de la isla de Puerto Rico se había enamorado de ella. Sin embargo, había dejado a otra mujer para poder casarse con ella, y la otra mujer estaba devastada y enojada. La mujer hechizó a mi tocaya, y la noche antes de casarse, cuando la hermana de mi Nannie se probó su vestido de novia y su velo, su velo quedó atrapado en un poste de la cama, y de alguna manera se cayó por una ventana y murió estrangulada. Nannie dijo que incluso cuando era niña, veía a su hermana como un espíritu, con su vestido de novia puesto, que le decía adiós con la mano, y que sabía la mañana de la boda que su hermana había muerto.

Además de honrar la memoria de su hermana, también creo que para Nannie era muy importante que sus hijos y nietos mantuvieran la cultura. Creo que, por eso, aunque sabía algunas palabras en inglés, nunca me las dijo. Es por eso que ella me enseñó a hacer pasteles y a sazonar pollo al horno con la cantidad suficiente de condimento Adobo para que la piel cruja y reviente. Es por eso que ella me llevaba a la botánica y me permitía mirar cuando suplicaba a los antepasados para los muchos visitantes que vinieron a su apartamento.

Me alegra que Nannie fuera feliz, pero caminar por la infancia con el nombre de Asunción no fue lo más fácil. Sin lugar a dudas, el primer día de clases, o cada vez que había un maestro sustituto, tenía que sentarme allí mientras mi nombre era destrozado más allá del reconocimiento.

—¿Dónde está Susan Parker? —decía la maestra, pasando la asistencia—. ¿Dónde está Mattie Johnson?

Luego:

—¿Dónde está Asung, Asoon? —La ceja de la maestra se arrugaba, mientras su lengua se trababa. Finalmente: —Señorita Cummings. ¿Dónde está la señorita Cummings?

—Aquí —decía yo, poniéndome rosa del bochorno.

—¿Cómo pronuncias tu nombre? ¿Ascensión?

Si era una maestra sustituta a la que nunca volvería a ver, ni siquiera me molestaba en corregirla.

—Sí, Ascensión —respondía—. Está bien.

Mis parientes afroamericanos no tuvieron ningún problema para pronunciar mi nombre, pero cuando llegué a la universidad, hizo que más de unos cuantos de mis amigos tropezaran con mi nombre. «¿Tienes un apodo?», algunos preguntaban después del tercer o cuarto intento. «Bueno, a veces la gente me llama Sunshine, o Sunny». Y muchos de ellos continuaron llamándome así.

Ahora sé desde donde me conoce alguien según como me llaman. Angelique me llama Asunción. Kathy y otros de mis días de SUNY y la sororidad en Notre Dame me conocen como Sunny, al igual que Don Lemon, Joy Behar y las muchas personas que me han conocido como una personalidad de televisión en CNN y ABC.

Pero uno de mis mayores remordimientos es no haber iniciado mi carrera televisiva con mi primer nombre, Asunción. Esa había sido mi intención, hasta el día en que conocí a Nancy Grace, y cambié de opinión.

Nancy fue la presentadora con la que conversé en mi tercera o cuarta aparición en Court TV. Fue una exfiscal seria y muy perspicaz que tuvo un programa de televisión en Court TV llamado *Closing Arguments* durante once años, así como el programa *Nancy Grace* en el canal HLN. A ella la motivó una tragedia personal para adentrarse en la carrera de leyes: su prometido, Keith Griffin, había sido asesinado. Se convirtió en una sensación televisiva, conocida por sus interrogatorios emocionales, a veces llorosos, de personas que consideraba estaban en el lado equivocado de la ley y sus debates que rompían decibelios con sus invitados.

La primera vez que estuve en el *set* con ella fue como estar de regreso en quinto grado con uno de esos maestros sustitutos perplejo por mi nombre. Me presenté como Asunción Hostin. Nancy seguía tratando de pronunciarlo, pero no le salía.

Durante un descanso, ella me hizo una pregunta.

—A soon cee yoon —dijo ella, luciendo como si tuviera dolor—. Eso es muy difícil. ¿Te llaman de otra manera?

Le dije el apodo que usaban algunos de mis amigos de la universidad.

—Eres muy buena —dijo—. Confía en mí, deberías irte con Sunny. —Al igual que durante esos días escolares, no vi ninguna razón en ese momento para hacer un gran problema al respecto.

—Claro —le respondí.

Nancy inmediatamente le dijo a uno de los miembros del personal que cambiara el quirón, la letra pequeña que los espectadores ven en la parte inferior de la pantalla, que dijera Sunny en lugar de Asunción, y eso fue todo. Nunca lo cambié de nuevo. Ahora era oficial, profesionalmente, Sunny Hostin.

Nancy y yo seguimos siendo amigas, y nos hemos reído de cómo esencialmente me bautizó. Ella probablemente me hizo un favor.

«Chica: ¿crees que la gente podría recordar o pronunciar ese nombre?», dice. Y ella tiene razón. No se puede desarrollar una buena relación en directo si los anfitriones u otros comentaristas dudan en dirigirse a ti porque tienen miedo de tropezar con tu nombre, y los productores no pueden medir tu popularidad con la audiencia si las personas que escriben o llaman no están seguros del nombre de la abogada latina negra que al parecer les gustó.

Aun así, no quita la sensación que a veces surge de que me vendí, que tomé una conexión cultural y la corté.

Sunny no es mi nombre. No es que tuviera que probarme a mí misma, pero tal vez si hubiera continuado profesionalmente como Asunción, Ana Navarro no hubiera dudado de quién era, qué era. Quizás la revista *Latina* habría reconocido el valor de presentar mi voz y mi historia. Tal vez hubiera sido más fácil para algunas personas ver las múltiples partes de mí, y mis identidades duales no habrían sido tanto un signo de interrogación. Tal vez.

* * *

Aparecí con frecuencia durante los siguientes meses en Court TV, rotando entre programas, hablando sobre una variedad de problemas, desde los vacíos legales que permitieron que un estudiante perturbado de Virginia Tech, Cho Seung-Hui, obtuviera un arma y matara a treinta y dos personas en la universidad en el tiroteo escolar más mortífero de la nación, hasta los derechos de las víctimas de presentar cargos civiles cuando sus agresores son declarados inocentes de un delito. Eventualmente me puse en el radar de los productores de Fox, y un día recibí una llamada preguntándome si estaría interesada en aparecer en *The O'Reilly Factor*.

Bill O'Reilly era un excorresponsal de CBS que presentó brevemente el programa sensacionalista *Inside Edition* antes de aterrizar en Fox, y luego una emisora de televisión relativamente nueva que compite por ser el rival conservador de lo que sus fundadores sintieron fueron las voces más liberales que dominaron las noticias de televisión. O'Reilly se estaba convirtiendo en la primera gran estrella de Fox.

El segmento para el que me querían me enfrentaría a otro abogado, y los dos discutiríamos cuestiones legales. Claro, dije, era un juego.

Para ser sincera, nunca había visto *The O'Reilly Factor*. En realidad, no veo muchas noticias de televisión o programas de entrevistas, lo que sé que es extraño para alguien que es una personalidad de la televisión. Cuando agarro el control remoto, normalmente cambio a un documental, o busco una película como *Un príncipe en Nueva York* o *Atracción fatal*, para mirar por décima o undécima vez. Prefiero enterarme de las noticias leyéndolas, generalmente en el *New York Times* o el *Washington Post*. Pero, aunque no sabía mucho sobre Fox u O'Reilly, reconocí que esta era otra oportunidad, otra plataforma que podría ayudar a impulsar mi carrera.

Llegué a Fox y me presentaron a la abogada que estaría debatiendo. Se llamaba Megyn Kelly. Megyn y yo íbamos y veníamos, cada una de nosotras con nuestro propio punto de vista. Inicialmente, el segmento no se concibió como una característica permanente del programa de O'Reilly. Pero fue una gran idea que desarrollamos orgánicamente, y resultó ser tan popular que se convirtió en un pilar apodado: «¿Es legal?»

Megyn Kelly ha tenido una tremenda caída en desgracia, al igual que O'Reilly, quien perdió su programa a raíz de numerosas acusaciones de acoso sexual en su contra. Megyn, que se convirtió en una figura controvertida cuando finalmente consiguió su propio programa en Fox, *The Kelly File*, recibió un contrato de $69 millones de NBC, sólo para separarse del canal en 2018 después de cuestionar por qué la gente se enojó tanto por la cara negra. Pero en 2006 y 2007, cuando ella y yo debatíamos sobre *The O'Reilly Factor*, Megyn era sólo una abogada como yo, incursionando en su primer intento serio en la televisión.

Una cosa que diré sobre Megyn, fue muy inteligente y diligente. Ella me hizo mejorar, manteniéndome alerta porque no podía enfrentarla sin estar bien preparada, y lo aprecié. En algunos programas, antes de presentarnos, los productores nos entregaban artículos para estudiar y temas generales a los que atenernos, pero a Megyn y a mí nunca nos dieron puntos de discusión. Nos dirigimos una a la otra con honestidad intelectual, debatiendo con argumentos bien fundamentados y basados en evidencia.

Cada vez que llegaba al estudio, encontraba a Megyn en la esquina, revisando escritos legales, y eso es lo mismo que yo hacía No quería resúmenes de notas legales. Quería los materiales de origen. Eso es lo que había aprendido con el juez Bell, quien me enseñó a buscar la razón dada para aprobar una ley, las circunstancias que la hacían necesaria, el debate en el piso legislativo que conducía a su aprobación. Quería meterme en la mente de las personas que solicitaban o creaban las leyes y los fallos judiciales. Y Megyn claramente tenía la misma idea. Amárala u odiárala, ella realmente hacía su trabajo.

Eso es más de lo que puedo decir de algunas de las otras personas que conocí en Fox. El canal de televisión aún no se había convertido en la total máquina de propaganda de la extrema derecha que es ahora, un lugar donde nunca aparecería hoy, sin importar cuánta exposición buscara para desarrollar mi carrera. Pero incluso hace una década, vi cosas que francamente me sorprendieron.

Al entrar al edificio, en los varios pisos donde se grababan los diferentes programas, había una pizarra con los puntos de conversación del día. Entonces, efectivamente, esos temas se repetirían a lo largo de cada programa, durante todo el día. Como analista legal, esos temas fueron la base de cada pregunta que me hacían.

Algunas personas tienen sus dudas con CNN, sienten que se esfuerza demasiado en apaciguar a los conservadores, o que se desvía demasiado a la izquierda, pero les diré que nunca vi algo como esa pizarra o guion en el canal. Nunca. A pesar de toda la charla en la derecha sobre «noticias falsas», es Fox quien encontré que estaba rígidamente programado, haciendo que sus comentaristas y presentadores marcharan a paso cerrado. Ese es el mismo efecto que quiere tener en sus espectadores, yo creo, casi lavarles el cerebro sobre qué creer. Era sorprendente.

Aparecí en Fox un par de veces a la semana. Trabajé con el presentador Shepherd Smith, uno de los pocos periodistas que sentía brindaba una visión objetiva de las noticias. Trabajé con la excopresentadora de *The Five*, Kimberly Guilfoyle, quien finalmente dejó Fox para trabajar para la campaña de reelección de Donald Trump y se involucró sentimentalmente con su hijo, Donald Trump Jr., y con Gretchen Carlson, quien hizo las primeras denuncias de acoso sexual desenfrenado en la cadena de televisión.

También conocí a Jeannine Pirro, la controvertida jueza que ha hecho comentarios antimusulmanes en directo y es una animadora implacable de la administración Trump.

También aparecí en el programa de Sean Hannity en numerosas ocasiones. Era agradable, pero no me pareció que fuera muy inteligente. Era privilegiado y presumido. En lugar de repasar las notas antes de su *show*, lanzaba una pelota de fútbol con sus invitados, como si fuera un juego en el parque en lugar de un lugar de trabajo. En todos mis años trabajando con Anderson Cooper, nunca lo vi tirar una pelota de fútbol.

Tucker Carlson no tenía su propio programa en el momento en que yo trabajaba en Fox, pero también pensé que era un sabelotodo privilegiado. Recuerdo que pensaba: «¿Qué califica a estas personas para reportar hechos y noticias al público estadounidense?». Con la excepción de Shepard Smith, quien creo tomaba su responsabilidad en serio, sentí que muchos de los presentadores y de las estrellas en ascenso allí personificaban la hipocresía tan frecuente en nuestra sociedad, un doble estándar que brinda oportunidades a los blancos, particularmente a los hombres blancos, ya sea que se lo merezcan o no, al tiempo que hace que las personas de color tengan que hacer salto a lo largo, pongan los puntos sobre las íes y se ganen cada credencial, sólo para poner su pie en el puerta. Era indignante.

Conocí a Roger Ailes, el autor intelectual detrás de Fox, que eventualmente perdería su posición debido a las acusaciones de que había abusado de su poder y acosado sexualmente a sus empleados, sólo una vez. No tuve la sensación de que él fuera un fanático mío. Mi presentación a Bill Shine, la mano derecha de

Ailes que al final fue despedido del canal también, y que se convirtió brevemente en el jefe de comunicaciones de la Casa Blanca de Donald Trump, fue igualmente superficial.

Al aprender los trucos de la televisión, conseguí un agente. Pero a pesar de mi fuerte trabajo y apariciones frecuentes, nunca me hicieron colaboradora oficial de Fox. Pronto, una nueva oportunidad apareció en el horizonte.

Los ejecutivos de CNN me habían estado observando. Estaban interesados. Muy interesados.

Finalmente, mi agente, Mark Turner, pudo negociar una muy lucrativa oferta de contrato con CNN y notificó a Fox y le preguntó si hacer una contraoferta.

No lo hicieron. Actuaron como si me estuvieran haciendo un favor.

—Le hemos dado tanto tiempo en vivo —dijo Dianne Brandi, una de las ejecutivas del canal—, y tenemos tantos televidentes que el futuro de Sunny es más brillante aquí. —Según recuerdo, Dianne procedió entonces a ofrecer una cuarta parte de lo que ofrecía CNN.

Dado que se trataba de negocios, mi agente le dio otra oportunidad.

—¿Eso es lo que le están ofreciendo? —dijo ella, incrédula.

—Amamos a Sunny —dijo Brandi—, pero estamos preparados para dejarla ir.

En uno de mis últimos días en Fox, me encontré con Bill O'Reilly. Siempre había sido amable conmigo, aunque nunca parecía tener mi nombre correcto. Pasé por Sunny ahora, lo cual era bastante fácil. Era Hostin lo que se le hacía difícil. Él decía la «o» como si estuviera alargado excesivamente. Lo corregía todo el tiempo, aunque nunca me escuchaba.

Si bien Bill tenía la reputación de ser un poco impulsivo y gritón, nunca me había mostrado ese lado. Creo que él sabía mejor que eso. Me parece que la forma profesional, amigable, pero que no toleraba la falta de sentido en la que yo me comportaba, hizo que todos se dieran cuenta de que no iba a tolerar que me faltasen el respeto. Bill era cordial e incluso me preguntaba sobre mis hijos de vez en cuando. Así que me sorprendió la reacción que tuvo cuando le dije que me dirigía a CNN.

—Hola, Bill —dije, deteniéndolo en el pasillo—. Recibí esta oferta de CNN. Me voy a ir.

—Bueno, esa es tu elección, chica —dijo—. Que te vaya bien.

Eso fue todo. Y él simplemente siguió andando.

Pensé que era frívolo y extraño. Habíamos trabajado juntos durante al menos un año. Me dijeron que cada vez que aparecía en su programa, los índices de audiencia se disparaban por las nubes. Esperaba que dijera: «¿Cuánto te están ofreciendo? Eres tan importante para el segmento legal que no te puedes ir. Tenemos que descubrir cómo hacer que te quedes». Pero a él no pudo haberle importando menos.

No soy ingenua. Kelly era una analista legal y yo era una analista legal. Ella era abogada, yo era abogada, pero, por supuesto, diferíamos de manera significativa. Esto era Fox News y Megyn era una mujer rubia y blanca, mientras que yo era una boricua del Bronx. La raza casi indiscutiblemente fue un factor. Pero no fue la única razón por la cual ella pavimentó un futuro allí mientras yo necesitaba ir a otro lado para dejar mi huella.

La verdad es que Megyn estaba lista y yo todavía lo estaba resolviendo todo. Ella estaba preparada para una mayor oportunidad, y yo no. No entonces. Aún no.

Cuando estábamos en el *set*, a unos metros de O'Reilly y la luz verde de la cámara se encendía, Megyn mandaba en la sala. Ella estaba a cargo.

Ahora he visto esto muchas veces, esa instancia cuando las personas se dan cuenta de que están en un momento decisivo y lo aprovechan. Saben lo que quieren y aprovechan la oportunidad.

Tienes que destacarte entre la multitud, para aflorar. Creo que Megyn sabía que las dos estábamos listas para un gran avance, y ella estaba decidida a ser la vencedora. Ella hablaba más rápido, literalmente se inclinaba hacia la cámara. Ella se hacía cargo de los segmentos. Yo hablaba, pero Megyn me eclipsó constantemente, no porque fuera más inteligente, no porque fuera más refinada, sino porque lo quería más. Yo estaba siendo una jugadora de equipo. Ella quería ser una estrella.

Megyn y yo nos mantuvimos en contacto después de que salí de Fox. Le envié un correo electrónico cuando tuvo su primer hijo, y cuando apareció años más tarde en *The View* para promocionar sus memorias, me detuve en su camerino y nos abrazamos y conversamos. Teníamos una relación genial.

Por supuesto que ya no está en NBC. Pero yo respetaba el esfuerzo hercúleo que la llevó hasta allí. Y aprendí de eso.

CAPÍTULO NUEVE

CNN

A diferencia de Fox, donde corría de un lado a otro desde *The O'Reilly Factor* hasta *Hannity* para programas en Fox Business Network, tuve un papel más formal en CNN. Fui analista legal de *American Morning*, el emblemático programa matutino presentado por John Roberts y Kiran Chetry.

Llegué a mi primer día un poco nerviosa, pero también increíblemente emocionada. Tuve una oportunidad a tiempo completo por la mañana para un canal que básicamente había revolucionado la televisión, ejecutando programación las veinticuatro horas del día y centrándose en los eventos de noticias que suceden en todo el mundo. Lo que no me di cuenta cuando intenté calmar mis nervios para dormir la noche anterior fue que estaba a punto de ser arrojada a los lobos.

La sala de redacción zumbaba como una colmena mientras

los productores hojeaban periódicos y se desplazaban a través de artículos en línea, y los reporteros y camarógrafos recibían sus órdenes de marcha sobre las tareas que perseguirían ese día. No estaba segura de dónde encontrar mi escritorio en medio de ese remolino de movimiento, y pronto descubrí que a nadie le interesaba en lo más mínimo mostrarme.

Finalmente, le pregunté a alguien si había un lugar vacío donde pudiera guardar mis cosas y ella distraídamente me señaló en dirección a un cubículo. Me quité la chaqueta, dejé mi bolso y luego seguí tropezando con un millón de preguntas bailando en mi cabeza. ¿A qué hora eran las reuniones matutinas? ¿Dónde estaba yo en el resumen del espectáculo? ¿Cuánto duraba mi segmento? ¿Había un guion para yo seguir de manera general, o debería simplemente improvisar?

Ahora sé que al negociar un contrato se incluye el requisito de que se me asigne un productor, para poder tener alguna orientación sobre la disposición del terreno. Pero esta fue mi primera posición permanente en la televisión, y de alguna manera ni mi agente ni yo habíamos pensado en incluir esa disposición. Ahora tenía que hundirme o nadar sin una lección o un chaleco salvavidas.

Un productor finalmente me encontró, y me llevó a una breve reunión sobre las historias de las que estaríamos hablando ese día. John Roberts, quien unos años más tarde se convertiría en corresponsal de Fox News en la Casa Blanca, se parecía a una versión más joven del legendario presentador de CBS, Dan Rather. Era serio en su comportamiento, pero cortés. Kiran también era agradable, aunque estaba claramente preocupada, examinando sus notas antes de que comenzara el *show*.

Mis primeros segmentos fueron bastante bien. Yo conocía bien los temas y tenía suficiente experiencia gracias a Court TV y Fox para no congelarme por el miedo escénico cuando las cámaras parpadeaban. Pero la bienvenida al azar que me había recibido estaba lejos de ser reconfortante. Hasta ahora, CNN definitivamente no se sentía como estar en casa.

CNN marcó mi primera introducción real a la naturaleza de sálvese quien pueda de las noticias de televisión. Al caminar por los pasillos de la sede de Fox, sin duda había sido consciente de lo competitivo que podría ser ese mundo. Pero ser una abogada mitad negra y mitad latina que aparece dos veces por semana en una red muy conservadora no hizo exactamente que los corresponsales y presentadores de Fox a tiempo completo temblaran de miedo. Dudo que me hayan visto como una amenaza, por lo que los cuchillos realmente no apuntaron en mi dirección. En CNN, sin embargo, estaba bajo un microscopio.

Siempre he aprendido con rapidez, ya sea que abordara la trigonometría por primera vez en octavo grado o aprendiera los pormenores de las fusiones de las turbinas de gas como abogada antimonopolio. Pero sea cual sea la situación nueva que encuentres, cualquier trabajo nuevo que tomes, es útil tener un mentor o un aliado que te ayude a comprender los códigos y las reglas que rigen ese espacio en particular. Una de las grandes peculiaridades de las noticias de televisión era que las personas que estaban dispuestas a pagarte un gran salario no estaban dispuestas a invertir el tiempo para ayudarte a hacer lo mejor y garantizar por lo que te estaban pagando. Estaba muy claro que CNN no me iba a preparar para el éxito. Al igual que mi odisea diaria cuando era niña para ir y venir de Dominican Academy, iba a tener que navegar por este campo minado por mi cuenta.

Tenía un contrato, el santo grial para muchos, pero durante meses luché. A nadie le gusta sentir que no sabe lo que está haciendo, pero fue aún más difícil caer de bruces, más veces de las que puedo contar, frente a millones de personas y tener a los jefes desanimándome, incluso burlándose de mi desempeño, sin ofrecer un consejo para ayudarme a mejorar.

Había dominado las bromas con otros panelistas o presentadores en mi trabajo televisivo anterior. Pero ahora, al lidiar con segmentos con guiones y una variedad de nuevas personalidades, estaba tropezando con los inevitables problemas que ocurren cuando trabajas en la televisión, como estar en directo y de repente tener un ruido blanco en mi oído en lugar de escuchar un informe. La gente del *set* está parloteando y no puedes escuchar una palabra. Luego, unos minutos después, se detienen, te miran fijamente y tienes que responder.

O escribes la introducción a tu segmento, se alimenta al *teleprompter*, se enciende la cámara y el guion no está allí. ¿Qué tal si te has preparado para las preguntas que los productores han escrito específicamente para que los gráficos apropiados estén listos para la historia, y luego el presentador saca una pregunta de la nada que no estás preparada para responder? Cuando después fui a ABC, me enteré de que George Stephanopoulos, presentador de

This Week y copresentador de *Good Morning America*, lo hace todo el tiempo.

Pero quizás la experiencia más humillante de todas es saber la respuesta, luego, después de que se plantea la pregunta, de repente la mente se queda en blanco.

Esas son situaciones que se esperan en la televisión en vivo, especialmente cuando estás en la calle y participas en un debate rápido y acalorado con el presentador en el estudio. Pero cuando todavía estás arrancando, las experiencias como esas te sacuden. Eres como un ciervo ante los faros, con la lengua atada y avergonzada. Casi peor que imaginarte a los millones de desconocidos que observan tu humillación es darte cuenta de que tu madre y tus abuelas probablemente también estén mirando sus televisores, con las palmas de las manos sudorosas y los corazones palpitantes, mientras te ven caer.

Siempre había sido ambiciosa, pero no tenía los instintos afilados de muchos de mis nuevos colegas en el canal. La televisión es un lugar donde las personas protegen su territorio con sus vidas, siempre nerviosos por perder su posición y sospechan de la nueva cara que podría robarla. Pronto se hizo evidente, cuando vi a las personas voltear su mirada cuando pasaba, o dudar en responder preguntas tan básicas como dónde podría encontrar la copiadora, que había mucho celo y resentimiento por parte de las personas que se preguntaban quién demonios era esta nueva chica haciendo todo este dinero, para este papel prominente, que la mitad del tiempo no parecía saber lo que estaba haciendo.

Estaba tratando de tocar el agua en un pozo de serpientes. Pero esta era una oportunidad demasiado grande para abandonar sin luchar. Fue de seguro difícil encontrar amigos y aliados. Pero tuve que intentarlo. Poco a poco, comencé a construir relaciones.

Primero recurrí a Kiran ya que ella y yo trabajábamos juntas casi todos los días. Le pregunté cómo podía mejorar.

—Bueno, lo primero que debes hacer es ponerte un poco de rímel —dijo sin vacilar.

Yo no me maquillaba mucho, ni en la sala del tribunal, ni en las reuniones. Yo era del pensar que quería que la gente prestara atención a lo que tenía que decir, el intelecto y las habilidades que traía a la mesa, no a mi apariencia. Inicialmente, no dejé que el escuadrón del glamur de CNN hiciera más que ponerme un poco de polvo en la nariz para reducir el brillo. Pero Kiran me dijo que dejara atrás esas costumbres y que me metiera de cabeza en el juego de la televisión.

—Mucha gente ve televisión con el volumen bajo —explicó—. Tienes que verte bien. Esto es televisión, no la radio, cariño.

Los hombres de color que trabajaban en la sala de redacción me parecieron particularmente comprensivos. T. J. Holmes, un joven y atractivo presentador con el que trabajaría más tarde en ABC, tenía una sonrisa de megavatios y una ejecución vibrante a la hora de comunicar los titulares del día. Naturalmente, tengo una imagen más moderada, pero T. J. dijo que tenía que animar a los espectadores cuando comenzaban su día, no hacer que quisieran volver a dormir.

—¡Tienes que tener energía en la televisión matutina! —me aconsejó.

También fui conociendo a Don Lemon. Guapo, con una voz

que te hace sentir como si estuvieras envuelto en una manta de cachemir, Don fue una de las pocas personas que fueron acogedoras desde la primera vez que dijimos «hola». Los dos conversábamos y tomábamos una taza de café de vez en cuando.

Ali Velshi, quien finalmente dejó CNN para ir a Al Jazeera y luego a MSNBC, también fue muy amable, me decía cada vez que pensaba que había hecho un buen trabajo y me alentaba cuando tenía alguna torpeza en el aire. «A veces, un invitado me arroja algo totalmente inesperado», me dijo una vez después de haberme tropezado con una respuesta. «Simplemente cambio el tema y sigo hablando».

Reuní todos esos consejos, los archivé en mi cerebro y comencé a incorporarlos en mi trabajo. Cuando no sabía la respuesta a una pregunta, simplemente lo admitía y luego cambiaba a un tema que conocía bien. «No estoy segura de eso», diría, «pero déjenme decirles lo que pienso sobre esto, que es igualmente importante».

Si mi auricular dejaba de funcionar, volvería a decir la verdad. «Lo siento, no pude escuchar tu pregunta, pero déjame decirte...».

Y aprendí a tener siempre notas, conocidas como «tarjetas azules», frente a mí en caso de que hubiera un problema con el *teleprompter*.

Llevo tanto tiempo en la televisión que puedo recuperarme rápidamente e incluso divertirme con una falla en la memoria, una pregunta difícil o una pantalla de *teleprompter* en blanco. Pero aprender cómo hacerlo hace trece años, cuando todo esto todavía era nuevo, era difícil, incluso doloroso. Soy una perfeccionista y cada tontería en el aire se sentía tan humillante.

Además de tener que aprender a recuperarme cuando había un contratiempo en directo, también me di cuenta de que un solo segmento, aunque regular, en el programa matutino no me brindaba mucho tiempo de transmisión. Con docenas de reporteros en el personal, había mucha competencia y atropellos para ser elegidos para cubrir las historias del día, y no podía esperar a que los productores me dieran un segmento jugoso. Necesitaba tener ideas propias.

Al escuchar a mis colegas trabajar con los teléfonos, comencé a reconocer que las conexiones eran oro, que las fuentes lo eran todo. Lo comparé como cuando era la directora en una firma de investigaciones. Mientras más negocios trajeras, más poder tenías. Ser capaz de obtener primicias sobre una acusación inminente o un cambio de política significativo aumentaría mi prestigio en un canal ansioso por acumular espectadores al ser primero con una historia fascinante.

Escuchaba a alguien sentado a un par de cubículos llamando al Departamento de Justicia y pensaba para mis adentros: «Espera. ¡Todavía tengo muchas conexiones allí!». Cuando la administración Obama estaba decidiendo quién sería el próximo fiscal general, comencé a llamar a mis viejas colegas para averiguar qué sabían. Trabajando con mis contactos, creo que fui una de las primeras personas en adivinar correctamente que Eric Holder se convertiría en el fiscal general de los Estados Unidos número ochenta y dos. Comencé a sentir que tenía algo de poder, más que muchos otros a mi alrededor. Y los ejecutivos y productores de la cadena de televisión se dieron cuenta.

Luego, comencé a pensar en segmentos que podría lanzar que me favorecieran, y busqué modelos a seguir, corresponsales que tuvieran mucho tiempo de transmisión, que pudiera emular. Una persona cuya carrera pensé que podría ser una plantilla para mí fue la del Dr. Sanjay Gupta.

Sanjay era un neurocirujano que se había labrado un papel como experto médico de CNN. Ha sido parte activa de una serie de programas y ha presentado especiales y programas en los que ha ofrecido su experiencia en todo, desde el virus del Ébola, hasta la naturaleza cuestionable de las evaluaciones médicas realizadas por los médicos que atienden a Donald Trump.

Aunque Jeffrey Toobin, un estudioso abogado graduado de Harvard y escritor habitual para el *New Yorker*, tenía el puesto de analista legal prácticamente dominado durante las horas nocturnas de CNN, pensé que podría modelar un rol legal similar al rol médico de Gupta para los programas diurnos del canal.

Un día saqué a Sanjay a un lado. Le dije que mi bandeja de entrada estaba llena de correos electrónicos de los televidentes pidiéndome consejos sobre los asuntos con los que estaban lidiando, ya fuera una disputa con un vecino o una relación irritable con el gerente de la oficina. Sanjay tenía un segmento llamado *Paging Sanjay Gupta*, donde abordaba las preguntas de los espectadores sobre la salud. ¿Qué tal si lanzo un segmento similar llamado *Sunny's Law*?

Sanjay fue increíble, solidario y generoso. Él pensó que era una gran idea. Y, para mi deleite y admito mi sorpresa, algunos de nuestros productores estuvieron de acuerdo. Pronto tuve un segmento con mi propia marca.

Sunny's Law resonó entre los espectadores. Pronto, pedí tener mi propio productor que pudiera ayudarme a elegir las preguntas y dar mejor forma a los segmentos. Me asignaron a Sandra Booker, una mujer negra que era una veterana de noticias. Ella tenía una gran sensibilidad para detectar cuáles temas resonarían con la mayor parte de nuestra audiencia.

También decidí que quería hacer algo más que ofrecer análisis o responder preguntas de los espectadores. Quería ser corresponsal, salir al campo y presentar reportajes. Una vez más, había visto a Sanjay hacerlo, y sabía que yo estaba tan familiarizada con los tribunales como Sanjay con una sala de operaciones.

Dado que la medicina y la ley a menudo se cruzaban, como en el ámbito de las demandas por negligencia médica, Sanjay estuvo de acuerdo con que reportáramos algunas historias juntos. Un segmento que hice que tocó ambos campos fue un informe sobre la difícil situación de las enfermeras filipinas que habían presentado una demanda contra el hogar de ancianos donde trabajaban.

Tendría que rastrear el discurso de la televisión para grabar un guion, algo que no había hecho mucho antes, ya que generalmente estaba ofreciendo comentarios en vivo o trabajando con otro periodista, como Sanjay, quien narraría la historia. Ahora que sería yo quien grabaría el segmento, pensé que usaría una inflexión similar al tono autoritario en el que caería mientras discutía en el tribunal o realizaba una entrevista. Pero grabar era una habilidad completamente diferente, que me exigía saber cómo enfatizar ciertas palabras de una manera a la que no estaba acostumbrada.

Hacía una toma y los productores la devolvían. No intentaban ser amables.

—Esto es basura. Hazlo otra vez.

Lo hacía y entonces recibía más críticas.

—Realmente no eres buena en esto —me dijo un productor.

—Lo sé —respondí abatida—. ¿Tiene algún consejo?

—No tengo tiempo —decía—. Pero si no puedes hacer esto, es posible que tengamos que rechazar la idea.

Estaba preocupada, exasperada y realmente necesitaba ayuda. De repente me vino a la mente que tal vez Soledad O'Brien podría darme algún consejo.

Al igual que yo, Soledad era una latina negra, pero a diferencia de mí, parecía haber encontrado su equilibrio en CNN, forjando un nicho como corresponsal y como presentadora. No éramos necesariamente amigas, pero ella siempre fue amable y me saludaba cuando nos cruzábamos en el estudio o nos encontrábamos en el baño de las mujeres.

Fui y llamé a su puerta. «Necesito tu ayuda», dije.

Soledad no dudó. Ella caminó conmigo a una cabina de edición y juntas nos pusimos a trabajar.

—Piénselo de esta manera —me explicó—. Sólo tienes cincuenta dólares, lo que equivale a un párrafo. Cada palabra que es lo suficientemente importante como para gastar diez dólares, esa es la palabra que encierras en un círculo, esa es la palabra que enfatizas. Esa es la palabra que se marca al hablar.

Que su tutoría fuera tan simple de entender realmente me dio un mapa que sentí que podía seguir. Hice la grabación exactamente como ella dijo. Los productores no elogiaron el hecho de que finalmente lo había hecho bien, pero no me dijeron que lo volviera a hacer. La pieza finalmente se emitió y recibí muchos comentarios positivos de los espectadores.

No creo necesariamente que la indiferencia que encontré en CNN haya sido motivada por el racismo consciente. Las noticias de la televisión, con su promesa de influencia, fama y mucho dinero, son ferozmente competitivas, y algunos son más inteligentes en cuanto a cultivar la gestión y ponerse en el centro de atención que otros. Pero las personas negras y morenas continúan siendo una minoría en las salas de redacción, y debido a que no nos parecemos a la mayoría de las personas que normalmente han sido los presentadores y las estrellas del medio, no siempre se nos considera tener el mismo potencial o merecer la misma mentoría.

A lo largo de mi carrera, he visto a muchas personas recibir semanas, a veces meses, de formación y orientación en los medios, a pesar de que muchos de esos reporteros y anfitriones provenían de estaciones en las principales ciudades, o incluso de otro canal, y presumiblemente ya deberían haber sabido cómo narrar una noticia o escribir un guion ajustado. He visto a reporteros aparecer sin preparación día tras día, o ser una mala elección para un puesto, pero siguen tropezando mientras suben por la escalera, ya que se les dio una oportunidad tras otra. O tal vez se les colocaría en una alta posición sin experiencia previa, y se les tomaría de la mano hasta que lentamente comenzaran a mejorar.

Nunca se me brindó esa enseñanza, ese entendimiento, nunca se me concedió esa deferencia. Y la verdad es que era irritante.

* * *

La televisión es una puerta giratoria ya que los programas se reestructuran o reemplazan para cumplir con los cambiantes estados de ánimo de un público caprichoso. La televisión matutina es la que realmente genera dinero en las noticias de transmisión y por cable, pero puede ser particularmente volátil. Un día, después de meses de *ratings* tibios, se le dijo al equipo de *American Morning* que nuestro programa obtendría un nuevo productor ejecutivo.

Janelle Rodríguez era una mujer puertorriqueña con mucha experiencia bajo la manga y realmente era un soplo de aire fresco. Su energía e ideas sobre los temas y el ritmo del programa realmente lo hicieron sentir más dinámico y acogedor. Me gustó, me gustaron los cambios que implementó, y sentí que finalmente estaba alcanzando mi ritmo, anotando primicias, informando asignaciones y, por supuesto, todavía brindaba análisis legales de manera constante.

Al final de la primera temporada de Janelle, nos llamaron para reunirnos con ella. Tenía ganas de reunirme. Aunque estaba más cómoda, sabía que todavía era una novata con mucho más que aprender. Quería asumir un papel potencialmente más importante en el programa, tal vez incluso sustituir de vez en cuando, cuando John o Kiran estuvieran libres. Entonces, la mañana en que Janelle y yo íbamos a conversar, tomé una libreta y anoté algunos de los puntos que quería discutir.

No quería contar una historia triste, pero como Janelle no había estado presente cuando me contrataron por primera vez, quería decirle que había tenido problemas y que no había recibido mucha retroalimentación. Estaba interesada en la capacitación en medios y cualquier otro consejo que ella tuviera que ofrecer.

Janelle me dio una mirada perpleja cuando me senté.

—Oh —dijo ella, luciendo desconcertada—. Estás lista. Trajiste tu libreta y todo.

—Sí —dije, con la ansiedad usual de la estudiante de «A»—. Quisiera comentar con usted algunas ideas.

Rápidamente se hizo evidente que no estaba interesada en mis ideas, o cualquier otra cosa que tuviera que decir.

—Te mandé a llamar para decirte que he decidido no renovar tu contrato —dijo. Parecía estar a punto de reírse de hasta qué punto se había desviado esta reunión de lo que yo esperaba.

—Disculpe —le dije, mientras la sangre se drenaba de mi cara y se me iba a los pies.

—Tuve que hacer algunos recortes —respondió ella con naturalidad—. Y tú eres uno de ellos.

Ahí estaba, llena de vida y energía, pensando que esta reunión era como las evaluaciones de desempeño que había tenido a lo largo de mi carrera legal, cuando mi jefe y yo discutíamos objetivos y formas en las que podía mejorar. En cambio, estaba siendo despedida.

Así es la televisión, caótica y fría. Un día estás en la cima del mundo, con un gran contrato entremanos, y un año después, te quedas sin trabajo. Si a un programa no le está yendo bien, hay demasiado dinero en juego para brindarle años hasta que «encuentre» una audiencia. Hoy entiendo que así es como funciona, y años más tarde, una vez que Janelle se mudó a un puesto en NBC, en realidad me contactó para posibles oportunidades allí. Pero ese día en 2009, me sentí tonta. Realmente fue la primera vez, profesionalmente, que había fallado en algo. Empaqué mi libreta amarilla, las fotos de Manny y mis hijos que estaban sobre mi escritorio, y me fui a casa.

Estaba devastada, en parte porque realmente no lo había visto venir. Después de ese primer año lleno de errores, comencé a ser más fluida en directo y a manejar mejor los percances cuando ocurrían. La enseñanza que recibí de personas como T. J., Kiran y Soledad definitivamente me ayudó, y hacía tiempo que no recibía comentarios negativos de los productores u otras personas con las que trabajé.

Pero mi carrera televisiva parecía haber terminado. Tal vez mami había tenido razón después de todo.

*   *   *

Volví a hacer trabajo legal a tiempo parcial. Luego, aproximadamente un año después de que me despidieron de CNN, recibí una llamada. Court TV había pasado a llamarse truTV y tenía un nuevo equipo de gestión dirigido por un hombre llamado Ken Jautz. Uno de sus cambios de programación fue crear una función diaria denominada *In Session* en la que se discutían casos legales y noticias de última hora durante algunas horas. El productor que me llamó me dijo que recordaba que había sido una de las estrellas en los primeros días de Court TV. ¿Me interesaría volver como una de los analistas legales del canal?

Court TV fue donde comencé, el lugar que me dio mi primera oportunidad de un sueño de años. Realmente lo disfruté. E incluso echaba de menos el frenético ajetreo de CNN, así hubiera sido una gran prueba de fuego durante mi tiempo allí. Tenía muchas ganas de volver a la televisión. No tuve que pensarlo dos veces. Dije que sí.

TruTV era propiedad de Time Warner, la empresa matriz de CNN, por lo que ambas redes estaban ubicadas en el mismo edificio. Me dolió un poco regresar allí dada la forma en que había dejado CNN y saber que ahora estaría trabajando para una entidad que era una parte menos prestigiosa de la familia CNN. Pero trabajar en un piso diferente era sólo un recordatorio de cuán lejos había caído.

La televisión, con sus largas horas y su política salvaje, en muchos sentidos no es tan glamorosa como la gente piensa. Pero mi último trabajito ni siquiera tenía el revestimiento brillante. No estaba ganando ni cerca del dinero que ganaba antes. Y en lugar de ser recogida todas las mañanas por un sedán de lujo y llevada a un *set* espacioso y hermoso, me dirigía yo misma al Time Warner Center, la masiva sede central de CNN en Columbus Circle, cerca de la esquina noroeste de Central Park.

Brindaba mis comentarios en lo que se conocía como un estudio *flash*. A veces me sentaba sola, pero a menudo me apretujaba detrás de un pequeño escritorio con otro abogado. La cámara se movía de un lado a otro entre nosotros para que pareciera que estábamos ofreciendo nuestro análisis desde dos habitaciones diferentes cuando en realidad estábamos casi sentados en la falda del otro.

Fue una lección de humildad, lo puedo decir con certeza. Pero tomé el trabajo porque quería mantener el músculo de aparecer en directo en la televisión. Sentía que, por más espartano o sombrío que fuera el entorno, era lo suficientemente afortunada de poder seguir escuchando mi voz en los casos legales del día. De vez en cuando me llevaban a la sede de CNN en Atlanta, y también aparecía en HLN, red hermana de Tru y CNN. En HLN, me reuní con mi vieja amiga Nancy Grace.

La historia de la figura solitaria que se levanta a sí misma para alcanzar las alturas del éxito es un mito estadounidense definitorio. Pero tan importante para la identidad estadounidense como pueda ser esa historia, de hecho, es un cuento de hadas. Sé de primera mano que, por muy preparado y trabajador que seas, es fundamental, tal vez incluso lo que marque la diferencia, que haya personas en tu vida que estén dispuestas a darte una oportunidad; personas que te proveerán el escenario para mostrar de lo que eres capaz, ya sea que Miss López me recomendara para pasar al quinto grado o si el director de la asociación de antiguos alumnos de Notre Dame me recomendara para un puesto en la corte del juez Bell. Nancy también fue siempre una de mis animadoras.

Ella me dio mi primera oportunidad de ser presentadora, al decirle a los productores que me dejaran reemplazarla cuando se fuera de vacaciones. Siempre le estaré agradecida por creer en mí y permitirme expandirme y crecer. El estilo de Nancy no era del agrado de todos, pero tenía muchos seguidores, y cuando la sustituí pude mantener los índices, que normalmente era lo único que importaba para los ejecutivos de programación. Resultó que potencialmente podría llevar un programa.

Empecé a pensar más en convertirme en una presentadora. Pero cada vez que la cadena de televisión buscaba nuevos anfitriones, en lugar de probarme, me hacían sentar con los candidatos de trabajo típicamente masculinos en mi papel estándar como analista. Básicamente estaba ayudando a la otra persona con su audición. Lo encontré increíblemente insultante. Había cubierto varias veces a Nancy Grace, posiblemente la estrella más grande de HLN, y no había perdido espectadores. Yo también quería una prueba.

Llamé a uno de los altos ejecutivos, Tim Mallon, para preguntarle qué estaba pasando. «Eres buena en lo que estás haciendo», dijo, básicamente diciéndome que necesitaba seguir con lo que sabía hacer.

—Lo entiendo —dije—. Pero todavía quiero audicionar.

Seguí preguntando, y tal vez, para que me callara, finalmente conseguí una. La cadena de televisión en realidad me llevó de Nueva York a Atlanta para ello, y si es por mí hice un gran trabajo. Pero aparentemente, yo era la única que creía eso. Tim me dijo que no tenía lo que se necesitaba para ser la presentadora de un programa a tiempo completo. En resumen, me estaba diciendo que necesitaba permanecer en mi carril.

Todavía tengo esa cinta de audición. Desde que me convertí en coanfitriona de *The View*, en realidad la he vuelto a ver. ¿Y saben qué? Estuvo bien. Realmente bien. El ejecutivo con el poder de hacer que las cosas sucedan simplemente no estuvo de acuerdo. No podía verlo, y eso está bien. Es un negocio subjetivo. Pero sabía que no podía volver a sentarme en un escritorio en ese estrecho *set*, con una cámara moviéndose de un lado a otro. Ese momento de rechazo encendió un fuego dentro de mí. Tenía que encontrar una nueva forma.

Para entonces, había estado en Tru por un par de años. Había sido la jugadora de un equipo, haciendo un buen trabajo. Ahora quería más. Fui a Ken Jautz, a sus contrapartes en la red madre, y también a mi agente y les dije a todos que quería pasar de *In Session* a convertirme en un analista a tiempo completo para CNN y HLN.

También comencé a buscar personas como Anderson Cooper y Don Lemon, quienes tenían sus propios programas. Había aparecido en sus programas para ofrecer comentarios legales. Ahora les pregunté si me tendrían más a menudo.

Mi estancia en Tru tampoco me impedía aparecer en otros lugares, así que ofrecía análisis legales de vez en cuando en la edición de fin de semana del programa *Today*, así como en los programas de CBS. Tuve conversaciones con los ejecutivos de MSNBC para explorar oportunidades potenciales allí.

También tuve personas como Nancy Grace y Soledad que me respaldaron, respondiendo por mi talento y diciéndoles a los productores: «Hola. Sunny puede hacer esto».

La suerte significa que tu preparación tenga una cita con la oportunidad. Creo que todo esto, mi aparición en otras cadenas de televisión, el aumento de mis apariciones en los programas de CNN, la firma conjunta que obtuve de colegas respetados, me ayudaron a llevarme de vuelta irremediablemente al redil. Mi agente recibió la llamada. Oficialmente volvería a ser parte de CNN.

* * *

En el mundo en general, a medida que avanzaba mi carrera televisiva, comencé a ser reconocida cada vez más. Caminaba por la calle y de repente veía a un transeúnte mirarme dos veces. O, de vez en cuando, salía a comprar un sándwich solo para que otro cliente se acercara tímidamente a preguntarme si era «esa abogada en la televisión».

Pero en nuestra sociedad, donde los empresarios pueden hacer que la policía los visite en un Starbucks porque el barista desconfía de dos hombres negros que se sientan y no ordenan nada, en un país donde los guardias de seguridad discriminan e inmovilizan a los estudiantes universitarios negros de la Ivy League, en una nación donde la policía está llamada a suprimir a los negros que hacen asados en un parque de Oakland, ser una personalidad televisiva no me protegió de la intolerancia que sigue persiguiendo a las personas negras y de color, sin importar lo que hayamos logrado.

Al igual que hace no mucho tiempo me encontré con una empleada de ventas blanca en una tienda por departamentos de lujo en Westchester. Desde el momento en que entré, estaba claro que ella me estaba siguiendo.

Era una tarde de otoño. Tuve un día libre muy necesario de CNN y mami y yo fuimos en carro desde nuestra casa a una tienda en Westchester para hacer algunas compras.

Tan pronto como salimos del ascensor, apareció la vendedora. Era joven, blanca e intentaba seguirme.

Cuando me moví, ella se movió. A donde iba, ella me seguía.

Si hubiera salido de esa tienda con bolsas de compras desbordadas, su cheque de pago probablemente habría recibido un impulso significativo ya que la mayoría de los vendedores dependen de las comisiones. Pero a ella no le habría importado menos ayudarme.

Yo seleccionaba de entre los vestidos mientras ella se movía a unos metros de distancia, entre las camisas y los pantalones vigilándome por el rabillo del ojo. Saqué un par de pantalones de mezclilla ajustados de una pila, con ganas de probármelos. Pero ni ella ni ningún otro empleado se me acercaron.

Caminé hacia la sección dedicada a la marca de diseño Max Mara, agarré un par de pantalones holgados, y aún nadie en el piso de ventas preguntó qué más me podría interesar u ofrecer para conseguirme una llave del vestidor. Me quedé inquieta mientras veía a otros compradores —mujeres blancas— entrar y salir del área de los probadores. Mientras tanto, mi sombra continuaba cerca. Le di un codazo a mami.

—Esta mujer me ha estado observando desde que llegamos a este piso —le dije. Mami rápidamente echó un vistazo detrás de mí.

—Oh —dijo mami, agitando la mano como para quitarse un molesto mosquito, o un pensamiento que no quería albergar—. Probablemente ella sólo te reconozca de la televisión.

Pero yo sabía que la asociada de ventas no quería un autógrafo. Al igual que muchas mujeres negras, me había acostumbrado a los desaires y humillaciones diarias, a las innumerables microagresiones, acumuladas sobre nosotras sin importar nuestros logros.

Por lo general, me gustaba vestirme un poco cuando iba a los grandes almacenes y boutiques de lujo a lo largo de la Quinta

Avenida y Madison, calzaba un par de zapatos Manolo Blahnik y me envolvía los hombros en una bufanda Chanel, para que me dieran el beneficio de la duda de que tenía dinero para gastar, que merecía un servicio adecuado, que merecía respeto.

Pero cuando decidí ir de compras esa mañana, sólo quería estar cómoda. Me puse una gorra de béisbol, un par de pantalones deportivos Lululemon y una camisa de extra grande, y luego salí por la puerta.

Esa vendedora no vio a Sunny Hostin, una exfiscal federal con un lugar permanente en el canal de noticias por cable más grande del mundo. Vio a una mujer negra vestida de manera informal, que probablemente pensó que no tenía dinero y, que desde luego, no tenía nada que buscar paseando por los pasillos perfumados de esa tienda. En el mejor de los casos, era una cliente que no valdría la pena esperar, y en el peor de los casos, una posible ladrona de tiendas para quien tendría que llamar a la seguridad o incluso a la policía.

Ya tuve suficiente. «Disculpe», le dije a la vendedora, que para entonces me había seguido durante casi media hora. Mi voz era tranquila pero firme. «No necesito ninguna ayuda. Y tampoco necesito que me siga».

Parecía sorprendida, con los ojos muy abiertos. Luego, sin ofrecer una excusa o una disculpa, se dio la vuelta y se escabulló.

Así como mi presencia pública no me protegió de los prejuicios y la discriminación, mi doble identidad seguía siendo interrogada a pesar de que era muy abierta sobre el hecho de que era negra y puertorriqueña cuando hablaba en la televisión. CNN Español, por ejemplo, apenas me brindó oportunidades.

No estoy segura de dónde vino la desconexión. Mi oficina estaba prácticamente al lado de la colección de salones sede de CNN Español NY. A veces me decía a mí misma que tal vez todo habría sido más claro si no hubiera hecho el cambio de nombre, si «Asunción» hubiera estado en la placa de mi puerta en lugar del anglicanizado y simplificado «Sunny».

Pero era miembro de la Asociación Nacional de Periodistas Hispanos, asistía a sus conferencias nacionales y a la reunión ocasional del capítulo local donde estoy segura de que algunos de los miembros del equipo de CNN Español me habían visto. Y sé que las personas negras en CNN definitivamente sabían que yo era mitad latina. La dolorosa realidad es que el fracaso inicial de CNN Español en reconocerme probablemente tuvo más que ver con las mismas suposiciones estrechas sobre cómo se supone que debe ser una latina que había experimentado a lo largo de mi vida. Los productores de allí fueron mucho más rápidos para solicitar a mi compañero de oficina, Jean Casarez, que también era mitad latina, pero de piel muy clara y ojos azules, y Soledad, cuya madre era afrocubana.

De nuevo, fue como si tuviera que ofrecer algún tipo de prueba.

«¿Eres latina?», una productora finalmente me preguntó una tarde, después de que me escuchó hablar en español con Jean. Era como si de repente hubiera escuchado a un cachorro recitar a Shakespeare.

Cuando le dije que mi madre era de Puerto Rico, ella y otros en CNN Español finalmente se volvieron más acogedores y dijeron que les encantaría que yo les hiciera algunos reportajes.

Años después, cuando fui a ABC, tendría una experiencia dramáticamente diferente con mis colegas latinos. Para entonces, la comunidad en general me había aceptado, invitándome a ser embajadora en el Desfile de la Parada Puertorriqueña, nada menos. Me gritaban caminando por la calle, con extraños saludándome en español. Y dentro de los pasillos de la red, era literalmente «¡Hola, amiga!». Me entrevistaron en español en WABC, la filial local de Nueva York de ABC, y me volví bastante cercana con compañeras de trabajo latinas como Cecilia Vega. Pero en CNN, ese tipo de reconocimiento tomó un tiempo para consolidarse.

Aun así, dadas las locas contradicciones de color, raza y percepción, mi piel y mi cabello más claros a veces me daban un amortiguador de algunas de las peripecias que mis compañeros de tez más oscura tenían que soportar.

No tengo anécdotas específicas para compartir acerca de cómo me eligieron para un puesto o me dieron una oportunidad, porque los blancos se sentían más cómodos mirándome a mí que a alguien que tenía la piel color ébano o el cabello retorcido en mechones. Pero no me engaño. El favoritismo no tiene que ser tan explícito para yo saber que me beneficio.

Hay personas blancas que se irritan cuando se menciona el privilegio blanco, diciendo que nunca se les ha entregado nada debido a su raza. Pero para mí, eso no es lo que significa el privilegio blanco. Más bien, los beneficios surgen de la ausencia, la ausencia de la intolerancia y de las barreras injustas; la ausencia de estereotipos y las expectativas disminuidas. Muy simplemente, el privilegio es la libertad que viene de no enfrentar la discriminación porque eres blanco.

Y así como hay una cosa conocida como privilegio blanco, también hay un privilegio otorgado a aquellos que son de piel más clara. Ciertamente nunca he tenido a nadie blanco que me pida tocar mi cabello como le han pedido a Kathy y a algunos de mis otros amigos de piel más morena, como si sus mechones rizados fueran una especie de rareza espacial. No tener que contemplar cómo responder a algo que, si no es malévolo, es ciertamente caer en la otredad, así como suposiciones o percepciones mucho más negativas es definitivamente un privilegio. Sería ridículo para mí pensar que tales ventajas no existen en una sociedad tan consciente del color como la nuestra, incluso si a veces también me enfrento a la intolerancia antinegra. Sé que existen.

* * *

Si bien aprecié volver a CNN como analista, había crecido mucho en los cinco años transcurridos desde que entré por primera vez al *set* sin saber siquiera dónde debería sentarme. Estaba más informada, más y más segura de hacia dónde quería que fuera mi carrera. Quería tener más poder para decidir y dar forma a las historias, para conseguir relatos sobre las sentencias injustas y la discriminación racial en directo. Para hacer eso, necesitaba ser una presentadora.

Comencé a ejercer presión agresivamente para tener la oportunidad de sustituir cuando alguno de los presentadores de la cadena de televisión estuvieran de salida. Pero algunas de mis compañeras no eran tan generosas como Nancy Grace. Ni por una milla. Una presentadora, que sigue teniendo su propio programa y que en ese momento yo creía que era una amiga, específicamente les dijo a los productores que no quería que yo la cubriera cuando ella estuviera fuera.

En otra ocasión, finalmente me puse en el itinerario para sustituir a una anfitriona que iba a estar de vacaciones durante una semana. Cuando descubrió que yo sería su reemplazo, sorprendentemente canceló su tiempo libre con sus hijos para que yo no pudiera sentarme en su silla como presentadora durante algunos días.

Por un lado, me molestaba que estas mujeres se comportaran tan egoístamente, especialmente cuando realmente confiaba en una de ellas. Por otro lado, pensé que debía ser bastante buena si se sentían tan amenazadas. Tal vez estaba en lo cierto.

Al igual que he atesorado a los muchos mentores y amigos que me han apoyado durante toda mi vida, también he recordado a personas como esas dos colegas que intentaron socavarme, y he decidido no ser nunca como ellas. Creo que el universo tiene suficiente abundancia para que todos la compartamos, por lo que nadie necesita acaparar nuestra buena fortuna. Y también creo que si estoy destinada a tener algo, ocupar un espacio determinado, nadie más puede reemplazarme. Entonces, como es lo correcto y el modelo que he visto de familiares, maestros y mentores toda mi vida, trato de pasar el balón y ayudar a los demás de cualquier manera que pueda.

Eso es a menos que me hayas demostrado que eres un tipo diferente de persona. Esa supuesta amiga mía que pidió que no se me diera la oportunidad de reemplazarla me llamó después de que me convirtiera en coanfitriona en *The View*. Me preguntó si la recomendaría como posible anfitriona invitada cuando uno de los otros anfitriones estuviera fuera. Le dije que lo consideraría, aunque no planifico hacerlo. Pero si Nancy Grace, Kiran Chetry o una de las muchas otras mujeres que he conocido hicieran la misma solicitud, las sugeriría de inmediato.

Entre el productor que me hizo una prueba pero que no estaba impresionado, y las presentadoras que me impidieron cubrirlas en sus programas, incluso convertirme en una presentadora sustituta estaba resultando difícil de alcanzar. Comencé a tener dudas, preocupándome por lo que estaba haciendo mal, por cómo podría superarlo. Volví a buscar modelos a seguir. No había muchos. Pero Soledad era la que más se parecía a mí.

Soledad fue una de las pocas personas que tuvieron la amabilidad de ayudarme cuando comencé en CNN, y seguía siendo alguien a quien sabía que podía llamar. Ella era la única mujer en directo que tenía un origen étnico algo similar. Y Soledad en realidad había sido presentadora, co anfitriona de *American Morning* y luego del programa temprano en la mañana, *Starting Point*. Ella también fue la presentadora y la fuerza detrás de *Black In America*, una serie documental que narraba varios aspectos de la vida en la comunidad negra.

CNN no parecía estar particularmente enamorada de mí, esta afrolatina del Bronx, que sentía que tenía que usar su plataforma para ser una narradora de verdades y que podía calentarse un poco al grabar una discusión. Soledad lo jugó de forma más segura en directo, con su transmisión de «sólo los hechos» sin teñirlos de opinión. Quizás Soledad era el tipo de mujer de color, el tipo de persona, que preferían los que estaban al mando. Tal vez, supuse, debería tratar de ser más como ella.

Mi cabello es naturalmente de un tono marrón más claro, pero me lo teñí para que se pareciera a los mechones oscuros hasta los hombros de Soledad. Aunque mi voz es mucho más profunda, comencé a imitar los tonos recortados de Soledad. Y me contuve de dar mi opinión, participando desde ambos lados, que desafortunadamente se ha convertido en el sello distintivo de demasiados programas de televisión por cable en la era de Donald Trump, ya que los periodistas convencionales se esfuerzan por ser considerados «justos» por los conservadores que no siguen el mismo libro de reglas.

No sé lo que estaba pensando. Fue un poco ridículo porque soy muy diferente de Soledad. Y es gracioso porque desde que ambas salimos de CNN, Soledad se ha convertido en una incendiaria en Twitter. Le digo en broma que ahora ella es como yo, pero peor. En ese momento, sin embargo, pensé que la mejor ruta para lograr mis objetivos era convertirme en un clon de Soledad, como era en 2010.

Lo que sé ahora es que lo que funciona en la televisión es la autenticidad. Los talentos que se destacan, que se convierten en estrellas, son únicamente quienes son, ocupando un espacio que sólo ellos pueden llenar.

Piénsalo. ¿Cuántas lesbianas rubias andróginas como Ellen DeGeneres has visto en la televisión? Oprah Winfrey se destacó, no sólo porque era una gran entrevistadora, sino porque era una fuente de inspiración para *Super Soul Sunday* (Súper Domingo del Alma) que no se parecía a nadie más en la programación diurna. Lo mismo puede decirse de Arsenio Hall, Phil Donahue, Anderson Cooper e incluso Wendy Williams, quienes tenían un aspecto, una voz o un estilo de entrevista únicos que los convertía en un cambio refrescante de lo habitual.

Lo que no me di cuenta hace años fue que mis raíces en el sur del Bronx, regadas por líneas de sangre que fluían a través de Georgia y Puerto Rico, me hicieron única. Soy una devoradora de libros que se mantiene genuina, una abogada cuyo refinamiento está condimentado con un poco de arrogancia, una mujer bicultural que ha vivido una vida adaptándose. Me veo diferente y hablo diferente de cualquier otra persona que aparece en la pantalla cuando haces clic en tu control remoto. Y ese es un paquete que vale la pena ver.

No entendí eso cuando fui a la peluquería para que me tiñeran el cabello, cuando modulé mi voz y amortigüé mis opiniones. Pero pronto dejaría de tratar de ser Soledad y me transformaría en una sólida, en una desafiante: en Sunny.

Hubo un joven que me hizo cavar hondo. Me obligó a gritar

sobre la injusticia que llevó a su asesino a literalmente librarse del asesinato. Me hizo convocar a la negrita del sur del Bronx, a la fiscal y a la madre, para proclamar la humanidad de un niño negro tomado antes de tiempo. Tenía que encontrar mi voz para recuperar su memoria tantas veces como pudiera. Se llamaba Trayvon.

CAPÍTULO DIEZ

TRAYVON MARTIN

Estaba en mi oficina un día de marzo de 2012 cuando mi teléfono celular sonó. Era Benjamin Crump.

Hacía varios años que era amiga de Ben, un apasionado y motivado abogado de derechos civiles con base en Tallahassee, Florida. Habíamos estado juntos en paneles de conferencias convocadas por la Asociación Nacional de Abogados, la organización de abogados negros más grande del país, y ocasionalmente me llamaba para animarme luego de verme diseccionar un caso en mi papel como analista legal en CNN.

Su manera cálida y su acento sureño pueden llevar a algunos a subestimar a Ben, pero él es un abogado y estratega brillante. Me contó que estaba representando a una pareja, Sybrina Fulton y Tracy Martin, quienes trataban de llamar la atención a una tragedia que es la pesadilla de todos los padres negros.

El 26 de febrero de 2012, su hijo Trayvon caminaba de regreso de una tienda en Sanford, Florida, cuando se encontró con George Zimmerman, un vecino que era guardia de seguridad y quería ser e imitar a la policía. Zimmerman, quien había llamado a la policía local porque vio a Trayvon, un joven de diecisiete años que llevaba dulces y un té helado, como «sospechoso», disparó y mató a Trayvon, afirmando haberlo hecho en un acto de defensa propia. Los policías ni siquiera se molestaron en arrestar a Zimmerman con base a una peculiar ley que se conoce como «en defensa propia» por la cual una persona puede justificar matar a alguien al decir que temían por su vida, aunque no lo suficiente como para tratar de correr primero.

Estas eran el tipo de injusticias contra las cuales Ben llevaba luchando durante toda su carrera como abogado, caso por caso, indignación tras indignación. En Sanford, el dolor y la pena se aglutinaron e incendiaron una tormenta de protestas. Pero Ben sabía que esto era más grande que los suburbios de Miami, mayor que Florida, más grande que el sur. Era emblemático de una epidemia nacional y merecía atención a nivel nacional.

Para ayudar a obtener esa clase de cobertura, Ben reclutó a un agente de relaciones públicas blanco, Ryan Julison, quien inmediatamente le preguntó si conocía a algún reportero que trabajase en una cadena nacional. Ben le mencionó que conocía a Roland Martin, un colaborador de CNN que eventualmente obtuvo su propio programa en la cadena de televisión TV One, propiedad de afroamericanos, y que me conocía a mí.

No necesité que me convencieran. Estaba visceralmente conectada con la historia porque tenía un hijo negro de nueve años. Seguía pensando, «¿y si fuese Gabriel tirado en el suelo, el té helado y los Skittles a su lado, que le disparen y lo dejen morir solo por ninguna otra razón que el tener la piel negra?».

Pero no tenías que ser una madre negra para estar involucrada cn la historia de Trayvon. Yo pienso que Ben se dio cuenta temprano de que Sybrina, la madre de Trayvon, tan elegante y solemne en medio de aquel insoportable dolor, era la mujer que podía impulsar esta tragedia tan común hacia la conciencia nacional. Él sabía que cualquier madre, no importa su etnicidad, podría mirar a los ojos afligidos de Sybrina e inmediatamente identificarse con su dolor.

Ben trajo a Sybrina a CNN no mucho después de que me llamara por teléfono y nunca olvidaré nuestro primer encuentro. La gracia de Sybrina trajo a mi mente a Mamie Till, la madre de Emmett, quien en 1955 permitió a la revista *Jet* publicar las fotos del cuerpo de su amado hijo único mutilado para que el mundo pudiera ver de primera instancia el salvajismo de la intolerancia. Me hizo pensar en Coretta Scott King, beatífica en el funeral de su esposo Martin Luther King Jr., y Jackie Kennedy, paralizada y angustiada en su traje Chanel bañado en sangre.

En todos los meses y años que siguieron, a través del esfuerzo para finalmente arrestar a Zimmerman, el juicio que prosiguió y su desgarradora secuela que aplastó el alma y espíritu, no creo haber visto furiosa a Sybrina nunca. No obstante, ella tenía ciertamente el derecho de estarlo. Ella exhibía la clase de dignidad que todos quisiéramos tener si tuviésemos que sobrellevar un calvario tan descorazonador, aunque pienso que la mayoría de nosotros no podría.

Sybrina sólo quería justicia para su bebé. Ella únicamente quería contar su historia, para que el mundo supiera lo valioso que era. Ella me mostró fotografías de Trayvon montando a caballo y resplandeciente mientras se preparaba para bajar en esquís por una montaña helada. La verdad era que los niños negros, igual de inocentes y merecedores de ternura y cuidado que cualquier otro niño, eran a menudo ignorados u olvidados, ya fuese que desaparezcan a plena luz del día o pierdan su vida por la bala de un asesino. Sybrina estaba determinada a que este no fuera el caso de su hijo.

De inmediato comencé a acercarme a los productores para esta historia e insistía en que debíamos cubrirla. E inmediatamente me descartaron. Era una historia local, dijeron. No estaban interesados.

Ya me había acostumbrado a lanzar muchas historias que eran acalladas ya que se percibían como si fueran internas, al escarbar en el meollo de los detalles de las leyes. Este no era el caso, así que me mantuve ejerciendo presión. Esta era una historia de raza, de armas y de leyes, asuntos que infectan y afectan a la nación entera.

Un hombre blanco mató a un joven negro, algo que ha pasado demasiadas veces en este país. La ley en defensa propia que le concedía licencia a las personas para virtualmente arrebatar una vida sin consecuencias estaba escrita en varios estados.

«Piensa en esto», dije yo. «Un falso policía le dispara a un chico negro. El joven no tiene arma de fuego ni arma de ninguna clase. Y en Florida puedes sólo decir que tienes miedo de alguien, le disparas y ni siquiera te arrestan. Esto es muy loco».

La mayoría de los productores con los que hablé dijeron que de todos modos no lo veían como una historia nacional. Pero agraciadamente, Anderson Cooper y su productor, Charlie Moore, sí.

Con Anderson Cooper, hijo de la personalidad y diseñadora Gloria Vanderbilt, no podías acercarte mucho más a la realeza estadounidense. Aun así, tenía sus pies bien puestos en la tierra, era amable y siempre apoyaba mi carrera.

Anderson había trabajado duro en la calle, al cubrir el saldo psicológico y humano que dejó el huracán Katrina y otras dolorosas historias con una gentil humanidad, trabajando realmente para el éxito que obtuvo a pesar de haber nacido en la riqueza. También le brindaba confianza el saber que había pagado lo debido para ganarse su lugar en el panteón de los noticieros televisados cuando algún otro con su trasfondo pudiera no haber sentido la necesidad de hacerlo. En lugar de aislarse como una superestrella autorizada, siempre estaba dispuesto a ayudar a alguien más.

Charlie, el productor de Anderson, era también increíblemente talentoso y una fuente de apoyo. En la vida existen esas personas que te brindan un pequeño espacio para probar cosas, cometer errores y estirar tus músculos. Charlie y Anderson eran dos de esas personas para mí. Así que al contarles la historia de Trayvon, dijeron que si necesitaba un lugar para transmitirla, podía hacerlo en el programa *primetime* de horario de mayor audiencia de Anderson: *AC 360°*.

Procedí a crear el reportaje, con las fotos y anécdotas que Sybrina y Tracy me habían compartido. Trayvon era muy bueno en Ciencias y Matemáticas, quería ser o piloto o técnico de aviación.

De hecho: había pasado un tiempo con el primer piloto negro en volar alrededor del mundo. Después de grabar las entrevistas con la familia de Trayvon y hacer un montaje con las fotos y otros elementos, la pieza estaba lista para ser hilvanada por un productor.

Recuerdo entrar a la sala mientras ella colocaba los toques finales. Teníamos fotografías que mostraban a Trayvon como el niño que era, vacacionando con su familia, sonriendo al compartir con sus amigos. Pero cuando miré, la mayoría de las imágenes no aparecían en la historia. En su lugar, la productora había decidido usar, una y otra vez, una imagen que circulaba en algunos medios informativos.

La imagen mostraba a Trayvon con una plancha metálica en sus dientes que por un corto tiempo fue un desafortunado estilo a la moda entre los adolescentes, tanto blancos como negros.

Esa plancha, esa foto, transformaron a Trayvon en alguien que no era. Esto alivia a los televidentes que simplemente no quieran creer o admitir que viven en un país donde en el siglo veintiuno, un adolescente negro e inocente puede ser asesinado por no hacer otra cosa que caminar en una comunidad suburbana, con su sudadera con capucha y una bolsa de dulces en mano. Y su asesino puede alejarse fresco como una lechuga.

La productora del reportaje es alguien con quien había trabajado antes y no creo que sus acciones fueran impulsadas por la malicia. Lo que yo sabía era que en ese momento ella ya había editado tres reportajes, estaba trabajando horas extra, y simplemente había buscado la imagen que había visto en todos lados, sin pensar en qué narrativa ayudaba a transmitir la misma. Aún más probable, este era otro ejemplo de cómo los niños negros han sido tan degradados por los programadores de noticias locales que aun las personas bien intencionadas no eran sensibles a esas imágenes tan erróneas y destructivas. Pero la ignorancia no es excusa. Y yo no lo iba a tolerar.

—Esta imagen distorsiona quien era Trayvon —le dije—. Tengo fotografías que nadie ha visto. Debemos usar esas.

Ella me miró desconcertada, pero no peleó conmigo. Recompuso el reportaje, añadió mis fotografías y dejó la foto que tomaron de Trayvon en tal vez el único día en que se puso una plancha, en el piso de la sala de montaje.

Ese momento me demostró la verdad que había absorbido como fiscal al entrevistar a las víctimas de delitos sexuales o cuando deseché una confesión obtenida de un hombre que había claramente sido víctima de brutalidad policiaca. Tienes que estar en la sala.

Porque estuve en la sala, la historia que transmitieron presentaba al Trayvon real, al Trayvon completo, al niño inocente que amaba las Matemáticas y los aviones, en lugar de reducirlo a una simple instantánea que hubiera llevado a muchos a equivocadamente verlo como a un matón. Tenía que estar en la sala para ofrecer una perspectiva, para tomar la decisión final. Al estar allí todos nosotros transmitimos una de las primeras historias a nivel nacional donde se detallaba la tragedia que había ocurrido aquel día en Sanford, Florida. Y eso ayudó a encender el fuego.

La madre de Trayvon me agradeció luego por el reportaje. Pero lo que batallé para lograr ese reportaje fue un preludio de lo que vendría. Tendría que seguir luchando para contar la historia de Trayvon, para desarrollar su narrativa. Y para eso tendría que convocar a mi voz.

* * *

Al inicio aún trataba de ser Soledad. Traté de hablar sobre la historia de Trayvon Martin mayormente dentro de los parámetros legales, sobre el hecho de que se había finalmente ejecutado el arresto, del razonamiento dado a las leyes de defensa propia y lo que la defensa argumentaba contra la fiscalía.

Pero mi visión del mundo cambiaba. Había estado indignada cuando leí las historias de Amadou Diallo, inmigrante de Guinea-Bissau, a quien cuatro policías dispararon cuarenta y una veces afuera en el vestíbulo de su apartamento en el Bronx en febrero de 1999. También me entristeció profundamente el escuchar sobre Sean Bell, otro hombre negro asesinado, esta vez por policías encubiertos y vestidos de civiles en la noche de su boda en noviembre de 2006.

Trayvon, sin embargo, era diferente. Era diferente porque un amigo había traído su historia a mi vida. Era diferente porque en lugar de leerlo en el periódico, yo misma estaba haciendo los reportajes en televisión por cable. Y sobre todo, era diferente porque yo era una madre y él había sido un niño. Podría imaginarme en los zapatos de Sybrina, pero era un pensamiento que no me atreví a pensar por mucho tiempo.

Estaba plenamente consciente de algo que siempre había sospechado pero que ahora observaba con mordaz precisión. Observaba cómo los medios de comunicación podían torcer una historia, reformulando para cumplir con los prejuicios y las percepciones erróneas de la gente a cargo o de la gente cuya audiencia y lectoría más codiciaba el medio de comunicación.

El rostro querube de Trayvon se veía por todos lados, ensombrecido por la plancha de metal. Había historias de que tal vez hubiera probado la marihuana alguna vez, como tantos adolescentes, blancos y negros. Claramente se estaba formulando una alegación contra Trayvon para pintarlo como alguien peligroso y merecedor de nuestras sospechas y temores.

Sin embargo, no se escuchaba nada del trasfondo de Zimmerman, de cómo había querido, pero nunca había logrado entrar a la academia de policía, de que tenía antecedentes de violencia doméstica y un historial de empleo irregular. Era como si los reporteros se hubiesen olvidado de quién era el sospechoso y quién era la víctima. En lugar de enfocarse en el hombre que mató al adolescente, los principales medios noticiosos asesinaban el carácter de un menor que sólo trataba de regresar a su hogar cuando fue atacado y perdió su vida.

El juicio de Zimmerman comenzó en el 2013, y fui asignada a cubrirlo, reportando desde la sala, así como analizando. Empaqué mi maleta, me dirigí a Florida con un productor y el equipo técnico, y básicamente me mudé al hotel Marriott.

El juicio, la fealdad y el racismo que él mismo reveló, fue de muchas maneras un momento decisivo para el país. Sin duda lo fue para mí. Si mi visión del mundo cambió esas primeras sema-

nas cuando reportaba la historia desde el estudio de CNN en
Nueva York, al sentarme en la sala del tribunal mi visión del mundo comenzó a resquebrajarse.

Yo había estado viviendo el sueño americano. Me había levantado desde la pobreza y el caos de una niñez en las residenciales
del sur del Bronx, para graduarme de una exclusiva academia para
niñas y finalmente la escuela de Derecho. Yo creía que el trabajo
duro, junto con el apoyo de una familia maravillosa y una educación sólida, podrían nivelar el campo de juego y convertirte en
una persona exitosa ya que mi vida no me brindaba razones para
dudarlo. Yo era una abogada casada con un cirujano ortopeda
quien era el padre más increíble para nuestros dos hermosos hijos.
Trabajaba en la televisión, el sueño de mi vida. Y había presencia-
do parte de historia, al ver la elección de Barack Obama, el primer
presidente negro de la nación.

Todo esto me llevaba a creer que vivía en un país, en un mundo,
donde la mayor parte de las veces a las personas se les juzga por
el contenido de su carácter y no por el color de su piel. Pudiera
parecer increíblemente ingenuo que yo pensara de esa manera. Y
ciertamente yo había experimentado mis pinceladas con la intolerancia, pero de verdad creía que el trabajo duro y las buenas intenciones realmente daban frutos.

Ahora estaba sentada en la sala de un tribunal, madre de dos
hijos de color, escuchando la historia de cómo este chico fue per-
filado racialmente por un vigilante y asesinado por no hacer otra
cosa que ser quien él era. Era devastador, y las ideas, percepciones
y leyes racistas que lo llevaron a su muerte eran irrebatibles.

Comencé a darme cuenta de que yo era la persona apropiada para narrar esta historia, que mi plataforma me otorgaba el poder y que yo tenía una obligación de utilizarla para hablar por Trayvon, quien no podía hablar por sí mismo, y por Sybrina y Tracy, quienes necesitaban a alguien para magnificar sus voces ya que su narrativa era absorbida por los prejuicios de los demás. Yo tenía una perspectiva del punto de vista legal y sentía empatía personal. Ambos eran importantes.

Como el resto de la prensa, tenía un pase para entrar a la sala del tribunal a diario. Instintivamente, como exfiscal, me desviaba de la entrada para los periodistas y el público en general y me dirigía hacia la fila reservada para el personal del tribunal. Era interesante porque los oficiales del orden público que protegían el tribunal y revisaban a los visitantes no me desviaban. En su lugar me permitían la entrada al igual que a los secretarios, los taquígrafos y los abogados que participaban en el juicio.

Sabía sin que tuvieran que decirme qué quitarme y colocar en los contenedores antes de pasar por el magnetómetro. Y mis amistades y buenas relaciones de trabajo con los oficiales y el personal de la corte durante todos los años que trabajé en Baltimore y Washington, D.C., me ayudaban a desarrollar una relación fácil con el equipo de esta sala de tribunal. Ellos me indicaban cuando los procedimientos comenzarían tarde y otras cositas que dudo compartieran con otros reporteros.

Aunque traté de ser diligente en mi reportajes y análisis sobre los procedimientos, comencé a ver la misma perspectiva sesgada tan prevaleciente en otros medios de comunicación avanzar también en las ondas de radio de CNN. Por ejemplo, la cadena de televisión contrató a un abogado que estaba ruidosa e indiscutiblemente del lado de la defensa como su colaborador. Otros «expertos» que aparecían con frecuencia regular hacían eco de visiones similares. Comenzaba a ser incómodamente claro que CNN trataba de publicitar esta imagen distorsionada de Trayvon y convertirlo en un chico negro agresivo que de alguna manera provocó la sentencia de muerte que Zimmerman sintió tenía el derecho de imponer.

Todo esto me ponía los pelos de punta, y comencé a rebatir, con una contrapropuesta, ofreciendo más de mi perspectiva en directo. Traje a colación las disparidades raciales en la manera que la ley de «defensa propia» era aplicada, y cómo los blancos que atacaban a las personas de color obtenían una oportunidad, mientras que los afroamericanos no recibían la misma indulgencia. Yo abordaba los detalles que iban surgiendo sobre el trasfondo de Zimmerman que los fiscales mencionaban en la sala del tribunal.

La gente comenzó a darse cuenta. Como antes, se me acercaba alguna que otra persona pidiéndome mi autógrafo, pero ahora me paraban frecuentemente al caminar por la calle. O se me acercaban hombres y mujeres al salir del tribunal y me pedían tomarse una foto conmigo.

«¡Bien hecho, hermana!», me gritaban mientras me dirigía a mi carro.

«¡Tú hablas por nosotros! ¡Estamos orgullosos de ti!».

Esta atención me sorprendió. Cuando estás en el presente, apurada a la sala del tribunal, tomando notas vertiginosamente, componiendo puntos de conversación para cuando salgas en directo, no te enfocas mucho en el mundo alrededor tuyo. Pero fue evidente que esta historia era grande, y sí, el mundo la estaba siguiendo.

Papi también estaba viéndola. Y se estaba preocupando. «Te vi esta mañana», me dijo un día, pues me consiguió en una pausa inusual. «Te estás entusiasmando demasiado, te estas pasando de la raya».

Diferente a mami quien una vez quiso pertenecer a las Panteras Negras, papi estaba del lado de tratar de cambiar los sistemas desde adentro. Él sentía que al trabajar duro y demostrarle a todos de lo que eras capaz, podías transformar los corazones y las mentes. Luego con la buena voluntad y credibilidad que hubieras adquirido, te escucharían cuando observaras la injusticia y hablaras sobre lo que era correcto.

«¿Tratas de perder tu trabajo?», me preguntó. Era en serio. Y el trabajo no era su única preocupación. «Este caso ha tocado mucho a la gente. Tal vez estás cruzando la línea, te pasas de la raya. La gente en mi oficina habla de esto. Especialmente mis colegas blancos. ¿Estás segura allí?».

Sin lugar a dudas, la situación era tensa. El juicio, y todos los asuntos que electrificaba, creaban facciones a través del país. Había protestas a diario afuera del tribunal. La gente manejaba con banderas confederadas en sus carros mientras hacíamos tomas en directo.

Hubo un momento en el cual pensamos escuchar disparos, aparentemente por un tubo de escape dañado. Pero el estruendo fue suficiente para hacernos brincar del susto, así de tensos estaban nuestros nervios. La atmósfera se sentía insegura.

Efectivamente CNN contrató seguridad para los camarógrafos, los productores de campo y los reporteros. Permanecían cerca, sentados en camiones o parados cuando estábamos en el tribunal o grabando de pie. Y los miembros de nuestro equipo nos cuidábamos los unos a los otros. El sonidista me desaconsejaba quedarme hasta muy tarde en la noche, y uno de los productores generalmente me acompañaba desde y hacia mi carro alquilado junto a uno de los guardias de seguridad contratados.

Manny y yo hablábamos a diario, y él también se preocupó al saber que habían contratado guardias de seguridad. Él preguntó si era necesario que viajara a Florida. Pero le dije que yo estaba bien.

Papi me enseñó a ser disciplinada, a reorientar el sistema desde adentro, pero en lo que no se estaba enfocando en ese tenso momento es que él también me había enseñado algo más. Cuando decidí dejar atrás la carrera de Derecho a tiempo completo y enfocarme en el periodismo televisivo en su lugar, él se convirtió en una de las voces más contundentes que me alentaba a alcanzar las estrellas. Él sabía lo que significaba anhelar algo y por siempre preguntarse: «¿qué tal si?, ¿qué hubiera pasado si?». Él me dijo que si tomas el sendero que se supone andes, si descubres y abrazas lo que realmente estás destinado a hacer, te sentirás como si no hubieses trabajado ni un día en tu vida, al ser tu labor rica en significado y propósito.

Yo sentía que había encontrado el mío. Yo no iba a parar de hablar sobre la injusticia que veía, no sólo en la sala del tribunal sino entre muchos de mis colegas que cubrían esta historia. No habría vuelta atrás. Ni siquiera cuando la respuesta de CNN a poder tener todo ese acceso, toda esa perspectiva, toda esa comprensión fue sacarme de la historia.

Recibí esa noticia en una llamada telefónica:

«Umm, oye, Sunny». Era de la oficina de asignaciones con la cual había trabajado intermitentemente mientras cubría el juicio. «La gerencia ha estado hablando. La gente está preocupada de que te estás compenetrando demasiado con la historia, y tú sabes que eso no puede ser. Debemos ser objetivos, justos y no hacer que los espectadores piensen que tenemos nuestra propia agenda. Por lo que nos gustaría que regreses a Nueva York. Vamos a enviar a otra persona para que se ocupe del resto del juicio».

Estaba en *shock*. A parte del hecho de que la cadena de televisión presentaba muchas voces quienes claramente ofrecían la perspectiva desde el punto de vista de la defensa, yo era la que había construido esta historia desde el día uno, cuando ni siquiera le interesaba a nadie. Yo tenía muchos recursos dentro de la sala del tribunal, tenía una relación con la familia de Trayvon, con Ben Crump que los representaba a ellos y hasta con el fiscal. Y como abogada con una licenciatura en Periodismo conocía la ley como la palma de mi mano, y también cómo transmitir información complicada de manera que la gente de a pie pudiera entender.

¿Si quieres a alguien que observe e informe sobre un procedimiento quirúrgico, enviarías a Sanjay Gupta o a un reportero para tareas generales? Naturalmente sería Sanjay. Sentía que nadie en CNN conocía el espacio de la sala de tribunal mejor que yo.

La decisión de la cadena de televisión era más extraña por otra razón. Yo soy católica y para mí es importante dejarlo saber, aun así los ejecutivos nunca tuvieron un problema con que hablara del escándalo por abuso sexual que sacudió a la Iglesia católica y sobre las demandas legales radicadas por los sobrevivientes. Yo procesé casos de abuso sexual, y no perdí ni uno solo en la corte, y nadie dudó que pudiera ser objetiva al hablar de materia legal que abarcara hostigamiento o agresión sexual. Pero matan a un chico negro, ¿y de repente estoy demasiado cercana al tema?

Yo sentía que pasaban un par de cosas. La historia que CNN en un momento descartó como local era ahora uno de los titulares más importantes en el país, la clase de asignación que podría favorecer la carrera y reputación de un reportero, y la cadena de televisión probablemente quería darle la oportunidad de brillar a otra persona.

La otra realidad era que la gente de color somos a menudo acusadas de estar «demasiado cerca» o de ser «demasiado sensibles» cuando tratamos asuntos que tienen que ver con la raza. Es cómico cómo esto funciona. Un hombre blanco puede hablar de cualquier cosa, de intolerancia o de prejuicio por género, de política o de negocios, y se le considera calificado para opinar. Pero nuestras acciones son analizadas por todo lo que hacemos, y más, especial e irónicamente cuando pertenecen a asuntos para los cuales tenemos una perspectiva particularmente astuta.

Tenía que tomar una decisión. CNN me quería de regreso en Nueva York, y yo estaba en su nómina como colaboradora. La acción segura y probablemente la más sensible hubiera sido hacer según me decían. Pero no lo hice. Yo decidí que no lo haría, aunque tuviera que pagar por mi habitación de hotel.

CNN envió mi reemplazo, un reportero blanco, inmediatamente, a tiempo para el juicio al día siguiente. Los principales medios de comunicación tenían cada uno un espacio asignado en la sala repleta del tribunal que les garantizaba un asiento. Tuve que entregarle el pase de CNN al reportero que ahora se hacía cargo, lo que significaba que ya yo no podría asegurarme un espacio. Pero rápidamente tracé un plan.

BET, una cadena de televisión enfocada en una programación afroamericana, y Univisión, una cadena de televisión en español, tenían puestos asignados en la sala del tribunal, pero no tenían reportes de manera consistente ya que es costoso mantener a un periodista en la escena indefinidamente. Me acerqué a un par de sus integrantes y les pregunté si podía utilizar sus pases. Me los entregaron sin preguntar nada. Nunca olvidaré ese gesto. De hecho, guardo esos pases como un recordatorio de la solidaridad que puede encontrarse entre los reporteros de nuestra industria.

CNN había comenzado a dividir su cobertura, obteniendo reportes de los eventos del día del corresponsal en la escena, y un análisis de un grupo rotativo de abogados, hombres blancos que la cadena de televisión comenzó a presentar en directo. Recuerdo al personal de CNN que rotaba estar desconcertado, luego algo más que irritado cuando me vieron de vuelta en la sala del tribunal como diciendo: «¿Qué hace *ella* aquí?». Yo pudiera haberles hecho la misma pregunta. Miré fijamente hacia atrás, luego no les presté más atención, bajé mi cabeza y volví a mi trabajo.

* * *

En medio de la experiencia tensa que tenía al cubrir el juicio estaba lidiando con una experiencia emocionalmente desgarradora en el seno de mi propia familia.

Aún ocupada criando dos niños y estudiando varios asuntos legales para poder hablar sobre ellos en la televisión, insistía en dirigirme al Lower East Side al menos una vez por semana para visitar a Nannie Virginia. Ella todavía vivía allí en el apartamento del sótano con su esposo, Tony.

Ella estaba tan orgullosa de mí. Al entrar a la sala y abrazarla, ella se separaba un poco de mí y con su mejor sonrisa me decía radiante: «Aquí está mi estrella de cine». Nannie era una consumidora de noticias y lectora voraz. Ella detallaba con atención cada palabra en *El Diario*, un periódico en español, se entretenía con sus libros de crucigramas y se mantenía al tanto de los chismes leyendo el *National Enquirer*.

Pero comencé a darme cuenta de que los periódicos y los libros de crucigramas se acumulaban sobre una mesa, sin que los tocara ni leyera.

—¿Qué sucede, Nannie? ¿No estás leyendo? —le pregunté—. ¿Necesitas espejuelos nuevos?

—No —dijo ella distraída—. Se me hace muy confuso leer ahora.

Era muy extraño que ella dijera algo así. Nannie podría tener una educación de sexto grado de escuela primaria, pero ella era la persona más brillante que jamás conocí. Ella estaba al tanto de cada voto en la alcaldía y de la posición ocupada por cada político. Su habilidad para arreglar cualquier cosa que se le pusiera enfrente mostraba que tenía la agudeza mental de un ingeniero. No tenía sentido que la lectura se estuviera convirtiendo en algo confuso.

Entre medio de mis visitas, llamaba para hablar con Nannie por teléfono. Ella me preguntaba cómo estaban los nenes, y yo le contaba de las clases de natación, de los partidos deportivos y lo que estudiaban en la escuela. Ella decía: «bien». Luego, cada vez con más frecuencia, tan sólo unos minutos después, ella preguntaba: «¿Cómo están Gabriel y Paloma?», como si no le hubiera acabado de decir.

Mami, mis tías y yo comenzamos a comparar notas.

Nannie siempre había sido una brillante narradora de cuentos, y ya que siempre hilaba una nueva anécdota había que solicitar cuando querías que te repitiera una de tus favoritas. Pero ahora era como si su mente se hubiera quedado anclada en la repetición.

Al principio, ella repetía las mismas historias que había mencionado la semana anterior en nuestra última visita. Luego ella repetía lo que había dicho durante nuestra conversación del día anterior. Finalmente, ella hacía la misma pregunta o te decía lo mismo minutos después de habértelo preguntado. Ya yo estaba bastante preocupada.

Su marido, Tony, también comenzó a quejarse de que a Nannie se le olvidaban las cosas con frecuencia. Pero cuando a Nannie se le olvidó cómo cocinar fue que entré en verdadero pánico.

Las comidas de Nannie ocupaban un espacio muy dulce en mi alma. Cuando estaba lejos en la universidad y lidiando con la ruptura súbita del matrimonio de mis padres, llamaba a Nannie con nostalgia. En vez de enviarme un envase de Tupperware con uno de sus sabrosos platos, ella preparaba un caldero de arroz con calamares. Entonces mandaba el caldero en una guagua Greyhound y otra olla aparte con habichuelas rosadas y algunas veces hasta mandaba alcapurrias listas para freír. De alguna manera me lo entregaban. Yo calentaba la comida en el mismo caldero. Mis amigos siempre estaban pendientes de pasar los días que se imaginaban me llegaría un poquito de la sazón casera de Nannie.

Heredé mi amor por la cocina de ella y de mami. Frecuentemente, cuando cocinaba para mi familia, llamaba a Nannie para alguna de sus recetas, aunque como la mayoría de las excepcionales cocineras hogareñas, no tenía nada escrito, y sus instrucciones eran, para decirlo con cariño, nada específicas.

Para hacer arroz con gandules, por ejemplo, Nannie diría que agarre una taza, no una taza de medir sino cualquier vaso que tuviera en la casa, y lo llene de arroz. Luego diría: «Agarra el mismo vaso y lo llenas de agua. Asegúrate de que el arroz en el caldero esté cubierto con el líquido, luego añade los gandules». Luego llenaba la lata vacía con más agua y también la vertía. Pero solo lo suficiente para cubrirlo. Si se agregaba agua de más, el arroz saldría pastoso.

Ahora cuando llamaba a Nannie para sus recetas, no era para que me guiara sobre cómo preparar la cena de Navidad. Era para probar su memoria.

«Asunción, yo no me acuerdo», ella decía más y más a menudo, hasta que llegó el día en que ya no se acordó más de cómo hacer arroz con gandules, un plato que en algún momento pudo haber preparado sonámbula.

No mucho después de esa alarmante llamada, fui al apartamento de Nannie. Tony estaba en la casa.

Nuestra familia nunca se había preocupado por él. Era comprensible porque él había querido casarse con Nannie décadas atrás, aunque él estaba en sus veinte y ella en sus cuarenta. Ella había sido vivaz, hermosa y *sexy*. Pero él nunca fue un buen partido. Él siempre tuvo un empleo en una fábrica, pero tenía un serio problema con la bebida. Nannie lo sostenía, le proveía estabilidad, e inevitablemente, después de sus pocos y perecederos intentos de sobriedad, ella lo recogía y lo acomodaba después de haberse escocotado.

Caminé a la cocina y encontré que no estaban las perillas de la estufa. Regresé a la sala un poco en *shock* donde Tony, quien tenía cerveza en mano y estaba encorvado. Le pregunté qué había sucedido con las manijas.

—No puedo confiar en ella —dijo él contrariado—. Ella deja las cosas en la estufa. Y ha estado causando incendios.

Yo no podía creer que era la primera vez que escuchaba sobre esto.

—Ustedes deben venir más a menudo —continuó él, mientras comenzaba a subir su voz—. Es demasiado para mí.

En retrospectiva, comprendo lo difícil que es ser un cuidador. Estaba claro, y pronto fue confirmado por los doctores, que Nannie estaba sufriendo de demencia, y cuidar a alguien que atraviesa esa batalla requiere de una paciencia mientras a la vez atraviesa el duelo por la persona que se escabulle ante tus ojos. Pero haber escuchado en aquel momento aquellas palabras de Tony me causó rabia. Alguien en nuestra familia visitaba a Nannie por lo menos una vez por semana. Y para él los votos eran en las buenas y en las malas, en la enfermedad y en la salud. Todo era chévere cuando ella tenía cuarenta y era sexy, ¿pero ahora que tenía ochenta años y estaba enferma era demasiado para él? Ese había sido el acuerdo.

Sin embargo, sabíamos mejor que eso como para dejarle todo el cuidado de Nannie a su cargo. En este momento estábamos desperdigados. Titi Carmen y mi primo Jeffrey vivían en Nueva Jersey. Los hermanos de Nannie habían fallecido y, de hecho, mis hijos y los de Jeffrey eran pequeños. Había algunos otros primos en Brooklyn, Manhattan y Puerto Rico, pero éramos una familia pequeña y teníamos que resolver cómo movilizarnos de prisa. Decidimos contratar a alguien para quedarse con Nannie durante el día.

Como Tony se marchaba al trabajo a eso de las ocho de la mañana, le pedimos a la cuidadora que llegara alrededor del mediodía para asegurarse de que Nannie almorzara y se quedara con ella hasta las cinco de la tarde cuando Tony debía regresar del trabajo.

Pero la ayudante comenzó a llamar a mami y a mis tías para decir que llegaba la hora de ella irse y Tony aún no había regresado. Le pedíamos que si se podía quedarse un rato más en lo que alguna de nosotras llegaba al apartamento. Algunas veces ya Tony estaba en la casa al momento de alguna de nosotras llegar. Otras veces llegaba sin ninguna prisa un par de horas más tarde.

Comenzó a empeorar. Algunas veces Tony simplemente no llegaba a la casa. Cuando mami y sus hermanas se juntan, son como las Brujas de Eastwick, fuertes y unidas. Me uní a su trío y le preguntamos a Tony qué diantres estaba pasando.

«Necesito un chance», reclamó él. Su esposa de cuarenta años de casados estaba enferma y él se quedaba fuera toda la noche y a veces días enteros. ¿Hablaba en serio?

Le dijimos que más le valía llegar a la casa. Pero nuestras advertencias cayeron en oídos sordos.

La gota que colmó la copa tuvo lugar un terrible fin de semana. En este momento, Nannie comenzaba con sus etapas tempranas de Alzheimer. Debo haber estado viajando por trabajo porque no llegué ese viernes, y tampoco llegó nadie más de la familia. La asistente se fue, presumiendo que Tony o alguna de nosotras llegaría pronto.

Tony no regresó a la casa durante todo el fin de semana, y en algún momento Nannie se cayó. Permaneció tirada en el suelo hasta el lunes cuando regresó la asistente y la encontró. Nannie tenía una cortadura horrible en su antebrazo, una cortadura que llegaba hasta el hueso, tan profunda e infectada que necesitaba ser hospitalizada y operada. Hasta hubo que hacerle injertos en la piel.

Sabíamos que no podríamos regresar a aquel apartamento. Titi Inés sugirió que pusiéramos a Nannie en un hogar de ancianos, donde podrían cuidarla constantemente mientras ella se recuperaba.

Yo no me sentía cómoda con eso. Yo sentía que la familia debía cuidarla de la misma manera que ella nos cuidó. Pero todos trabajábamos, por lo que era difícil. A regañadientes seguí el plan de titi Inés.

Conseguimos una facilidad de rehabilitación en Nueva Rochelle, no muy lejos de mi casa, donde mami vivía conmigo, Manny y los niños. La memoria de Nannie estaba fallando, pero estaba lo suficientemente lúcida como para saber que su marido de hace cuarenta años no estaba allí. Dolía verla confundida, infeliz y extrañando a Tony.

«¿Dónde está él, dónde está él?», musitaba al salir y entrar de la neblina que constantemente ahora nublaba su mente. Tenía el corazón partido.

Después de la caída de Nannie, Tony la visitó una sola vez, cuando estuvo en el hospital recuperándose de la cirugía. Se veía desastroso, como si llevara días de juerga. Fue la primera y última vez que le puse los ojos encima.

Mami y mis tías tuvieron un último encuentro con Tony. Luego de que Nannie dejara el apartamento por lo que sabíamos sería la última vez, fueron a buscar algunas de sus cosas y a sacar a Tony de allí. Nannie había pagado la renta como superintendente del edificio, y nuestra familia sentía que Tony había sido tan irresponsable, y luego tan negligente con Nannie, quien terminó tirada en el suelo herida y sangrando hasta que la asistente la encontró, que no tenía el derecho de continuar viviendo en su casa.

Tony llegó más o menos cuando llegaron mami y mis tías y obviamente tenía una posición diferente.

Él llamó a la policía y como su nombre estaba en el contrato de arrendamiento y el de ellas no, tuvieron que irse.

En los días subsiguientes pedimos algunas de las cosas de Nannie, su joyería, sus libros favoritos, algunas fotografías. Y yo pedí lo más preciado para mí, los calderos de Nannie. Aquellas ollas, con olor a ajo y al adobo que usaba para sus queridas recetas, no importa cuantas veces las fregaras, estaban sazonadas con la risa de Nannie, y me recordaban a los tiempos que pasé aprendiendo a cocinar la comida de Puerto Rico bajo su brazo. Eran parte de Nannie y Tony no me las quería entregar. Mis sentimientos hacia él se cortaron aún más.

En el centro de rehabilitación Nannie comenzó a quejarse de ser ignorada. Pienso que una vez que las enfermeras me reconocieron por CNN, comenzaron a tratarla un poco mejor, dándole la vuelta más a menudo, consiguiendo una porción extra de gelatina o de jugo. Pero seguía preocupándome por sus quejas, las anécdotas que escuchaba sobre esos lugares que maltrataban a los pacientes estaban fijas en mi mente. Tampoco había personal que hablara español, lo que hacía que Nannie se sintiera aún más aislada. Para concluir: un grupo de enfermeras, doctores y asistentes que no eran familia. No era la casa de Nannie.

Una noche, me presenté al centro luego de trabajar en *AC 360°*. Encontré a Nannie en la cama, cubierta en heces. Sus manos estaban manchadas de sus propios desperdicios ya que había tratado de limpiarse ella misma. Salí disparada a la estación de las enfermeras para preguntar cómo podían dejar a mi abuela en esa condición.

Nannie tenía ciática y artritis por lo cual era doloroso para ella moverse. La enfermera dijo que habían tratado de sacarla de la cama, pero Nannie estaba combativa. No lo dudé. Nannie tenía su carácter. Ella maldecía como un marinero cuando no quería ser molestada, y si no estaba cómoda, de seguro se había incendiado más aún. Pero yo no podía comprender cómo un grupo de supuestamente profesionales no podían manejar a una anciana enferma.

«¿Así que la dejan hacerse caca encima?», les dije desconfiada. Me volteé y regresé a donde Nannie.

La familia le había comprado unas hermosas batas. Yo la limpié, le puse ropa interior limpia y un traje, luego llamé a mi mamá. «Vine al hogar», le dije. «Y Nannie estaba acostada en su propia caca».

«Bueno hasta aquí llegamos», dijo mami, pronunciando lo que ya yo sabía. «Ella no puede quedarse más allí».

Regresé de nuevo al cuarto de Nannie y le pregunté si quería irse del centro. No tardó en decirme que sí. Ella dijo que quería irse a su casa, pero había llegado el momento de hablarle de corazón. «No puedes irte», le dije. «Tony es un imbécil. Te dejó sola todo el fin de semana. Te escocotaste y te hiciste mucho daño. Por eso estás aquí. Ninguna de nosotras puede cuidarte en tu apartamento. Tendrás que quedarte conmigo y con mami».

Pero eso no sería tan fácil. Creo que pocas cosas alguna vez lo son. Una nunca entiende las humillaciones y la irracionalidad de nuestro sistema médico hasta que nos toca bregar con eso, y por supuesto ya estás en tu momento más vulnerable al tratar de obtener cuidado urgente, hasta de vida o muerte para ti o tus seres queridos. Fui donde el médico principal del lugar y le dije que su equipo había sido negligente con mi abuela, razón por la cual me la llevaría de allí. Y él se atrevió a decirme que no, que ella no podía simplemente caminar e irse.

Yo realmente pienso que ellos querían el dinero del seguro.

Nannie tenía Medicare y sospecho que el hogar recibía mucho dinero por cada cama. Nos pelearon por lo menos una semana, impidiéndonos que la lleváramos a casa, aunque no estaban brindándole el cuidado apropiado.

En este momento, mis tías, mis primos y yo nos rotamos las visitas, para verificar cómo estaba Nannie mientras tratábamos de resolver el trámite administrativo. Yo creo que estaba en mi ADN de abogada, y como estudiante de honor antes de esto, seguir las reglas. Pero fue Nannie la que me convirtió en rebelde.

En uno de sus decrecientes momentos de claridad, Nannie me confrontó.

—Yo pensé que tú dijiste que me iba contigo a casa —dijo ella.

—Ellos dijeron que no puedo simplemente llevarte, Nannie. Estoy trabajando en eso, pero no puedo romper las reglas.

La Nannie de antes que iba caminando con una pisada firme hasta los cuarteles de los Hell's Angels si estaban haciendo mucho ruido, y hacía que literalmente se aquietaran, me miró directo a los ojos.

—Tienes que romper las reglas —dijo ella categóricamente. Yo lo tomé como una orden.

Apretujé uno de los trajes de Nannie y algo de su ropa en mi bulto de mano grande. Luego fui a donde la persona a cargo en el mostrador y le dije que quería llevar a Nannie afuera a tomar aire fresco. Agarré una silla de ruedas, la llevé afuera, la hice esperar en lo que traía mi carro a la puerta delantera, y luego ambas nos perdimos de vista a lo Bonnie y Clyde.

El centro no se tomó a la ligera lo que hice. Nos acosaron por un tiempo, llamaban y amenazaban con demandar. Pero claramente estaban tratando de intimidarnos. Ellos no podían tener a alguien de rehén, y finalmente se dieron por vencidos.

Nuestra escapada se sintió como una dulce victoria. Yo conducía un Mercedes entonces, y recuerdo a Nannie descansando en el asiento mientras nos íbamos. «Oooh, que *fancy*», dijo ella, con una sonrisa de satisfacción plegando su aún hermoso rostro. Yo sorprendentemente tomé una foto de ella con mi teléfono. Parece que sabía que era un momento que valía la pena preservar, en parte porque fue tan loco y en parte porque fue un destello fugaz de la Nannie de antes, la revoltosa Nannie. Su pretenciosa mirada de victoria era magnífica.

Hice bien en capturarla. Titi Carmen, quien es dietista registrada nos consiguió otra asistente para cuido en el hogar quien pudo mudarse a mi casa y esto fue un regalo de Dios ya que en ese momento Nannie necesitaba cuidado las veinticuatro horas. No era ciega a la realidad de que estábamos bendecidos al tener los medios financieros para pagar ese servicio, a diferencia de muchos otros estadounidenses.

Pero no pasaron ni seis meses, y Nannie tuvo un ataque al corazón. Manny, mami y yo estábamos fuera de la casa cuando la cuidadora llamó a mami para decirle que Nannie tenía un dolor muy fuerte en su pecho. Luego de que mami llamó, le pedí a mi niñera, Susie, que se acercara a la habitación de huéspedes donde se hospedaba Nannie para ver cómo estaba.

—Tenemos que llamar al nueve once —dijo ella frenéticamente.

Al llegar la ambulancia, pedí hablar con el técnico de emergencias médicas. Él a su vez me preguntó una pregunta singular.

¿Quería que llevaran a Nannie al Hospital Greenwich o al centro médico en White Plains?

¿Por qué, pensé yo, me están preguntando a mí a dónde la van a llevar? «¿Cuál está más cerca?», pregunté yo. Él me dijo White Plains. «Bien», le dije. «Llévenla allí».

Yo presumí que el hospital más cercano era la respuesta obvia. Pero ahora creo que los paramédicos vieron que mi casa era grande, calcularon que éramos adinerados y me dieron la oportunidad de redirigirlos a Greenwich, que era probablemente el hospital favorecido por los ricos.

No estoy segura de que Nannie hubiera sido mejor cuidada allí, pero la pregunta me ha atormentado desde aquel entonces, casi tanto como el haberme dado cuenta de que mientras la gente necesita recibir el mejor tratamiento y del que mayor necesidad tengan, en cualquier hospital al que puedan llegar, esa simplemente no es la manera en la cual el sistema de salud de este país funciona. Yo me castigué por esa decisión de aquel momento durante años. Aún lo hago.

Cuando llegué al hospital, encontré que Nannie estaba exhausta y casi no hablaba, descansando con sus ojos cerrados. Pero yo sabía que se recuperaría. En mi mente ella era invencible. Luego Manny llegó y tuvo una conversación con los doctores. Me dijo que lo mejor era que llamara a las tías.

La familia se reunió en el hospital, pero después de un rato, todos regresamos a casa. Todo era tan surreal, creo que no podíamos sacarnos de la cabeza la idea de que tal vez había una posibilidad de que Nannie nos dejara. Eso era inimaginable.

Mi amada Nannie Virginia murió de sepsis el 15 de octubre de 2013. Estaba sola cuando falleció. Pensar esto me duele aún hoy en día. Ella tenía ochenta y siete años. Al menos esa es la edad que creemos que tenía. Ella frecuente y convenientemente olvidaba su edad.

Yo estaba inconsolable, no podía pararme de la cama. Yacía en la oscuridad, entre dormida y despierta, llorando cuando me despertaba. Naturalmente, sería Nannie la que me haría salir de allí, si no de mi pena, por lo menos de mi letargo.

Estaba acurrucada bajo las frisas cuando miré a través de la oscuridad al sofá en mi cuarto. Y lo juro, vi a Nannie allí sentada, con su largo pelo oscuro bajando por la espalda. «Levántate», escuché que me dijo. «Estoy bien».

Más tarde esa mañana, mami tocó a la puerta y entró a mi cuarto. Le conté de la visión que había tenido, y que pensaba que había sido un sueño. Ella estaba allí. Y mami dijo que Nannie también había ido a donde ella y le había dicho lo mismo. «A ella no le gustaría verte así», mami dijo gentilmente.

Celebramos el funeral en la Iglesia de la Resurrección en el pueblo de Rye.

La mañana del servicio fue horrible. Pero mis amigas vinieron al rescate. Sabían que atravesaba un momento difícil y llegaron a casa con varios trajes para yo escoger. Me peinaron. Me sostuvieron.

No invitamos a Tony. Ni siquiera le dijimos que Nannie había muerto. No creo que ninguno de nosotros confiáramos en verlo porque sentíamos mucha rabia por el dolor que le había causado a Nannie en los últimos momentos de su vida. Aún hoy día, al relatar lo que hizo él, cómo se comportó, las manos me tiemblan.

La misa fue hermosa. Gabriel hizo una lectura y el coro cantó algunos de los himnos favoritos de Nannie, aquellos que inspiran al alma. Ella fue cremada y mami guardó las cenizas.

Pero después de la muerte de Nannie, nuestra familia nunca fue la misma. Ciertamente ella era la matriarca de nuestra familia y yo pienso que una no se da cuenta de todo lo que eso conlleva hasta que la persona ya no está. Ella no sólo era el pegamento que nos mantenía unidos a nuestras tías, a mis primos y a mí, ella era el enlace con nuestra cultura.

Cuando era joven, y aun en los primeros años de formar mi propia familia, todos los parientes nos reunimos cada viernes en el apartamento de Nannie para cenar y compartir historias. Con ella, sólo se comía comida puertorriqueña. Y ella era la última persona en nuestra familia en hablar exclusivamente español. Mis hijos son bilingües porque al dirigirse a su bisabuela tenían que hablar en la lengua de Puerto Rico.

Para tratar de entender eso y para hacer lo que pienso le hubiera gustado a Nannie, traté por años después de su muerte de ser quien mantenía la familia unida, organizando cenas y celebraciones. Pero en los últimos tiempos he parado de tratar. La gente no aparece. Dicen que están muy ocupados.

Nuestra matriarca, nuestro pegamento, ya no está. Y yo extrañaré por siempre a Nannie Virginia.

* * *

Finalmente llegó el día en el cual el caso de George Zimmerman fue al jurado. Como fiscal, siempre estuve nerviosa al esperar por un veredicto, cuestionándome si había hecho bien mi trabajo, preguntándome si había hecho lo correcto por el niño o niña sexualmente abusado, por la víctima de robo o violación por la cual había luchado. Pero el veredicto en este caso se sentía de alguna manera más serio, como una mecha candente que podía incendiarse o extinguirse.

¿Habría justicia, un reconocimiento de la violencia racista y la brutalidad que constantemente apagaron demasiadas vidas negras inocentes? ¿O se reivindicarían en sus dudas, rabia y pena aquellos que ya no creían en el sistema legal?

Resultó ser la segunda. El jurado absolvió a Zimmerman. Saldría libre. No me pude contener. Una vez se levantó la sesión del juicio, me levanté de mi silla, casi temblando del *shock* cuando miré directo a Sybrina y a Tracy, y les dije:

—Yo. Lo. Siento. Tanto —fue todo lo que pude decir.

Yo creo que mi familia hubiera hecho la sala del tribunal pedazos. Pero de nuevo, Sybrina era la imagen de la gentileza. Ella le hizo un favor a nuestra comunidad, representándonos en ese momento tan terrible con mayor dignidad de la que la sociedad en el contexto más amplio merecía.

Regresé a CNN poco después de que la corte levantara la sesión y prácticamente me descompuse. No podía ser objetiva, no había tiempo para dorar la píldora o darle vueltas al asunto. Esto era una atrocidad. La fiscalía había probado su caso. El jurado, tal vez por sus prejuicios a favor de los abogados defensores, o en contra de un joven adolescente negro, simplemente se negó a verlo.

También sabía que los fiscales debían sentirse devastados. Yo había ganado todos los casos como abogada, por lo cual nunca conocí el dolor de haber trabajado tan duro, armando cada pieza del argumento minuciosamente, para que al final fuera rechazado. Pero me podía imaginar cómo se sentiría esto. Es algo que nunca logras superar. Conozco a Marcia Clark, la abogada que llevó el caso contra O. J. Simpson, el infame juicio conocido como «el juicio del siglo», quien resultó ser absuelto por dos asesinatos, y hoy en día, Marcia está aún afectada por este caso.

La gente podrá preguntarse si de hecho me acerqué demasiado a este caso. Pero en lugar de acercarme demasiado, creo que muchos otros permanecieron muy alejados. Una de las razones por las que quería ser periodista era que quería lograr como reportera y analista legal lo que había hecho como abogada, luchar por los desaventajados, hablar por aquellos que probablemente no podrían hablar por sí mismos. Era lo suficientemente madura y profesional como para ser capaz de entender y articular el argumento hecho por el equipo de Zimmerman, pero era vital también señalar lo irracional y excesivamente fanático, y sí, también criminal de las acciones de Zimmerman.

Yo tenía una perspectiva en base a mis experiencias vividas que muchos otros periodistas no tenían, como mujer negra y latina quien fue perseguida en una tienda por departamentos, como una madre que nunca podría pensar en mi hijo caminando por el mundo solo de la misma manera. Y eso era valioso. Era necesario. Me otorgaba mi propósito.

Mark Twain tiene muchas citas legendarias, llenas de humor e introspección. Pero la que más me gusta puede ser «los dos días más importantes de tu vida son el día que naces y el día en que descubres por qué». En realidad, pienso que se equivocó un poco.

Yo pienso que hay tres días que definen tu vida. Además del día uno, cuando naces, y el día en el que descubres tu propósito, yo creo que hay un día entremedio. Y ese es el momento en el que descubres quien *no* quieres ser, en quien no te convertirás. Tu día dos.

El día uno para mí lo es por supuesto en octubre de 1968. Mi día dos llegó seis años después.

Los colores permanecen vívidos. Estoy sentada en un frío piso de loza blanca y negra y hay manchas rojas por todas partes, intenso y carmesí, como vino derramado. Mi tío Ed James yace extendido a mi lado, apuñalado y sangrando, y yo trato de absorber el enrojecimiento, de meter dentro el amarillo de sus intestinos, mientras aparecen otros adultos, sus gritos y lamentos hacen eco en las paredes del baño.

Yo recuerdo, en ese momento, en medio de los gritos y la sangre y el terror, haber alcanzado un sentimiento de calma y una convicción. «No, no», pensé a mis adentros. «Yo no voy a vivir una vida como ésta. No me voy a convertir en esto. Yo no seré así».

Fue el colofón de mis primeros años vividos en el sur del Bronx, donde fui protegida con amor, pero rodeada por las drogas, el alcohol, la violencia y el caos.

Si hubiera permitido que mis alrededores atrofiaran mi imaginación, sí hubiera dejado que moldearan mi camino, hubiese sido una estadística como mi tío Ed, quien no murió aquel día, pero sí perdió su vida años más tarde por causa del SIDA que contrajo después de años de abusar de las drogas. Si hubiese permitido que el ambiente donde nací determine mi destino, definitivamente no hubiese ido a la escuela secundaria a los doce años, a la universidad a los dieciséis, ni a una carrera exitosa en derecho y en la televisión. En su lugar, esas circunstancias en las que nací definieron quien yo *no* sería.

Este es el porqué, a pesar de la crítica y los cuestionamientos, una afrolatina eligió ser fiscal. Quería asegurarme de que aquellas cosas que atestigüé al crecer no ocurrieran, y que cuando sí ocurrieran, que aquellos que cometieron esos actos pagaran un precio y nunca las volvieran a cometer.

Luego, conocí a Manny, y traje al mundo a mis verdaderos regalos en la vida, Gabriel y Paloma, y supe que no quería pasar mi vida inmersa en la psicosis y en las patologías de los depredadores sexuales. Pero aún anhelaba proteger a las personas. Cuando tuve la oportunidad de ser una analista legal, pensé, sí, lo haría. Yo podía hablar de estos asuntos en televisión, trasladando mi pasión a una nueva plataforma. Yo aún estaba cumpliendo mi propósito, sólo que de una manera diferente.

Pero aún no había encontrado mi voz. No había realmente manifestado mi ser por completo. Me cortaba el cabello y cortaba mis palabras para imitar a Soledad O'Brien. Hasta algunas veces trataba de emular la ebullición de mi ídolo, Oprah Winfrey. «Te doy un carro, y a ti también, ¡y a ti! (*And you get a car!*)» Era absurdo.

Encontré mi día tres, mi pasión en la vida, en Sanford, Florida. Me hice finalmente yo luego de ese caso y de ese juicio porque utilicé mi voz, sin miedo ni vacilación, para hablar por lo que yo sentía era correcto, para hablar por alguien que no podía hablar por sí mismo. Finalmente comencé a satisfacer mi propósito porque me convertí innegable, auténticamente en Sunny.

Luego de Trayvon, mi imagen se agrandó en CNN. Me presenté en *Dr. Phil*. Hasta conocí a Oprah. Pero más importante aún, las personas se acercaban a mí de ahí en adelante, y mientras no necesariamente recordaban mis comentarios en el caso de Casey Anthony, o el escándalo sexual en la Iglesia católica, sí me conocían por mi cobertura del asesinato de Trayvon Martin. Sentían que había hablado por ellos, que había logrado que sus miedos, su ira, su humanidad, tuviera importancia.

En los años transcurridos desde entonces, he visto tantos otros encontrar su día tres, tal vez debido al desgarrador, continuo ciclo de matanzas de niños y hombres negros, desde el joven de doce años Tamir Rice, un niño asesinado por jugar con una pistola de aire, hasta Eric Garner, asfixiado a muerte por un grupo de agentes por vender cigarrillos en la esquina de una calle en Nueva York.

Y luego está Michael Brown, asesinado por un policía en el suburbio de Ferguson en St. Louis, Missouri. Durante semanas, los jóvenes acudieron a la ciudad, protestando pacíficamente frente a una vigilancia policial extremadamente agresiva. ¿Saben cuánto frío hace en Missouri en el invierno? Aun así, se presentaron. Aun así, lucharon pacíficamente.

Yo he visto a muchos encontrar su día dos también, ese estoes-lo-que-no-quiero-ser, ya sea una persona joven que graba y reporta a los compañeros de clase al rechazar los cánticos racistas en lugar de unirse, o un adulto que reta a un familiar quien gusta de hacer bromas racistas en la mesa en una festividad. Esas acciones son mucho más atrevidas, mucho más valientes que los delincuentes de Twitter intimidando, embriagados con su valentía del teclado. He llegado a conocer bien a ese grupo.

Desde que encontré mi día tres, desde que comencé a hablar en voz alta y a menudo sobre el estado de las relaciones raciales en el país, he sido viciosamente atacada. He sido llamada racista y agitadora racial. Y los insultos se han intensificado durante la presidencia de Donald Trump, cuya retórica y políticas administrativas han servido como un claro llamado a todos los fanáticos diciéndoles que no tienen que esconder sus prejuicios ni necesitan silenciar su odio.

Pero hay otra cosa que descubres cuando encuentras tu día tres. Ya no te preocupan los que odian. Una vez que escuchas cómo suena tu propia y auténtica voz, una vez que sientes que has encontrado un propósito que tiene mayor importancia que tu propio bienestar, no lo puedes ignorar. Para mí, un día perfecto consiste en tratar de conseguir a duras penas justicia para aquellos que no son escuchados y hacer algo por alguien más sin ninguna expectativa de que hagan nada por mí.

La historia de Trayvon Martin cambió mi vida. De todos los casos en los que he trabajado, de todas las historias que he cubierto, ninguna me ha impactado más que la suya. Trayvon pone de relieve todas las razones por las que quise ser periodista. Me queda claro que todos los índices, los premios Emmy y los reconocimientos en el mundo no significan nada si no puedo usar mi posición para resaltar las historias que algún productor considera muy pequeñas, y humanizar a las personas que algunos consideran como insignificantes.

Proverbios 31 dice: «Habla por los mudos, por los derechos de aquellos que están desamparados. Sé voz del que no sabe hablar y defensor de los abandonados». Hay mucha gente a quienes les disgusta mi franqueza. Pero a ellos les digo: adelante. Todos somos Trayvon.

CAPÍTULO ONCE

THE VIEW

Años después del caso de Trayvon Martin, ya de vuelta en CNN, continuaba haciendo análisis televisivos a pesar de que ansiara ir más allá. Decidí entonces asistir a la convención de la Asociación de Periodistas Afroamericanos para establecer contactos y participar en talleres.

La feria de empleo de la Asociación estaba llenísima de afroamericanos hermosamente ataviados que andaban con sus currículums y audiciones grabadas a mano, listos para su próxima encomienda o golpe de suerte. Me presenté con mi currículum y mi cinta demo y conocí a los cazatalentos de todas las principales cadenas de televisión y por cable.

Me entrevisté con ejecutivos de NBC y CBS en Nueva York, y aunque no había nada para mí en ese momento, nos mantuvimos en contacto.

No mucho después de que un productor me dijera que yo no tenía lo que se requiere para ser presentadora a nivel nacional, recibí una llamada de ABC ofreciéndome la oportunidad de ser la presentadora sustituta del programa nocturno.

World News Now y *America This Morning* se emitían desde las dos y media de la mañana hasta el amanecer. A pesar de que se emitiera de madrugada, todo el mundo en la industria lo veía, al igual que dos millones de espectadores. (Gente con insomnio, madres primerizas, trabajadores nocturnos, de hospitales, policías: un montón de gente).

—¿Quieres hacerlo? —me preguntaron.

Estaba en *shock*. Nunca había participado en ese tipo de programa y recién me habían dicho que no era lo suficientemente buena para siquiera presentar un programa sobre derecho, en lo cual era una experta. ¿Y ahora me pedían ser anfitriona de un programa a nivel nacional sin siquiera audicionar?

Mi puesto como colaboradora de CNN, contrario a ser, digamos, una corresponsal oficial, me brindaba la flexibilidad de poder tener trabajos extra. Dije que definitivamente aceptaría el trabajo.

Pero había una indudable curva de aprendizaje, una bastante pronunciada para ser muy honesta. Yo no sabía tan siquiera las cosas más pequeñas, las más sencillas, como por ejemplo qué significaban las letras «fs» en la esquina del *teleprompter*.

Afortunadamente mi copresentador, Rob Nelson, quien sigue siendo un querido amigo, fue un maestro paciente.

—Eso es para ponerlo en modo *full screen*, «pantalla completa» —diría Rob de manera calmada.

Y no lo hacía durante los anuncios ni susurrando en secreto a mi oído: me comentaba las instrucciones en directo, no para avergonzarme, sino para reafirmarme que no debía sentir vergüenza de ser nueva y no saber algo.

En otra ocasión leí el *teleprompter* y no estaba familiarizada con la bolsa de valores japonesa, el Nikkei.

—Y el promedio Nicky... —dije, pronunciando la palabra como si pronunciara el apodo de un viejo amigo.

Escuché las risas del equipo.

—¿Oh, también lo dije mal? —pregunté tímidamente.

—Síííí —gritó alguien fuera de cámaras—, ¡pero no te preocupes por eso!

Esto era lo mejor de toda la experiencia. Tan distinta a aquellos primeros días en CNN donde me sentí humillada y sola, Rob y el equipo me hicieron sentir que estaba en un espacio seguro a pesar de mis múltiples metidas de pata. Estaban contentos en ayudarme a timonear este barco hasta que estuviera lista para hacerlo sola, viento en popa. Me sentía bien. Con la ayuda de Rob y de tantas otras personas, aprendí a presentar un programa de noticias a nivel nacional.

Fui, en realidad, una presentadora «sustituta» durante un año y medio entero. Regresaba directo a casa de CNN, tal vez dormía una pequeña siesta antes de cenar con Manny y los chicos para luego guiar hasta las oficinas de ABC en el Upper West Side de Manhattan. Llegaba a las diez de la noche y al salir del edificio ocho horas después, el cielo estaba teñido de rosa dorado mientras los carritos metálicos de café se acomodaban estrepitosamente en espera de la hora pico de la mañana.

Resultó ser que una de las furibundas fanáticas con insomnio de *World News Now* y *America This Morning* era Whoopi Goldberg. Whoopi es una de las pocas personas en el planeta que han recibido un Emmy, un Grammy, un Óscar y un Tony. Tras una carrera que incluye haber protagonizado *El color púrpura*, y *Cambio de hábito*, así como ser la estrella solitaria de un programa unipersonal parteaguas y una de las anfitrionas con mayor inventiva en la historia de los Óscar, Whoopi se convirtió, en el año 2007, en la nueva moderadora de *The View*. Más allá de sus múltiples talentos, entre los cuales cabe destacar un sentido del humor pícaro, Whoopi está increíblemente bien informada, y es alguien que realmente reflexiona sobre las cosas. Ella ve montones y montones de programas de noticias.

Pronto supe que después de haberme visto presentando una noche, Whoopi le mencionó a Bill Geddie, quien cofundó *The View* junto a Barbara Walters, y quien fue su productor ejecutivo por casi veinte años:

—Vi a esta chica en la tele, Sunny Hostin, y tiene mucho, mucho talento. Podríamos tener a alguien como ella en nuestro programa.

Whoopi consideraba que era divertida, y percibió la semejanza entre *The View* y un segmento que Rob y yo hicimos llamado «The Mix» y «Hot Topics». Ambos requerían que reflexionáramos rápidamente sobre un potpurrí de los titulares más comentados del día, y Whoopi supo que podría manejar un programa como el suyo.

Yo, por supuesto, no sabía que nada de esto estaba sucediendo: tenía en mente sólo los fracasos, los errores y los rechazos. Ese

productor de CNN que dijo que no era lo suficientemente buena como para presentar mi propio programa reverberaba en mis
oídos y afectaba mi autoestima. Pero literalmente algunos meses
después, trabajaría de copresentadora en un programa de noticias
a nivel nacional que todo el mundo en la industria vería. Nada
más y nada menos que Whoopi Goldberg hablando de mí con el
productor ejecutivo de *The View*. Y eso me conmovió.

ABC había contratado a Paula Faris para ser la presentadora
permanente de *World News* y *America This Morning* y mis colegas del ABC nocturno me rindieron un maravilloso homenaje
de despedida, aunque nunca fui presentadora oficial. Me enfoqué
nuevamente por completo en CNN. Pero creo que mi temporada
en ABC había llamado la atención de la gerencia: me percibían de
una manera distinta. Me empezaron a pasar cosas.

Primero me concedieron un programa con el famoso abogado
de defensa criminal y querido amigo, Mark Geragos.

La cadena de televisión nos creó un *set* a Mark y a mí, esto era
de por sí algo grande. Significaba que aún antes de haber salido en
directo, los ejecutivos pensaban que podríamos tener una carrera
buena y duradera. Recuerdo que cuando Geraldine Moriba, la jefa
de variedades en CNN, lo vio estaba tan eufórica que literalmente
bajó las escaleras corriendo y me abrazó tan fuertemente que me
alzó por el aire.

—¡Lo lograste! —gritó.

Ella era la productora ejecutiva sénior de la serie de Soledad
O'Brien, *Black in America*, y trabajaba incansablemente para asegurarse de que las voces de las personas que no somos blancas

seamos escuchadas y podamos narrar las historias de nuestras comunidades. Era una auténtica luchadora en la batalla por la equidad y diversidad. También tenía un espíritu tremendamente dadivoso que consideraba que el avance de cualquier persona de color era también el suyo. Ella realmente abogó por mí. Debo decir que, a pesar de mi escabroso comienzo en CNN, desarrollé algunas relaciones verdaderamente especiales con un grupo maravilloso de personas como Anderson Cooper, Don Lemon y Geraldine.

Finalmente, el viernes, 24 de marzo de 2014, Mark y yo debutamos. Mark es una persona calmada y tranquila, pero hasta él estaba emocionado. Nos conocíamos muy bien y realmente hicimos clic en vivo y en directo. Pero ese primer programa resultó ser nuestro último. El 8 de marzo de 2014, el vuelo 370 de Malaysia Airlines, y las 239 personas que iban a bordo en él desde Kuala Lumpur con destino a Beijing, desaparecieron. El trágico misterio, por supuesto, dominó los titulares como la búsqueda más grande realizada en la historia de la aviación. La programación regular se enfocó exclusivamente en la investigación y nuestro programa jamás tuvo un segundo episodio.

Durante este ciclo de noticias de veinticuatro horas, me programaron como presentadora ocasional. La palabra «no» empezó a aparecer nuevamente cada vez que alguien decidía que no estaba lista para manejar la cobertura continua que cubría el reportaje de última hora. Estaba frustrada, pero pronto tendría otra oportunidad. Una oportunidad muy, muy grande.

A Jeff Zucker se lo consideraba el niño prodigio de los medios.

Se le acredita haber encendido la chispa sin precedente de *Today* y se convirtió más adelante en el presidente y CEO de NBC Universal. Llegó a CNN en 2012 y asumió el mando con la función de presidente. Ahora, casi un año después de haber estado en la cima, dio luz verde para que yo tuviera mi propio programa.

Yo quería ser capaz de tener un monólogo de apertura y así ofrecer mi opinión sobre algún asunto legal de gran importancia para los estadounidenses, como los derechos reproductivos o los derechos sobre las armas. Quería, además, entrevistar a una variedad de invitados interesantes. Para el episodio piloto, logré discutir temas y debatir con Alan Dershowitz, un abogado muy conocido que había acaparado recientemente toda la atención ya que defendía algunos de los comportamientos y políticas controvertidas de Donald Trump.

Al final del episodio, el programa hacía hincapié en las mujeres y niñas afroamericanas desaparecidas, un tema muy importante para mí. A mi entender, el programa estaba bien hecho y de naturaleza actual, y urgente. Pero no tuvimos la aprobación de Jeff para transmitirlo entero. Empecé a pensar que nunca tendría la oportunidad para brillar en CNN.

Mi última gran oportunidad se materializó poco después cuando Jeff me incluyó en un nuevo programa que sería similar a *The View*, según había sido visualizado cuando empezó a emitirse por primera vez, con un grupo de mujeres hablando sobre política. Éramos cuatro: la abogada Mel Robbins; la activista liberal LGBT, Sally Kohn; y Margaret Hoover, una conservadora experta que es, además, la bisnieta del presidente Herbert Hoover. Y luego, yo.

Nuestra productora ejecutiva era una mujer afroamericana de Atlanta, muy reputada tanto en las salas de redacción como en toda la industria. Ésta era una gran oportunidad para ella, así como para cada una de nosotras que habíamos sido seleccionadas como coanfitrionas. El programa se emitió durante varias semanas: una prueba bastante larga para ver cómo vibrábamos una con la otra y cómo respondía la audiencia. Las cosas iban marchando y luego, tal vez en la cuarta o quinta semana, cometimos un error garrafal.

Fue en medio de las protestas que aumentaban en respuesta al asesinato de Michael Brown. Los activistas alzaban los brazos para protestar no sólo la muerte de Brown, sino también los disparos constantes de parte de la policía que mataban a los jóvenes y hombres negros, incluso cuando éstos levantaban sus brazos para mostrar que no estaban armados y que no se estaban resistiendo. Sally sintió que necesitábamos pronunciarnos y sugirió que, al final de este programa en particular, todas alzáramos los brazos en solidaridad con los manifestantes y con quienes estaban hartos de estos atropellos.

Yo tenía una idea algo diferente. Me sentía atraída y enferma por el caso de Eric Garner, quien, de manera desgarradora, exclamó repetidamente: «No puedo respirar», mientras una horda de oficiales luchaban con él hasta empujarlo contra el suelo. Todas las del programa estuvimos de acuerdo en que la violencia infligida por la policía a los afroamericanos era una epidemia y que necesitábamos decir algo al respecto. Habíamos decidido que cada quien podía responder de la manera que sintiéramos fuese adecuada. Nosotras, sin embargo, no notificamos nuestra decisión al productor ejecutivo.

Yo escribí las palabras «No puedo respirar» en una hoja de papel y, al final del programa, llevamos a cabo nuestro plan. Yo levanté el papel mientras las otras tres anfitrionas levantaron los brazos como si dijeran: «No disparen». Las cámaras se apagaron. Y Jeff Zucker casi perdió la cabeza.

Nuestro programa iba, aparentemente, mucho mejor de lo que me había percatado, y creo que Jeff estaba a punto de darnos la luz verde para una transmisión completa. Pero, por supuesto, luego de nuestro atrevimiento, los comentaristas conservadores hicieron su agosto y empezaron a llover las quejas al nosotras haber tomado partida.

Intentamos contener el daño. Necesitábamos que alguien fuera a pedirle disculpas a Jeff, para así, esperanzadoramente, salvar nuestro programa.

—Bueno —dijo Sally—, yo no creo que una lesbiana que mide seis pies deba ir dónde él. Dudo que él sea muy solidario.

—Bueno —aporté yo—, yo no creo que la latina afroamericana que se negó a regresar de Sanford, Florida, cuando se le ordenó debería defender nuestro caso.

Claramente, a pesar de nuestro dilema, no habíamos perdido el sentido del humor, ni nuestras cabezas. Finalmente llegamos al acuerdo en que la mujer blanca y rubia que descendía del presidente número treinta y uno debería ser quien pidiera clemencia.

Pero no funcionó. Y, siendo sincera, Jeff tenía razón en no darnos una segunda oportunidad. Normalmente siempre sigo las reglas, pero en aquel momento no pensé en cuántas personas serían impactadas por nuestra decisión, mucho menos en la mujer afroamericana cuyas oportunidades de ser una productora ejecutiva probablemente estarían arruinadas para siempre. Una no se tira de cabeza así en la industria televisiva. No lo volvería a hacer.

Pero estoy segura de que en aquel momento no le interesaba escuchar ni mis remordimientos, ni las lecciones que había aprendido. Probablemente pensó: «Ya le he dado tres oportunidades a esta chica. La tercera es la vencida».

Fue para esa época que me llamó *The View*.

* * *

Había estado coqueteando con el programa por un tiempo. Luego de que Whoopi me presentara a Bill Geddie, comencé a ser invitada al programa para sustituir.

Aquellas pseudo pruebas de producción habían comenzado un par de años antes, en el 2012. Desarrollé buenas relaciones con algunas de las otras coanfitrionas como la comediante y actriz Sherri Shepherd, y con la gran dama, Barbara Walters. Cuando salí en directo hablando de política y cultura pop, me sentí increíblemente cómoda. Me sentí como si yo sabía cómo hacer esto, me sentía como en casa.

En un momento dado, los ejecutivos hasta me preguntaron si podía ser una colaboradora oficial. Otras como Padma Lakshmi, la coanfitriona de *Top Chef*, también estaba contribuyendo cada cierto tiempo como anfitriona. Pero lo dejé pasar. Yo había contribuido por largo tiempo con CNN, y aunque me trataban de muchas maneras como una empleada a tiempo completo, con mi propia oficina, una tarjeta de crédito de la compañía y otros beneficios, yo sentía que a nivel de status me mantenía un peldaño por debajo. No me sentía como para volver a ese estatus secundario en otro lugar.

Pero Whoopi seguía hablando sobre mí. Y un día, tuve una llamada de la nada pidiéndome que audicionara para ser uno de los coanfitrionas permanentes en *The View*.

Aquello fue música para mis oídos. Pero, si obtenía el trabajo, no iba a poder contribuir con CNN, así que sentía que le debía a Jeff una notificación de mi oportunidad potencial. Le dije que había sido invitada a una audición.

—Con tu permiso, me gustaría asistir.

Jeff me dio su bendición y un codazo a la misma vez.

—Claro, está bien. Pero si yo fuera tú, no contaría con obtenerlo.

Alguien me estaba diciendo, de nuevo, lo que yo no podía hacer. Y eso sólo me hacía quererlo más. Aprendí cómo hacer cuando realmente quiero algo. Megyn Kelly me había enseñado bien.

* * *

Desde que había comenzado en la televisión, el mensaje de que necesitaba distinguirme, que no debía quedarme atrás cuando tenía la oportunidad de brillar, seguía llegando. Recuerdo a Don Lemon diciéndome cuando tomábamos café o almuerzo juntos:

—Tú eres talentosa, Sunny, muy talentosa. Pero debes ir por todo.

Mi recuerdo de que Megyn dominaba nuestros segmentos en *The O'Reilly Factor*, y los consejos constantes de gente como Don, permanecían en mi cabeza. Cuando el momento justo llegara, tendría que reconocerlo, y aprovechar la oportunidad porque a lo mejor nunca más volvería.

Bill Geddie parecía ansioso de trabajar conmigo. Hasta me había dicho una de las veces que sustituí:

—Sunny, tienes que destacarte. Tienes que tener tu momento.

El consejo aparecía de nuevo. Destácate. Ve por todo. Aprovecha tu momento.

Yo estaba lista, pero el tiempo tenía que ser el correcto. Después de que algunos de los miembros del elenco original de *The View*, como Star Jones y Meredith Viera, se fueron, *The View* tendió a cambiar de anfitriones cada par de años más o menos. Comencé a escuchar rumores de que estaban a punto de hacer otro cambio. Durante ese tiempo, Bill me llamó de nuevo. Él dijo que tenía una idea para un segmento llamado «Ask the Lawyers» (Pregúntale a lo abogados), que si pudiera yo venir para un programa piloto del concepto.

Al aparecer en *The View* y ya haber brindado mi opinión legal, deduje que a lo mejor me iban a emparejar con algún otro abogado, como era a menudo en CNN, y tal vez Bill quería tener una idea de con qué pareja había mejor química. Al llegar ese día al *set*, me topé con otras dos abogadas allí. Ambas de piel clara, ambas con un perfil de televisión. Una de ellas, Shawn Holley, había representado a Lindsay Lohan. Otra, Loni Coombs, era con frecuencia una analista legal en la televisión. Cada una de nosotras parecía sorprendida de ver a la otra y, mi cabeza empezó a dar vueltas como loca.

«Buscan a otra abogada como Star Jones», pensé. Bill había llamado a tres mujeres negras, y todas llenábamos los estereotipos. Olvídate de un segmento, esto era una prueba para un puesto como coanfitriona. Este era el momento. El momento para ir por más.

Me presenté al *set* y el resto de las abogadas no se enteraron de lo que sucedió. Yo me reí, yo discutí, yo miré directo a la cámara. No pudieron decir ni una sola palabra. Estaban atónitas. Les apliqué un «Megyn Kelly».

Cuando terminamos, le pasé por al lado a Bill. No le pregunté cómo lo había hecho. No necesitaba preguntarle.

Todo lo que dijo fue: «Bien, chica», y nunca vi a Shawn o a Loni de nuevo en *The View*.

Cuando finalmente me llamaron para la audición oficial, quería ponerme algo nuevo, pero no tenía tiempo para ir al centro comercial. El departamento de vestuario de ABC, surtido de trajes vistosos para sus presentadoras, accedió a prestarme un traje hermoso. Lo escogí, me cambié rápido y me dirigí al *set* de *The View* para lo que yo pensaba era una prueba superficial, obligatoria. Después de todo, yo había botado la bola durante la pseudo prueba unas semanas atrás. Conocía a todo el mundo en el programa y a menudo hacía sustituciones. Me sentía muy confiada.

Imagínense mi *shock* cuando llegué y me encontré algo así como una docena o más de mujeres dando vueltas por el área.

Estábamos apretujadas en una sala verde. Allí estaba Stephanie Ruhle, quien había trabajado en finanzas y había sido corresponsal de Bloomberg. Nicole Wallace, la pasada estratega de campaña republicana que eventualmente terminó de coanfitriona en *The View* durante un año antes de irse a MSNBC, también estaba allí. Vi a Sage Steele, una mujer afroamericana que está en ESPN; a la comentarista S.E. Cupp, con quien había trabajado en CNN; una mujer llamada October González; y a Lauren Sánchez, una personalidad de la televisión.

Dentro del estudio había una mesa redonda. Allí estaba Whoopi y también Rosie O'Donnell, quien había dejado el programa, pero aparentemente estaba de regreso.

Yo me preguntaba qué diablos estaba sucediendo. Yo pensé que el trabajo era mío. Y pienso que no estaba sola. Al mirar a través de la atestada sala verde, todas nos veíamos fuera de sí e incómodas. Estábamos todas vestidas de punta en blanco y me di cuenta bien rápido que todas estábamos compitiendo para un lugar en el programa. Era una audición abierta a todo el que quisiera. A cada una de nosotras nos habían dado una lista de temas candentes. Los productores luego nos agruparon de acuerdo a los temas que más llamaron nuestra atención.

Definitivamente había un contingente latino que indicaba que tal vez estaban buscando una voz latina. Ya me había topado de nuevo con el mismo cuestionamiento viejo y cansón al mencionar en directo que era latina, y una vez que salimos de en vivo la gente me preguntaba que cómo era eso posible. Las dos mujeres en las que me fijé, Lauren Sánchez y October González, definitivamente encajaban más en la idea estereotipada de cómo debe verse una latina.

Al ver los temas, October mencionó que había un montón de asuntos que trataban sobre política. Le expliqué que en los primeros tiempos, *The View* se conocía realmente por hablar de política. Se habían distanciado un poco de eso, pero ahora me parece que querían volver a sus orígenes.

—Oh —dijo October como si tratara de evitar un bostezo—. Yo nunca he votado.

La vibra de la sala entero era bizarra. Entre ésta y la cacofonía de las conversaciones que ocurrían en esa sala verde, hediendo a perfume y sudor, se notaba que las cosas iban a salir bastante mal. ¿Qué exactamente hacía yo allí?

Finalmente, me emparejaron con S.E. Cupp, mi colega colaboradora en CNN quien al momento estaba embarazada de varios meses. Saldríamos en vivo con Rosie O'Donnell hablando sobre el aborto y los métodos anticonceptivos.

S.E. era una entusiasta de las armas y conservadora. Yo sabía también que S.E. era atea, aunque me imaginaba que ya que iba a tener un bebé, su visión de la espiritualidad podría haber cambiado. Lo que ella no sabía de mí es que yo soy católica y pro-vida. Dado que se me percibía ser de política progresista, me imaginé que esto la tomaría por sorpresa. Yo esperaba que pudiéramos entrar en un debate animado.

Salimos del directo para reunirnos con Nicole Wallace en la mesa junto con Whoopi y Rosie. Reflexioné sobre el balance entre algunos puntos a propósito de la fe y el derecho a la escogencia individual que quería hacer, pero ni siquiera debí haberme preocupado. Rosie y S.E. comenzaron nuestra conversación el aborto e inmediatamente explotó un argumento acalorado. No pude decir ni una sola palabra. Mientras las dos desarrollaban el tema, yo miraba a S.E. y cambiaba mi manera de pensar, de una contestataria en este programa de juego no saludable, por aquella de una madre preocupada. «Esta situación no puede ser buena para una mujer embarazada», pensé.

—¿Alguna vez has tenido un aborto? —vociferó Rosie estirando su cuello hacia S.E.

—Eso a ti no te incumbe —le ripostó S.E.

Rosie, una antigua coanfitriona que conocía el libro de tácticas de *The View,* dio un espaldarazo como una boxeadora que había estado en el suelo y de momento tuvo un segundo aire.

—En *este* programa, tú hablas de tus asuntos.

Con eso, el segmento fingido terminaba. Todas fuimos a la sala verde, exhaustas de la lucha, aunque la mitad de nosotras ni siquiera habíamos estado en ella. S.E. se sentó en el piso cerca de su cartera. No habíamos podido aún respirar cuando Rosie regresó como una tormenta. No había terminado de pelear.

Ella y S.E. intercambiaron algunas palabras y luego Rosie se fue.

—Me parece que no voy a obtener este trabajo —murmuró S.E.

Me di cuenta que se veía un poco ruborizada. No éramos exactamente amigas, pero éramos colegas en CNN, y de madre a futura madre, sentí que necesitaba velar por ella. Le pregunté si estaba bien.

—Sí —me dijo con voz cansada. Parecía estar derrotada y molesta. La dejé tranquila.

El día entero fue como una pesadilla recurrente de la cual no te puedes despertar. En este momento, las personas caían como moscas y yo era una de las últimas en pie, llamadas a debatir con un grupo de anfitriones que rotaban en múltiples ocasiones. Nicole Wallace también estaba resistiendo bastante bien.

Fui llamada una vez más después de la batalla de Rosie/S.E. Estaba en un grupo que incluía a October «yo nunca he votado» González. Ella no tenía mucho que decir y la discusión en contraste con la que había experimentado antes fue bastante calmada. De todos modos, estaba feliz cuando se terminó.

Pronto supe que toda la locura no había sido en vano. La cadena de televisión me pidió firmar una hoja de negocio, que era básicamente un documento que establecía que no aceptaría otra oportunidad que me imposibilitara unirme al programa. Y yo definitivamente todavía quería el trabajo, aunque la audición hubiera sido brutal.

Cuando regresé a CNN y me topé con Jeff, me preguntó cómo habían marchado las cosas y le conté que me pareció muy competitivo. Sin embargo, no le dije que me sentía muy confiada de que el trabajo podría ser mío.

Comenzaron a aparecer rumores en la prensa que comentaban que yo llevaba la delantera para convertirme en la próxima coanfitriona en *The View*. Mi agente y yo nos mantuvimos en contacto cercano.

—Me informan que no han tomado una decisión final —dijo él. Pero está bastante claro que probablemente lo obtendrás.

Mientras me sentía con el corazón en ascuas al esperar la confirmación de *The View*, mi contrato con CNN se acercaba al final así que era momento de renegociar. Yo necesitaba saber a dónde iría, CNN o ABC. El reloj no se movía lo suficientemente rápido para mí. Quería un «sí» de *The View*. Necesitaba una respuesta.

Recuerdo asistir al U.S. Open en septiembre, disfrutar del sol y pasar un día maravilloso. La gente se me acercaba continuamente, tanto desconocidos como conocidos, felicitándome por el nuevo trabajo. Así mismo hicieron muchos colegas en CNN. Habían leído los titulares y habían escuchado las habladurías en la industria. «Este trabajo es mío». pensaba. Hasta le mencioné a mis productores que *The View* comenzaría a grabar muy pronto, y que había una oportunidad para que me moviera hacia allá. Lo sentía. Lo creía. Yo estaba lista.

Estaba en el Open, tomando champaña, literalmente celebrando mi nuevo programa. Entonces sonó el teléfono. Era mi agente.

—Hola, Sunny —dijo él. Lo podía escuchar en su voz. Lo supe—. Todo indicaba que este trabajo se suponía fuera tuyo, pero decidieron tomar otra dirección.

—Pero me pidieron firmar una hoja de negociación —dije sin aún creer lo que escuchaba—. ¿Quién lo obtuvo?

Esperó un segundo y dijo: «Rosie Pérez. De verdad querían una latina para el puesto».

—¡Pero yo soy latina! —prácticamente lo grité. No importaba. Ellos habían tomado su decisión.

Fue un golpe bajo. Llevaba toda la vida escuchando que no era suficientemente latina. Aquí estaba de nuevo. Fui una anfitriona invitada de manera exitosa. Las primeras planas de la prensa amarillista hablaban de que iba en primer lugar. La gente me felicitaba. Y perdí porque los poderes establecidos consideraron que yo, una mujer mitad puertorriqueña, que habla español, no era lo suficientemente latina.

Sentí ésta como la culminación de cada duda, cada mirada sospechosa, cada ronda de «¿Cuán puertorriqueña eres?» con las cuales había tenido que bregar toda mi vida.

¿Tú hablas español?

¿Qué comida comes?

¿De qué pueblo de la isla es tu familia?

Todas esas preguntas que me obsesionaban, me enfurecían, me entristecían, surgieron en mi mente, dando vueltas en un círculo infinito. Chocaban con las otras declaraciones que alimentaban mi inseguridad.

«Mantente en tu carril. Tú no tienes lo que hace falta para ser una presentadora a nivel nacional. Adelante, ve y trata. Pero yo no contaría con eso». Estaba destruida.

Y ahora necesitaba regresar a CNN y comunicarles que estaba lista para renegociar mi contrato después de todo.

Llamé a Jeff para dejarle saber que no obtuve el trabajo. Firmé un nuevo acuerdo con CNN y, para colmo, por menos dinero de lo que ganaba antes, lo que estoy segura fue a propósito.

Los primeros días fue como una procesión de un funeral la que desfiló por mi oficina. Algunas personas no querían mirarme a los ojos al no saber qué decirme. Mientras tanto otros parecían divertirse con mi miseria, orgullosos de traer de nuevo lo que había sucedido.

—Supe lo de *The View*. Lo sientooooooo. —Arrastraron sus palabras, con expresiones en sus rostros más creídas que simpáticas. Gracias a Dios por Don Lemon, cuya oficina estaba frente a la mía.

—Mantén la frente en alto —me dijo—. Todos hemos perdido trabajos.

Así que simplemente continué, que es lo que todos debemos hacer en nuestras carreras y en nuestras vidas. Aún tenía un trabajo. Todavía tenía una plataforma. Aún tenía una voz. Debía aplacar mi decepción y fijarme en todo lo que tenía, no en la pérdida de algo que nunca fue realmente mío. Pero no puedo mentir. Era bastante difícil llegar cada día a CNN. Y dejé de ver *The View*.

Y sucedió que esa fue una temporada retante para *The View*. Los índices de audiencia se desplomaron. Rosie O'Donnell se marchó luego de tan sólo unos meses y Rosie Pérez también. Así que de alguna manera, supongo, fue una bendición que no obtuviera el trabajo. Probablemente no hubiera permanecido, empujada para poder reconstruir la franquicia.

Fue un año después, tal vez menos, que ABC me contactó, pidiéndome que volviera.

¿Cómo es que dice ese refrán? «¿Si me engañas una vez, es tu culpa, pero si me engañas dos veces, la culpa es mía?». No iría a esa vorágine nuevamente.

—De ninguna manera —dije en pocas palabras.

Pero también sabía que necesitaba un cambio. Que no sería capaz de aprovechar para poder desarrollar todo mi potencial en CNN.

Se me ofreció la oportunidad de ser corresponsal legal, no sólo

para *The View*, sino para *Good Morning America*, que le había quitado la corona a *Today* para convertirse en el programa número
uno de las mañanas, y de toda la división de noticias en su tota-
lidad. También podría sustituir en *The View* cuando una de las
coanfitrionas no estuviera.

De muchas maneras, era un trabajo de ensueño. Bill Geddie,
a quien realmente respetaba, desafortunadamente ya no dirigía
The View. Pero Whoopi aún continuaba allí. Y la comediante Joy
Behar, una de los anfitriones originales de *The View* a quien conocí y que adoraba, se unía nuevamente al programa. Tendría un
equipo de apoyo fuerte en ABC, pensé yo, gente a mi alrededor y
en posiciones de poder que creían en mí y en mi talento.

Me reuní con el nuevo equipo ejecutivo de *The View*, Brian
Teta quien es increíble; Hilary McLoughlin, una productora ganadora de un Emmy proveniente de Telepictures, un estudio al
cual le hablaba en aquel momento sobre un posible proyecto en
conjunto; y Candi Carter quien había sido productora para la orá-
culo misma, Oprah Winfrey. Se sentía como lo correcto, como si
todas las piezas estaban de una vez cayendo en su lugar.

No se me estaba prometiendo un pedestal permanente en la
mesa de *The View*. Era más como «estamos en reconstrucción.
Ven, eres corresponsal y vemos qué sale de esto».

Quería ser reportera y alejarme un poco del análisis por un
tiempo. Y podría ser anfitriona en *The View*, aunque como invitada. Honestamente, después de escuchar el periodo tormentoso
por el cual había atravesado el programa y tras la estela de la experiencia traumática que había experimentado durante mi últi-

ma prueba, una participación como anfitriona ocasional me caía perfecto. Yo era un poco tímida al principio y prefería probar las aguas antes de lanzarme de cabeza.

Finalmente sintonicé de nuevo con el programa, lo vi varias veces para tener idea de su tiempo, sus temas, su química. Sabía que podía hacer el trabajo. Pero aún me sentía insegura. El haber escuchado en CNN lo que yo no podía hacer, los programas piloto que no llegaron a ninguna parte, el trabajo previo en ABC que pensaba tendría para luego escuchar que no era lo suficientemente latina, aparentemente todo esto me había afectado de forma notable en maneras que no siempre quería admitir.

Así que fui a ver a Charlie Moore, productor ejecutivo para Anderson Cooper. Siempre fue una persona a la que podía hablarle y me apoyó mientras cubrí el homicidio de Trayvon Martin. Charlie también fue mi productor ejecutivo en el programa de corta duración que hice junto a Mark Geragos.

Le comenté sobre la oferta de ABC.

—Pero no estoy segura —le dije—. Tal vez la televisión no es lo mejor que puedo hacer. También he estado pensando en quizás regresar a las leyes a tiempo completo, trabajando para la Oficina de Fiscalía del Distrito en Nueva York. A lo mejor de esa forma puedo hacer una mayor diferencia.

Charlie estaba sentado en el cuarto de control de *AC 360°*. Se reclinó en su silla.

—Tú tienes una gran voz —dijo—. Puedes alcanzar más gente desde la tele que trabajando en la oficina de FD. Y en *The View*, la audiencia en un día regular tiene de tres a cuatro veces más espectadores que cualquiera de nuestros programas. Odio perderte, pero esto es un sí o sí. Tienes que aceptarlo. Ese era Charlie. Honesto, siempre allí para mí y, como de costumbre, con tanto sentido.

El paquete de ABC era una oportunidad que valía la pena tomar, una oportunidad demasiado buena como para dejarla pasar. Yo tenía que ir a ABC sin expectativas, pero con la confianza de que podría manejar cualquier cosa que se presentara.

Por la que sería mi última vez, fui a ver a Jeff.

Le conté lo que me ofrecía ABC, era un trabajo que debía tomar. Que estaba inmensamente agradecida por todas las oportunidades que CNN me había brindado, pero estaba notificando con dos semanas de antelación.

—No será necesario —dijo Jeff fríamente—, puedes irte hoy mismo.

Me gustaría decir que no esperaba esa respuesta, pero he debido intuir lo que Jeff diría ya que había empacado mi oficina antes de ir a verlo. Mientras subía las escaleras camino a mi oficina, ya el departamento de recursos humanos me estaba llamando por teléfono para solicitar que entregase mi identificación del edificio y mi tarjeta de crédito corporativa.

La reacción de Jeff se pudiera tomar como arrogante, hasta ruda. Pero en verdad, creo que él nunca estuvo tan convencido de mis talentos. De cierto modo me heredó del presidente pasado de la cadena de televisión, Jon Klein. Lo he visto y me ha felicitado sobre el éxito en *The View* y aún pienso que no le caigo. Y está bien. Cada quien tiene sus preferencias.

Pero para ser honesta, aunque nunca fui de sus favoritas, Jeff me ofreció oportunidades en varias ocasiones. Sucede que ninguna de esas oportunidades funcionaron. Como mujer de fe, no creo que fueran coincidencias. Esos programas simplemente no salieron y punto.

CNN fue mi gran oportunidad en la televisión, dónde me pulí en las tablas, obtuve confianza y una mirada realista y necesaria sobre el mundo de los noticieros de la televisión. Tengo algunas cicatrices de batallas en el camino, pero me sirvieron, me dieron experiencia y me fortalecieron. Me convertí de alguna manera en la GO, la gánster original, entre los colaboradores afroamericanos de la cadena. Me siento agradecida y fui capaz de forjar un camino.

Joey Jackson, un abogado que se presenta con frecuencia en CNN, me había llamado para consultarme. Angela Rye, la mordaz abogada y comentarista política, de verbo contundente, se puso en contacto durante sus negociaciones para su contrato y le compartí libremente un recuento de mi salario. Al igual con April Ryan. Hice lo mismo con Bakari Sellers, el pasado senador por el estado de Carolina del Sur quien se desempeña ahora como colaborador de CNN. Me siento feliz al compartir cualquier sabiduría e idea que pueda. CNN me dio mucho, y me alegra pasar el balón.

Aquel día, recogí mi par de cajas, entregué mis tarjetas y salí de CNN para siempre. Próxima parada: ABC.

* * *

La idea era que sería la corresponsal legal de *The View* pero sustituiría cuando las coanfitrionas oficiales no estaban. Pero creo que los productores se dieron cuenta pronto que yo hacía el trabajo. Que yo era la que me presentaba sin quejarme y en quien siempre se podía depender.

The View también tiene una audiencia desproporcionadamente latina y afroamericana y me hice muy popular entre muchos de los televidentes. Poco a poco, comencé a aparecer más y más. Había gente con nombres más reconocidos, como Candace Cameron Bure actriz de *Fuller House*, o Raven-Symoné, pero finalmente hubo consenso en que yo era realmente buena en esto.

Me convertí en coanfitriona a tiempo completo en *The View* en 2016. Pero nunca tuve una presentación formal. Sólo pasé de estar muchas veces en la mesa a estar allí todos los días. A diferencia de las otras coanfitrionas, desde Rosie O'Donnell hasta Jenny McCarthy, quienes escucharon las palabras «¡Bienvenida a la nueva anfitriona en *The View*!», nunca hubo esa fanfarria para mí. No hubo ni siquiera un anuncio oficial en la prensa.

Hoy en día, soy la tercera anfitriona con mayor cantidad de tiempo en el elenco actual. He estado más tiempo que cualquiera en la cosecha de anfitrionas recientes como Raven-Symoné, Paula Faris y mis coanfitrionas actuales Meghan McCain y Abby Huntsman.

Sin embargo, en el otoño de 2019, luego de haber sido coanfitriona oficial durante cuatro temporadas, aún me encontraba personas que no estaban seguras si yo era un miembro permanente en *The View*.

—¿Te convertiste en coanfitriona? —preguntaban inocentemente—. Al parecer estás allí a diario.

Esta pregunta nunca hubiera surgido de haber habido un anuncio apropiado, en lugar de que simplemente un día los productores cambiaran mi posición en la web del programa, de coanfitriona colaboradora a sencillamente coanfitriona.

Francamente, me irrita. Pienso que es irrespetuoso. He preguntado por qué no se hizo el anuncio públicamente y le he dicho a los productores que aún lo espero. Su respuesta ha sido: «Bueno, ¿por qué? Después de todo estás aquí». Pero esa clase de reconocimiento sí cuenta.

La falta de presentación formal indica un patrón más amplio, creo. Hubo otros ejemplos de ser tratada como una hijastra, como por ejemplo, cuando se trata de los camerinos, algo que puede parecer trivial pero simbólicamente significa mucho.

Las anfitrionas permanentes tenían sus camerinos en el segundo piso, donde sucede toda la acción, desde la comida que se recibe hasta las reuniones de producción y el cuarto de vestuario. Los camerinos para invitadas estaban arriba en el tercer piso.

Al salir Candace Cameron Bure, Jedediah Bila y yo éramos las coanfitrionas principales y recibíamos un calendario mensual con los días alternos en los cuales apareceríamos. Jedediah era una colaboradora con Fox News y trajo una voz libertaria al programa. Cuando Candace salió en definitiva, a Jed la mudaron al piso dos con las anfitrionas principales, al camerino que fuera de Candace. Mientras tanto, yo permanecí arriba en la tierra de nadie, preparando trabajo mientras todo el mundo desayunaba. A veces los productores tenían que venir a buscarme.

Jed y yo éramos, y aún somos, amigas, pero me sentí desestimada y desvalorizada, ya que luego de mi larga trayectoria en el programa, una mujer blanca, nueva en el escenario, de momento aparece igual que yo, y ahora, inexplicablemente, obtiene un camerino en el piso principal. En retrospectiva pienso que aún tenía que probarme a mí misma, al competir con una recién llegada después de haber demostrado lo que podía hacer. Está claro que ellos sentían que su voz era más valiosa.

Le pregunté a Candi Carter si me moverían a una nueva área de vestuario. Ella dijo que sí, pero nada cambió. Y luego, cuando lo traje de nuevo, recordándole que habían movido a Jed, su sorprendente respuesta fue que estaban pensando que yo compartiera un camerino con Raven-Symoné porque después de Whoopi, ella tenía el más grande.

Bueno, le mencioné esto a Raven y pueden imaginarse su reacción. Ninguna estrella quiere compartir su camerino. Ella no iba a tolerar eso, y no la culpo.

A la larga, me movieron abajo a un camerino en el piso con el resto de las anfitrionas. El camerino de Raven pasó a Joy Behar, el segundo en tamaño y esto se ajustaba ya que Joy, así como Whoopi, era una veterana del programa muy estimada. Mi camerino terminó siendo el tercero en tamaño.

De nuevo, puede parecer algo sin importancia, pero los símbolos si cuentan. No soy una diva. Tengo la opción de tener un chofer, pero no lo tengo porque no es mi estilo. Me gustaría poder ofrecerle ese trabajo a alguien, pero la idea de que un chofer me conduzca me hace sentir incómoda. Me encanta la idea de tener la libertad de ir y venir según me plazca. Pero tener un camerino en el piso principal, creo yo, tiene la connotación de cuánto eres valorada, igual que una bienvenida oficial y una presentación a los millones de personas que ven *The View*. No haber tenido ninguno de los dos me hizo sentir como una ciudadana de segunda clase.

Es irónico, porque ahora muchos dicen que soy la voz de la razón en el programa. Los ejecutivos comentan a menudo que luego de muchos cambios y malestares, soy constante. Y algunos de los miembros jóvenes del equipo comentan que la razón por la cual no soy parodiada en el programa *Saturday Night Live* es porque no hay nada de que burlarse. Dicen que soy «la normal», como el personaje de Marilyn en el programa de los años sesenta, *The Munsters*. Ahora siento que se me muestra respeto, pero creo que el camino para llegar allí fue más largo y algo más torcido de lo que ha debido ser. Y aún no logro entender el por qué.

* * *

Existen aquellos que son valorados por sus apellidos o sus conexiones en lugar de por sus cuotas pagadas o por las habilidades que han perfeccionado. Si has trabajado durante mayor tiempo, si has trabajado más duro, eso debería contar para algo, ya sea una mejor paga, recibir el reconocimiento o simplemente ser capaz de recibir el camerino en el segundo piso sin tener que pedirlo.

No me malinterpreten. No tengo ningún problema con que la gente tenga ventajas. Mis hijos, que de seguro tendrán que manejar retos por ser de color, sin duda tienen más que otros. Pero creo que el privilegio debe ser reconocido. No puede ser que nazcas en tercera base y pretendas que tus jonrones provengan de la misma clase de esfuerzo que alguien que nació en primera base tuvo que invertir. Algunas personas no tienen un guante, otras personas no tienen un bate. Es esto lo que debemos reconocer si en algún momento vamos a resolver tantas desigualdades que aún acosan a nuestra sociedad.

Pero la mayoría de los días en lugar de enfocarme en estas dinámicas más amplias, sólo trato de prepararme para mis días fuertes en el trabajo. Comienzan temprano. Si me presento en *Good Morning America*, estoy en pie a las cuatro y media de la mañana, pero si voy directo a *The View* duermo otra hora extra. Tomo algún tiempo para relajarme, alimento al perro y atiendo a las gallinas. Luego levanto a mis chicos para decirles que los amo y entre las 6:45 y no más tarde de las siete de la mañana estoy en mi carro.

Dejo a mami en su trabajo en un centro de cuidado diurno, saboreando el tiempo que tenemos para dar cháchara, o simplemente atravesar el Henry Hudson con la radio de fondo. Usualmente escucho las noticias en Sirius. Puede ser en el programa *Today*, uno de los programas de noticias de cable o un podcast de ABC donde resumen los titulares del día.

Una hora después, estoy en el *set*, a tiempo para nuestra reunión de los asuntos candentes del día a las ocho y media. La noche anterior, cada una de nosotras obtiene una lista de alrededor de sesenta titulares con enlaces a las historias sobre política y actualidad en el mundo del entretenimiento. Como soy tan adicta a las noticias, típicamente ya estoy familiarizada con la mitad de ellas y hay veces en las que envío mis sugerencias por correo electrónico a los productores. Whoopi y Joy a menudo hacen esto también.

De más está decir que cada una tenemos historias diferentes que llaman nuestra atención. Pueden variar desde los comentarios de Donald Trump sobre la marcha supremacista de personas blancas en Charlottesville hasta la decisión de Kim Kardashian de contratar madres sustitutas para portar dos de sus hijos. Cada persona tendrá una postura diferente sobre cada tema. Yo, por ejemplo, visualizo hablar sobre las últimas incoherencias de Trump para hablar sobre lo que conlleva ser presidente y lo que ha hecho mal mientras que el fragmento sobre Kim Kardashian pudiera ser una manera de profundizar más allá en el tema de la infertilidad y discutir mis propias luchas con la fertilización in vitro.

En nuestra reunión de la mañana se integran tres altos ejecutivos, el escritor líder y varios otros productores. Cada una de las anfitrionas recibe además a su productor de investigación personal.

A cada quién se nos entrega un paquete con una lista de temas que cada una hemos seleccionado y tal vez algunos otros, particularmente si ha surgido alguna noticia repentina durante la noche. Las que están circuladas son las que las anfitrionas encuentran más interesante. Luego, las desmenuzamos durante media hora aproximadamente y decidimos cuáles son los mejores temas de conversación. Uno de los productores usualmente pregunta qué pensamos cada quien sobre algún tema y luego se dirige al grupo a ver si alguna tiene una opinión opuesta, porque no queremos conversar sobre algo en lo que todas estamos de acuerdo. ¿Dónde estaría la diversión o el estímulo intelectual?

Una pausa para enfatizar lo siguiente: no ensayamos o nos decimos nuestros puntos de conversación. Eso sería un poco de traición a nuestra audiencia, y queremos que nuestro tono sea orgánico, sea espontáneo, sea auténtico.

Alrededor de una hora y media antes del programa hacemos una corta recapitulación con la moderadora del programa ya sea Whoopi o Joy, y decidimos en qué historias nos enfocaremos. La cantidad de temas usualmente depende de la cantidad de invitados para ese día. Por ejemplo: cuando Joe Biden vino después de declarar que se postularía para la nominación presidencial 2020, todo el programa lo dedicamos a él. Lo interesante es que nuestros episodios de mayor teleaudiencia suelen ser los que enfocamos en temas de actualidad. Pero *The View* se ha convertido en parada obligatoria para cualquiera en campaña política, así como para las figuras principales del mundo del entretenimiento. Ya no podemos negarles el espacio.

También sabemos de antemano si recibiremos a algún autor y siempre trato de asegurarme de leer el libro. De hecho, algunos publicistas se aseguran de que yo esté presente el día que aparece su autor, ya que saben que habré leído su trabajo y haré preguntas informadas. Para mí se trata de hacer lo apropiado. No puedo decirles cuántas veces he visto un entrevistador y se nota si él o ella ha leído o no el libro, visto o no la obra de teatro o la película. Aparte de ser irrespetuoso con el/la artista, pienso que también va en perjuicio del espectador. Debo admitir que mi compromiso es también un remanente de mis días en la escuela. Siempre soy la estudiante diligente que hace su tarea. Paso muchas noches de la semana en el teatro, de camino al cine o acurrucada en el sofá después de que mi familia se acuesta, hojeando las últimas páginas de un manuscrito.

Independientemente del tema, me acerco al mismo como si preparase un caso legal, lo que creo le añade valor al programa. Y también creo que obliga a muchos de nuestros invitados a asegurarse de estar bien preparados, aunque hay algunos que piensan que hablando pueden ganarle la partida a cualquiera. Debo admitirlo, disfruto probarles lo contrario.

* * *

Newt Gingrich era el líder de la llamada revolución republicana que luchaba por el control de la Cámara de Representantes durante la presidencia de Bill Clinton. Fue aclamado por muchos como un genio político o al menos un gran estratega, hasta que se le fue la mano y fue destituido de su papel como portavoz por el mismo grupo de conservadores que lideraba. En los años subsiguientes, al ser aún un elemento político al postularse para presidente, aparecía regularmente en programas de entrevistas y aconsejaba a Donald Trump.

Él debía aparecer en *The View* unos días después de que Trump aumentó sus comentarios sobre «hay gente buena en ambos bandos» durante la infame marcha de los supremacistas blancos en Charlottesville.

Tengo una productora maravillosa, Kristen. Ella no tiene un trasfondo legal, pero luego de tres años conmigo, debería considerar una carrera legal si quiere en algún momento descansar de la televisión. Tiene una comprensión intuitiva de la ley y es una investigadora increíble que puede destilar la información con los mejores. Luego de nuestras reuniones mañaneras, yo puedo traer cualquier tema y decirle: «Kristen ¿tienes material sobre esto, verdad?», y ella lo tendrá. Ella sabe cómo trabaja mi mente y anticipa en qué estoy interesada antes de que yo siquiera pregunte. Algunas anfitrionas dependen de los productores para recibir sus respuestas para el debate, pero usualmente tengo una perspectiva firme. Y me gusta tener la evidencia para reforzar mis argumentos.

Newt ha sido invitado al menos tres veces desde que soy anfitriona. Y yo sospechaba que él podría intentar traer al programa una patraña que me había fijado circulaba en la derecha. Actuaban como si Donald Trump no hubiera dicho que había gente buena en ambos lados aquella noche en Virginia cuando sí lo dijo. Pienso que esa clase de desinformación es muy peligrosa y para alguien como Newt usar su intelecto para tratar de convencer a millones de personas de que no escucharon lo que escucharon, o que no vieron lo que sí vieron, es prácticamente un crimen. La inteligencia es un regalo. La educación es un regalo. Y los hechos deben respetarse.

Trump habló sobre Charlottesville en diferentes ocasiones. La primera vez dijo que había problemas en ambos lados. Luego algunos días después, regañó a los del KKK y a los neonazis, pero después al día siguiente se retractó al decir que había gente buena en ambos lados. Finalmente, justo antes de que Newt se presentara, Trump elogió a Robert E. Lee, el general confederado quién poseía esclavos, y dijo que era tremendo y que la razón por la cual la gente en la demostración racista estaba allí era para defender su estatua.

La derecha estaba ahora intentando empujar esta falsedad, que la declaración original de Trump sobre «la gente buena» hacía referencia a las personas que sólo intentaban preservar un monumento confederado, que ya de por sí es tema de discusión. Pero eso no era cierto.

Le dije a Kristen:

—Por favor consígueme la transcripción de cada declaración de Trump. Y luego me pasas tarjetas con las declaraciones y las fechas.

Antes de que comenzara el segmento, mi productor ejecutivo me alertó:

—Ten mucho cuidado con Newt —me dijo—. Él es muy listo.

Ya no era la neófita que no sabía qué hacer cuando el *telepromter* se iba en blanco, la comentarista que sentía debía imitar a alguien o la mujer que esperaba conseguir un puesto permanente como coanfitriona y le dije:

—Él no es más listo que yo —luego me dirigí al *set*.

Como era de esperar, Newt inmediatamente comenzó a neutralizar los comentarios de Trump sobre Charlottesville, Virginia. Dijo socarronamente:

—Hay un mito en la izquierda y no es cierto. Trump dijo claramente que se oponía a los supremacistas blancos. Se oponía a los miembros del Klan. Se oponía a los nazis. Lo dice claramente.

Joy y yo lo desafiamos.

—No está tan claro.

—Tengo lo que dijo aquí —dije mientras sacaba mi tarjeta azul y citaba las declaraciones de Trump en orden cronológico. Incluyendo su ahora infame frase sobre la «gente muy fina de ambos lados» *(very fine people in both sides)*.

De repente Newt, tan confiado, tan articulado, tan impresionado con su propia brillantez, comenzó a tartamudear.

—Si insinúas que eso no es lo que está diciendo estás siendo intelectualmente deshonesto —le dije.

—No estoy siendo intelectualmente deshonesto. Estoy en desacuerdo con tu interpretación —dijo él. Sabes que tu oponente ha perdido cuando busca «alternativas» a lo Kellyanne Conway.

Luego del programa, Joy se estacionó a mi lado.

—Sabía que tenías una tarjeta azul debajo de la manga.

A la vez que recibí muchas respuestas positivas en las redes sociales.

«Gracias, titi Sunny».

«Alguien ajustó las cuentas hoy».

Sí: esa siempre había sido mi meta.

Ese es el poder de esta plataforma. Ese es el poder de tener un puesto aquí. Ese es el poder de estar en esta sala.

* * *

En otro momento entrevistamos al rapero Meek Mill. Mientras él comentaba sobre sus largos años de batalla para salir absuelto de un crimen que dice nunca cometió, mostró su foto de prisión donde se le veía la cara magullada y uno de sus ojos cerrado de la hinchazón.

—¿Qué le pasó a tu ojo? —pregunté.

Me dijo que yo era la primera persona en preguntarle lo que le había pasado a su cara. Eso me rompe el corazón.

Alguien sin mi conocimiento de las desigualdades del sistema de justicia, alguien que no creció viendo el trauma de la pobreza y la brutalidad policiaca, alguien que no hubiese sido una fiscal que le lanzaba fotos similares a los oficiales encargados de los arrestos, no se hubiera molestado en hacer este tipo de pregunta. Pero yo no podía estar sentada frente a Meek, frente a nuestra audiencia, e ignorar la evidencia del aparente abuso justo frente a mi cara.

Meek Mill fue sólo una de las muchas celebridades que vinieron a *The View*. No soy de deslumbrarme por las estrellas ni tampoco mis hijos, a quienes poco les puede importar dónde trabajo yo. Pero la noche en que mencioné que Michael B. Jordan estaría al día siguiente, los oídos de Gabriel se aguzaron.

Jordan se destacó en *Creed* y *Creed II*, secuelas de la franquicia *Rocky*, pero es tal vez más famoso por su papel como antihéroe Killmonger en el fenómeno global *Black Panther*. Gabriel, un fan del teatro, no sólo es un admirador de la actuación de Jordan, sino que estaba familiarizado con su defensa y el hecho de que tanto a él como a Jordan les encanta el ánime. Preguntó que si podía irse temprano de la escuela para venir al *set*.

Jordan fue muy divertido y hasta le brindó a Gabriel su número de teléfono celular. Fue un regalo que Gabriel finalmente, tal vez, apreció lo que hago cada día.

Otro gran tipo lo fue el cantante Pitbull. Cuando terminamos el programa, lo llevé a un lado para agradecerle su trabajo en Puerto

Rico. Aunque él no había querido publicidad, yo sabía que había enviado su avión privado a la isla para evacuar pacientes con cáncer. Le dije que yo también había realizado un trabajo allá del cual no hablé públicamente y me dijo que si en algún momento lo necesitaba, que podía llamarlo en cualquier momento. Me divierte navegar por mis contactos en el celular y tener a Pitbull entre ellos.

La gran actriz Glenn Close también sobresale en la multitud de estrellas que se sientan a nuestra mesa. Era tan normal y encantadora. Siempre es chévere conocer personas como Close, Jordan y Pitbull que logran permanecer humildes porque ese ciertamente no es siempre el caso.

* * *

Siempre recordaré algo que dijo Barbara Walters.

«Cuando la gente viene a este programa», dijo ella, «son invitados en tu casa y debes tratarlos así». Esas palabras fueron tan inesperadas, pero tienen tanto sentido. Puedes estar en desacuerdo con las personas que se sientan a tu lado, te enfrentas con ellos, pero debes hacerlo de manera respetuosa. Omarosa fue un gran ejemplo de alguien que me provocó tener que cavar profundo para recordar mis modales.

La villana en la primera temporada del *reality show* de Donald Trump, *The Apprentice*, Omarosa fue a crear una carrera como participante de un *reality show* y por un tiempo apologista de Trump antes de ser despedida de su administración y de escribir un libro.

Cuando vino a hablar de su *bestseller*, *Unhinged*, fue increíblemente grosera. Ella vino preparada para una pelea. No nos habló a ninguna de nosotras tras bastidores y fue terriblemente ruda con Joy, insinuando que necesitaba encontrar la dicha en su vida. Yo quería de verdad darle un golpe bajo, pero no lo hice. Después del segmento, los telespectadores tuitearon como locos diciendo que debía estar canalizando la advertencia de Michelle Obama que «cuando ellos bajan, nosotros subimos», dicho por ella durante la convención nacional del Partido Demócrata en 2016, en medio de la desagradable campaña donde enfrentaron a Trump contra Hillary Clinton.

Pero yo no pensaba en Michelle Obama. Yo canalizaba realmente a Barbara Walters. Omarosa era la invitada en mi hogar, y tal como a veces hay que ser gentil con un amigo insoportable de tu esposo que fue invitado a cenar y bebió demasiado, tenía que ser cortés con ella. Pero me dio gusto mostrarle la salida.

Tuve también alguno momentos tensos con Chris Christie, el exgobernador de Nueva Jersey quien más adelante se convirtió en colaborador de ABC. Cuando él y yo nos presentamos en *Good Morning America*, él fue muy desdeñoso con uno de mis temas. «Guarda eso para *The View*», dijo él, cortándome.

El mal comportamiento de Christie fue suficientemente obvio como para que un ejecutivo de la cadena de televisión me llamara, me preguntara si estaba bien y si necesitaba que se disculpara. Pero dije que no. Ya llevaba suficiente tiempo circulando como para saber que aunque hubiera podido mantener la riña, al final me haría más daño a mí que a Christie, porque parecería que era muy delicada como para lidiar con un *bully* como él.

No mucho después, Christie apareció en *The View*, para promover su libro *Let Me Finish*. Ya que lo leí como había leído el trabajo de cada autor que se ha presentado, comenté sobre una parte del texto donde el hijo de Christie le preguntó si él había estado detrás del escándalo de Bridgegate que conllevó una congestión de tráfico colosal en el puente George Washington y la convicción de dos de sus empleados por un acto insignificante de retribución política. Su hijo le dijo: «Tengo que preguntarte algo. Tengo que mirarte a los ojos y preguntarte: ¿lo hiciste?».

Como madre, quiero que mis hijos estén orgullosos de mí. Que sepan que soy ética y moral. Así que le pregunté a Chris: «¿Cómo reconcilias eso en tus adentros?». No entiendo cómo Chris pudo confundirse con un hombre que hizo que sus propios hijos se cuestionaran si cometió o no un crimen.

Christie estaba claramente irritado. Casi como un bravucón habló de como «la política es política».

No se lo dejé pasar y a Christie no le gustó ni un poquito.

Me pidió que lo guardara para *The View* y así lo hice.

Sin embargo, lo hice con estilo, algo que los productores y muchos televidentes me han aplaudido.

A veces lo más inquietante de tener a un invitado en el programa es que quizá, una vez la entrevista haya terminado, éste intente ganar puntos en las redes sociales, en mi opinión, porque simplemente no haya podido pensar lo suficientemente rápido por sí mismo o porque haya sido demasiado cobarde para hacerlo en directo. Probablemente es una combinación de ambas. Eso fue, ciertamente, lo que ocurrió cuando Donald Trump Jr. apareció en *The View* para promover su libro. Él vino con su novia, Kimberly Guilfoyle, a quien conocía de mi época en Fox News, aunque me haya dado trabajo reconocer a la aboga talentosa de antaño. Le pregunté, en directo, lo que pensé era una pregunta apropiada: por qué le pareció apropiado dar a conocer el nombre del informante que alertó al Congreso sobre el abuso de poder del presidente Trump al negar la ayuda militar a Ucrania si ellos no anunciaron una investigación sobre Joe Biden y su hijo Hunter Biden, así como una acusación rusa desacreditada sobre la interferencia ucraniana en las elecciones estadounidenses de 2016. Mientras intentaba defenderse, le expliqué que sus acciones eran ilegales. Kimberly, una exfiscal, no estuvo en desacuerdo con mi evaluación legal. Sin embargo, después del programa, Trump Jr. intentó desacreditar cobardemente, y en repetidas ocasiones, mis credenciales legales vía Twitter. Sus seguidores siguieron su ejemplo. Fueron las acciones de un cobarde y también, tristemente, las acciones de un hombre que buscaba la aprobación de su padre. Una aprobación que nunca obtendrá. Honestamente, cuando lo miré a los ojos al terminar nuestro programa, mientras estrechaba la mano y me agradecía por haberle recibido, vi a un niño pequeño asustado. Sentí lástima. Fue el programa de mayor audiencia de aquella temporada.

«Tu tono fue perfecto», me dice el equipo a menudo cuando

terminamos de grabar. «Lo callaste con clase», me puede enviar por tuit un televidente. «Eso es lo que me encanta de ti».

Yo trato de comportarme con decoro no sólo por lo que dijo Barbara, sino porque siendo realista reconozco que si soy demasiado asertiva, instantáneamente me catalogarán como la mujer negra furiosa. Me considerarán como si estuviera fuera de control, aunque no presente mi punto de manera más enérgica que mis coanfitrionas. Me doy cuenta de que el comportamiento mostrado por algunas de mis coanfitrionas me colocaría en las filas del desempleo.

Sé que represento a una comunidad entera y que les debo presentarme y representarles de la mejor manera posible. También sé que si le permito a los demás desestimarme con facilidad, entonces no seré escuchada.

Y no les voy a negar que toda esa discusión, si bien vigilo mi tono, y escojo mis batallas, puede ser inmensamente estresante.

Fui diagnosticada con diverticulitis relacionada al estrés, una inflamación de los intestinos que me hizo perder veinte libras. Yo sé que sufro de eso porque me preocupo por naturaleza. Me desespero por la seguridad de mis hijos. Me preocupa el hecho de que mi hijo tenga un encuentro con la policía. Que mi hija sea tocada inapropiadamente o tratada injustamente. Estoy ansiosa, dado mi origen, sobre el que la estabilidad financiera de mi familia repentinamente marchite. Y mucho de mi estrés procede del programa, al tratar de permanecer en calma cuando estoy realmente molesta, tratar de ser respetuosa cuando quiero amonestar a la persona grosera con la que trato. Tengo que mantenerme tranquila porque conozco la reacción si no lo hago.

Para manejar esas tensiones, voy dentro de mí. Me quedo en quietud cuando el caos comienza a hacer erupción alrededor mío. Al final del día probablemente no es saludable para mí. Pero es la manera en que siempre lo he hecho. Nunca he sido alguien que busque terapia, pero me apoyo en mi fe. Mis gallinas cacareando en mi patio me calman, mi familia me enraíza.

No puedo decir que siempre logro sacudirme todo lo que me ha perturbado durante el día. Pero en este momento soy una profesional. Y ya soy lo bastante adulta como para saber que puedes culpar a alguien por falta de iluminación, por falta de evolución, pero no por su crianza, que puede haber estrechado sus visiones o amargado sus sentimientos. Sólo pienso en cómo puedo establecer mi opinión mejor en la próxima ocasión, cómo puedo penetrar la pared que alguien ha levantado cuando lo encuentre en el día de mañana.

Sé que por todos los fans que tengo, animándome, cada una de nosotras en la mesa tiene también enemigos. También recibo sus comentarios y quejas. Pero eso no me calla. Cada día mi meta es dejar una impresión, pronunciar las palabras que hagan a alguien que esté viendo decir: «Gracias a Dios, eso era exactamente lo que pensaba». O tal vez puedo hacer que alguien piense: «Nunca lo vi de esa manera, pero ahora sí lo veo».

Con cinco anfitrionas, estás compitiendo por el espacio para hacer esos avances. Pero si tan sólo puedo aportar un pequeño granito, tocar el corazón de una sola persona, yo siento que estoy haciendo mi trabajo.

Ese es el asunto. Yo creo que la gente descartaba *The View* por ser un espacio donde cinco mujeres sarcásticas peleaban una con la otra. Pero somos listas, somos apasionadas y discutimos temas reales. Si llegas donde nosotras mejor que estés preparado para responder a preguntas difíciles. En 2019, mucho antes de las primeras primarias y asambleas electorales, yo le pregunté a cada uno de los candidatos presidenciales que vinieron a nuestro programa cuál era su opinión sobre las compensaciones para los descendientes de aquellos que habían sido esclavizados. El *New York Times*, y el *Washington Post* de una vez informaron que el tema de las compensaciones tendría que ser parte de cualquier debate. Yo sé que fui la primera persona en consistentemente traer el tema en un programa nacional.

En *The View*, abordamos temas que nos hacen sentir incómodos, como los asuntos de privilegios. Cuando discutimos el escándalo de las admisiones a las universidades, en el cuál los padres ricos pagaban para que otras personas tomaran los exámenes y falsificaran las credenciales para lograr que sus hijos entrasen a las mejores universidades, yo me sentí mortificada, y lo dije. «¿Cuán mediocre tienes que ser», pregunté, «para truquear un sistema que de por sí ya está desproporcionadamente a tu favor?».

Meghan y Abby, que vienen de familias muy adineradas, no valoraron mi perspectiva. Mi impresión fue que ellas sintieron que de alguna manera yo podía estar atacándolas. Y, honestamente, no era el caso. Tuvimos un intercambio tenso.

Pero la belleza en *The View* es que siempre volvemos juntas a debatir de nuevo al otro día. El director y actor Tyler Perry, en efecto, observó nuestra camaradería luego de aparecer en nuestro programa. Nos envió a cada una un hermoso ramo de flores con una nota donde aplaudía la manera en la que nos movilizamos cerca de Meghan luego del fallecimiento de su padre, el senador John McCain.

Y por eso verdaderamente pienso que *The View* puede ser un modelo para la nación. Encaramos los temas más difíciles, aquellos de los que no se debe hablar a la hora de cenar, en nuestra mesa cada día. Hablamos del aborto, de la religión, de las armas, y lo hacemos frente a más de tres millones de personas más, cuyas caras no podemos ver, pero que definitivamente dejan saber cómo se sienten.

Yo comprendo que las conversaciones sobre raza y clase, injusticia y desigualdad no son fáciles de tener, especialmente en la era de Donald Trump, cuando la crueldad se ha vuelto un lugar común, la xenofobia se desliza por las grietas de la historia y muchos estadounidenses caminan insensibilizados sobre arenas movedizas, inseguros de qué vendrá luego, incrédulos que estamos aquí, en este momento.

Pero yo también sé que no importa qué políticas se decreten en la frontera mexicana o qué prohibiciones se salvaguarden en el Tribunal Supremo, nuestra nación se precipita a un tiempo en el que la mayoría de los estadounidenses seremos gente de color. No podemos darnos el lujo de no hablar, no podemos darnos el lujo de no escuchar, no podemos darnos el lujo de no buscar terreno en común. Nuestras vidas, y la vida de nuestra nación, dependen de esto.

Yo reconozco que los aliados vienen de todos los entornos. Yo comprendo que a veces las personas se comportan insensiblemente porque no conocen nada mejor. Y entiendo que las acciones de las personas, no importa cuán ofensivas sean, no siempre están enraizadas en la intolerancia. Así como yo no quiero que me etiqueten o me describan, sé que es incorrecto e injusto llegar a conclusiones sobre las motivaciones y la actitud de los demás. Cuando enfrento una situación cuestionable, llevo a cabo mi propio análisis mental, perfeccionado por toda una vida de entrevistar testigos, de forjar conexiones con desconocidos y barajar mundos diversos. Yo estudio la evidencia para determinar si lo que estoy experimentando parece venir de un lugar de animadversión, ignorancia o ambas. Y lo abordo según corresponde.

Y luego existen esos maravillosos momentos cuando al vincularte con alguien, un familiar, una amistad querida, aún con una persona desconocida, eres capaz de hacerles ver el mundo de una manera un poco diferente. O ellos reconocen el valor de alguien que habían ya descartado y ven su valía y compromiso.

El nuestro es un país que por siglos ha sido gobernado por una minoría: un grupito de hombres blancos privilegiados. Ellos han acaparado su poder y algunos han distorsionado la definición de lo que es ser estadounidense, haciendo que esa distinción codiciada se defina en sus propios términos. Pero yo creo que mi familia, de hecho, todas nuestras familias, representa lo que realmente se trata el sueño americano: un entrecruzarse de líneas económicas, étnicas y raciales.

Aún si tenemos que llegar hasta una generación distante de un ser querido, en algún punto, cada uno de nosotros ha sido «el otro». Eso puede que se nos olvide fácilmente si no se nos ve con sospecha automáticamente al caminar por una tienda por departamentos, o fácil de desestimar si nunca hemos tenido que «hablar claro» con nuestros hijos para que ellos puedan sobrevivir un encuentro con la policía, pero es la verdad.

Al hablar y escucharnos el uno al otro genuinamente, comenzamos a reconocer nuestra humanidad en común y cuidamos la diversidad, la fortaleza más grande que ha tenido nuestro país. Si podemos valorarnos los unos a los otros plenamente, podemos aprovechar toda la variedad de talentos que pueden hacer de este país lo que nunca ha sido, pero que tiene el potencial de un día llegar a ser.

Es un poco como lo que tratamos de hacer en *The View* cada día: expresar nuestras opiniones diferentes y divergentes, mientras también nos escuchamos las unas a las otras. No siempre somos exitosas. Algunas veces sentimos un asunto tan intensamente que no queremos escuchar lo que alguien que no está de acuerdo tiene para decir. Algunas veces se pone caldeado, o llegamos a un callejón sin salida, y tenemos que aceptar que debemos retirarnos.

No siempre me siento con ánimo de explicar de manera calmada mi punto de vista porque a veces siento que debería ser obvio qué es lo correcto y qué es lo incorrecto. Pero la mayoría de las veces, aunque mis coanfitrionas y yo no consigamos un punto en común, somos capaces de salir del *set* en paz. Y todas nosotras vivimos para debatir, no estar de acuerdo y posiblemente lograr un compromiso satisfactorio cualquier otro día.

AGRADECIMIENTOS

Le dedico este libro a mis padres. Soy quien soy gracias a todo lo que sacrificaron.

A mi esposo, Manny: gracias por ser mi compañero de vida, por tomarme siempre de la mano, sobre todo en momentos difíciles, y por asegurarme de que los niños no sólo alcanzarían sus sueños, sino que estarían bien.

A Gabriel y Paloma: ustedes son mis más grandes bendiciones.

A mi familia y a mis amistades: gracias por permitirme compartir nuestras historias, incluyendo las que incomodan.

A mis maestras y mis mentores: gracias por orientarme.

A mi agente literario Ryan Fisher-Harbage: gracias por siempre creer que tenía un libro que escribir. Y por creer que mi historia importaba. Si no hubieras llamado, esto no habría sucedido.

A Charisse Jones: gracias por hacer que mis palabras tuvieran sentido. Tus conocimientos me llenan de humildad.

Gracias a mi editora Hilary Swanson, y al increíble equipo de HarperOne. Ustedes creyeron que mi historia podría conmover a alguien. Me instaron a escribir sobre los tiempos difíciles. Y por eso estoy tan agradecida.

Y a aquellos que no creen que sus sueños son posibles... lo son.